Die Bilanzierung
von Leasingverträgen nach IASC

Europäische Hochschulschriften

Publications Universitaires Européennes
European University Studies

Reihe V
Volks- und Betriebswirtschaft

Série V Series V
Sciences économiques, gestion d'entreprise
Economics and Management

Bd./Vol. 2571

PETER LANG
Frankfurt am Main · Berlin · Bern · Bruxelles · New York · Wien

Marc Weinstock

Die Bilanzierung von Leasingverträgen nach IASC

Darstellung mit ausführlichen Beispielen

PETER LANG
Europäischer Verlag der Wissenschaften

Die Deutsche Bibliothek - CIP-Einheitsaufnahme

Weinstock, Marc:

Die Bilanzierung von Leasingverträgen nach IASC : Darstellung mit ausführlichen Beispielen / Marc Weinstock. - Frankfurt am Main ; Berlin ; Bern ; Bruxelles ; New York ; Wien : Lang, 2000
(Europäische Hochschulschriften : Reihe 5, Volks- und Betriebswirtschaft ; Bd. 2571)
Zugl.: Frankfurt (Main), Univ., Diss., 1999
ISBN 3-631-34935-1

D 30
ISSN 0531-7339
ISBN 3-631-34935-1

Run over stiles across fields
Turn to look at who´s on your heels
Way ahead of the field
The line is getting nearer but do
You want the glory that goes
You reach the final stretch
Ideals are just a trace
You feel like throwing the race
It´s all so futile

Harris (Loneliness of the long distance runner, 1986).

Geleitwort

Zu den wohl kompliziertesten Bereichen der Leasingbilanzierung zählt die Frage, wann ein Leasingobjekt in der Bilanz des Leasinggebers ausgewiesen werden kann und wann es dem Vermögen des Leasingnehmers zuzurechnen ist.

In Deutschland haben die Leasingerlasse der Finanzverwaltung dieses Zurechnungsproblem eindeutig gelöst. Man mag den Erlassen nicht in jedem Detail zustimmen; festzuhalten bleibt indes, daß sie klare, nachvollziehbare Zurechnungsregeln bieten, die in der Praxis die Vertragsgestaltung ganz wesentlich geprägt haben.

Die von den Leasingerlassen gewohnte Rechtssicherheit können die bewußt eher weichen Vorschriften des IASC-Standards zur Leasingbilanzierung, IAS 17, hingegen nicht bieten. Vielmehr stellt sich bei der Anwendung von IAS 17 die Frage, ob ein Leasingvertrag, der nach deutschen Vorschriften zu einer Objektzurechnung zum Leasinggeber führt, in einer nach IAS erstellten Bilanz ebenso behandelt werden kann. Dabei kommt der Verfasser zu dem Ergebnis, daß erlaßkonforme deutsche Leasingverträge auch im IAS-Abschluß keiner anderen Behandlung unterliegen können.

Die Arbeit beschränkt sich jedoch nicht nur auf die Klärung der Zurechnungsfrage. Vielmehr wird die Bilanzierung von Leasingvertragsverhältnissen in sehr verständlicher Weise vollständig und umfassend dargestellt. Für den Praktiker sind in diesem Zusammenhang insbesondere die zahlreichen Beispiele hilfreich.

Auch heute – Mitte 1999 – sind umfassende Kommentierungen einzelner IAS noch immer selten. Das vorliegende Buch schließt zumindest eine kleine Lücke; ich wünsche ihm die gebührende Aufnahme in der Theorie, vor allem aber auch eine entsprechende Verbreitung unter den Praktikern.

Bad Homburg v.d.H., im Juli 1999

Dipl.-Kfm. Horst Figge

Deutsche Leasing AG
Sprecher des Vorstandes

Vorwort des Verfassers

Die vorliegende Arbeit wurde vom Fachbereich Wirtschaftswissenschaften der Johann Wolfgang Goethe-Universität in Frankfurt am Main im Mai 1999 unter einem leicht geänderten Titel als Dissertation angenommen. Sie stellt das Ergebnis eines Kooperationsabkommens der Frankfurter Universität mit der Deutsche Leasing AG dar, die dieses Projekt großzügig förderte. Stellvertretend gilt mein Dank dem Sprecher des Vorstandes, Herrn Horst Figge, sowie ganz besonders dem Leiter des Rechnungswesens, Herrn Heinz-Hermann Hellen, der mir - auch über die fachliche Ebene hinaus - in vielerlei Hinsicht ein geschätzter und wertvoller Gesprächspartner war.

Seitens der Universität übernahm Herrn Prof. Dr. Winfried Mellwig die Aufgabe des Erstgutachters; seinen Anmerkungen ist es zu verdanken, daß diese Arbeit wesentliche Reifungsprozesse durchlief, wenngleich zentrale Gedanken schon erheblich früher in Form von diversen Aufsätzen und Gutachten veröffentlicht wurden. Herrn Prof. Dr. Dieter Ordelheide danke ich für die zügige Erstellung des Zweitgutachtens sowie für die Hinweise zur Aktualisierung in der Entwicklung des IASC.

Den Kollegen am Lehrstuhl danke ich für die schöne, gemeinsame Zeit; den "HiWis" darüber hinaus für ihre Hilfe bei der Beschaffung der damals mitunter noch recht exotischen Literatur.

Besondere Leidensfähigkeit haben diejenigen bewiesen, die - teilweise sogar mehrfach - die Qual des Korrekturlesens auf sich nahmen und darüber hinaus die Kraft zu langen Diskussionen über fachliche und stilistische Fragen mit einem schwer Belehrbaren aufbrachten. In diesem Zusammenhang erwarben sich Arne Brüsch, Katja Dittler, Martina Geis, Michael Müller, Sandra Turley sowie Tina und Wolf Weinstock unschätzbare Verdienste. Alle verbliebenen Fahler und Unklarheiten gehen ausschließlich zu Lasten des Verfassers.

Bei meinen Eltern Ingrid und Wolf Weinstock sowie bei meiner Schwester Tina möchte ich mich ganz besonders für ihre moralische Unterstützung bedanken. (Nur in der Reihenfolge) zuletzt danke ich meiner Freundin Katja für den jederzeit gewährten liebevollen Rückhalt in den vergangenen Jahren. Sie alle haben maßgeblich zum Gelingen dieser Arbeit beigetragen.

Frankfurt am Main, im Mai 1999

Marc Weinstock

Inhaltsverzeichnis

Abkürzungsverzeichnis

a.A.	anderer Auffassung (Ansicht)
Abb.	Abbildung
Abs.	Absatz
AG	Die Aktiengesellschaft (Zeitschrift)
AIMR	Association for Investment Management and Research
AktG	Aktiengesetz
Anh.	Anhang
Anm.	Anmerkung
ASC	Accounting Standards Committee (UK)
Aufl.	Auflage
BB	Betriebs-Berater (Zeitschrift)
Bd.	Band
BDO	Deutsche Warentreuhand (WP-Gesellschaft)
BFH	Bundesfinanzhof
BFuP	Betriebswirtschaftliche Forschung und Praxis
BGB	Bürgerliches Gesetzbuch
BMF	Bundesminister der Finanzen
BStBl.	Bundessteuerblatt
bzw.	beziehungsweise
CPA-Journal	Certified Public Accountants Journal (Zeitschrift)
DB	Der Betrieb (Zeitschrift)
Diss.	Dissertation
d.h.	das heißt
DM	Deutsche Mark
Doc.	Document
DStR	Deutsches Steuerrecht (Zeitschrift)
DStZ	Deutsche Steuer-Zeitung (Zeitschrift)
E oder ED	Exposure Draft
ed.	Edition oder Editor
EFG	Entscheidungen der Finanzgerichte
EG	Europäische Gemeinschaft(en)
etc.	et cetera
EU	Europäische Union
e.V.	eingetragener Verein

FASB	Financial Accounting Standards Board (USA)
FAZ	Frankfurter Allgemeine Zeitung
FEE	Fédération des Experts Comptables Européens
ff.	fortfolgende
FLF	Finanzierung, Leasing, Factoring (Zeitschrift)
FR	Finanz-Rundschau (Zeitschrift)
GAAP	Generally Accepted Accounting Principles
GEFIU	Gesellschaft für Finanzwirtschaft in der Unternehmensführung e.V.
gem.	gemäß
GmbH	Gesellschaft mit beschränkter Haftung
GmbHG	GmbH-Gesetz
GoB	Grundsätze ordnungsmäßiger Buchführung
HFA	Hauptfachausschuß des IdW
HGB	Handelsgesetzbuch
h.M.	herrschende(r) Meinung
Hrsg.	Herausgeber
IAS	International Accounting Standard
IASC	International Accounting Standards Committee
i.d.R.	in der Regel
IdW	Institur der Wirtschaftsprüfer
IFAC	International Federation of Accountants
IOSCO	International Organization of Securities Commissions
i.S.	im Sinne
i.V.m.	in Verbindung mit
Jg.	Jahrgang
JoA	Journal of Accountancy (Zeitschrift)
KapAEG	Kapitalaufnahmeerleichterungsgesetz
m.E.	meines Erachtens
Mio.	Million(en)
m.w.N..	mit weiteren Nachweisen
NJW	Neue Juristische Wochenzeitschrift (Zeitschrift)
No.	Number
Nr.	Nummer

NYSE	New York Stock Exchange
OECD	Organization for Economic Cooperation and Development
o.g.	oben genannte(n)
o.J.	ohne Jahr(gang)
o.O.	ohne Ort(sangabe)
o.V.	ohne Verfasser
para.	paragraph
PublG	Publizitätsgesetz
RAP	Rechnungsabgrenzungsposten
rev.	revised
RIW	Recht der internationalen Wirtschaft (Zeitschrift)
Rn.	Randnummer
Rz.	Randziffer
s.	siehe
S	Seite(n)
SEC	Securities and Exchange Commission
s.o.	siehe oben
sog.	sogenannte(n)
Sp.	Spalte
SSAP	Statement of standard accounting practice
StuW	Steuer und Wirtschaft (Zeitschrift)
TAV	Teilamortisationsvertrag
u.a.	unter anderem, und andere
u.ä.	und ähnliche
U.K.	United Kingdom
US oder USA	United States
usw.	und so weiter
u.U.	unter Umständen
v.a.	vor allem
VAV	Vollamortisationsvertrag
vgl.	vergleiche
Vol.	Volume

WPg	Die Wirtschaftsprüfung (Zeitschrift)
WPK	Wirtschaftsprüferkammer
z.B.	zum Beispiel
ZfbF	Schmalenbachs Zeitschrift für betriebswirtschaftliche Forschung
ZfB	Zeitschrift für betriebswirtschaftliche Forschung
Ziff.	Ziffer
z.T.	zum Teil

Abbildungsvezeichnis

Einleitung

I. Ausgangssituation

Der technische Fortschritt, freie und grenzüberschreitende Informationen sowie ein Wettbewerb der Weltwirtschaftszentren haben zu einer Internationalisierung der Wirtschaft in fast allen Bereichen geführt.[1] Mit der Erschließung neuer Produktions- und Absatzmärkte "geht einher - teils als Ursache, teils als Folge - die Globalisierung der Kapitalmärkte und die Nutzung der internationalen Finanzquellen"[2]. Trotzdem blieb das Rechnungswesen der *global player*[3] lange Zeit national ausgerichtet. Erst seit wenigen Jahren wird die Auseinandersetzung mit fremden Rechnungslegungsnormen als immer dringlicher empfunden; "die Probleme bei der Börsennotierung eines großen deutschen Unternehmens in New York wirkten wie ein Katalysator für die Diskussion über Systemvergleiche"[4] und bedingten neben "der sprunghaft gestiegenen Zahl der Publikationen und Referate zu diesem Thema"[5] Aktivitäten sowohl seitens der Unternehmen[6] als auch des Gesetzgebers.[7]

---

1 Vgl. *Piltz* (Internationale Harmonisierung, 1990): S. 288; *Busse von Colbe* (Anpassung der Rechnungslegung, 1995): S. 373.

2 *Piltz* (Internationale Harmonisierung, 1990): S. 288; vgl. auch *Glaum / Mandler* (Globale Kapitalmärkte, 1996): S. 2.

3 Unter einem *global player* versteht man ein Unternehmen, das gleichzeitig auf den Märkten in Westeuropa, Nordamerika und Ostasien tätig ist. Vgl. *Demming* (Grundlagen, 1997): S. 1.

4 *Ballwieser* (Vorwort, 1996): S. VI; vgl. zustimmend auch *Schildbach* (Rechnungslegungsideale, 1995): S. 2635, der einräumt, daß "die auf zusammenwachsenden Märkten immer stärker übernational tätigen Unternehmen ... sich nicht mehr ausschließlich an nationalen Rechnungslegungsvorschriften orientieren [können]".

5 *Risse* (IAS, 1996): S. 5.

6 So erstellte eine Reihe von Unternehmen freiwillig einen zweiten Konzernabschluß nach IAS oder US-GAAP oder ließ sich die Übereinstimmung des nach deutschem Recht aufgestellten Konzernabschluß mit den IAS testieren. Vgl. *Niehus* (Neue Internationalität, 1995): S. 1341.

7 Die Bundesregierung verabschiedete 1998 den bereits 1996 vorgelegten Regierungsentwurf des sog. Kapitalaufnahmeerleichterungsgesetzes (KapAEG), das für Konzerne mit Sitz in Deutschland eine Befreiungsregelung vorsieht, nach der in bestimmten Fällen ein nach US-GAAP oder IAS erstellter Konzernabschluß von der Vorlage eines deutschen Konzernabschlusses entbindet. Vgl. *Deutscher Bundestag* (Drucksache 137/98, 1998); *Biener* (Bilanzsteuerrecht, 1997): S. 349; *Ordelheide* (Internationalisierung der Rechnungslegung, 1996): S. 545; *Oestreicher / Sprengel* (Internationale Bilanzierung, 1997): S. 11.

Neben dem Druck der Kapitalmärkte verhalf vor allem die zunehmende Verbreitung neuer Managementkonzepte den internationalen Standards im Rechnungswesen zu mehr Bedeutung, da deren Anwendung "unter Zugrundelegen der strategischen Perspektive bei konsequent verfolgtem Value Management unerläßlich"[8] ist.

Aus diesen Gründen entstand "ein Interesse an angelsächsischer Rechnungslegung, das weit über den Kreis der Rechnungslegungsspezialisten"[9] hinausging. Insbesondere in Deutschland bestand allerdings lange Zeit erhebliche Ungewißheit darüber, ob und in welcher Form eine Anpassung des Rechnungswesens an internationale Standards möglich und sinnvoll ist.

Vor allem in der (deutschen) Literatur konnte "bis vor kurzem eine Ablehnung gegen die Übernahme internationaler Konzepte"[10] festgestellt werden.[11] In vielen Veröffentlichungen wurde lediglich "sehr pauschal auf die Gemeinsamkeiten und Unterschiede der einzelnen Regelungen eingegangen",[12] hingegen fehlte "eine grundlegende Darstellung von Fakten"; "zu schnell war man schon beim Werten".[13] Dabei wurde häufig das Ziel verfolgt, die (angebliche) Überlegenheit des deutschen Bilanzrechtes zu betonen und vor den Gefahren einer Übernahme angloamerikanischer Rechnungslegungsgrundsätze zu warnen.[14] Anders als bei-

8 *Bormann / Odenthal* (Value Management, 1997): S. 361; vgl. auch *Biener* (Bilanzsteuerrecht, 1997): S. 347; *Wagner* (Theorie und Praxis, 1993): S. 10.

9 *Risse* (IAS, 1996): S. 1.

10 *Behr* (Geleitwort, 1996): S. V; vgl. auch *Busse von Colbe* (Anpassung der Rechnungslegung, 1995): S. 377 (m.w.N.).

11 Dies verdeutlicht beispielsweise auch die Diskussion um die Bedeutung des *true and fair view*-Gedankens, der im Rahmen der Richtlinientransformation über § 264 II HGB Eingang in das deutsche Handelsrecht fand. Vgl. zu dieser Diskussion stellvertretend *Budde* (Überlegungen zur Umsetzung, 1980): S. 109-135; *Budde / Förschle* (True and Fair View, 1988): S. 27-45; *Clemm* (True and fair view, 1989): S. 357-366; *Leffson* (Generalnormen, 1987): S. 315-325; *Leffson* (Tatsächliche Verhältnisse, 1986): S. 94-105; *Niehus* (True and Fair View, 1979): S. 221-225; *Schildbach* (Neue Generalklausel, 1987): S. 1-15; *Selchert* (Generalnorm, 1993): S. 753-760.

12 *Risse* (IAS, 1996): S. 7.

13 *Ballwieser* (Vorwort, 1996): S. VI (beide Zitate).

14 Vgl. beispielsweise *Beisse* (Bilanzrechtsystem, 1994): S. 30, der "im Hinblick auf die Konfrontation mit angloamerikanischen und internationalen Standards ... Zonen möglichen Entgegenkommens, die Verteidigungslinien" des deutschen Bilanzrechts entwirft. Skeptische bis ablehnende Positionen vertreten weiterhin *Moxter* (Überlegenheit, 1995): S. 41; *Schildbach* (Internationale Rech-

spielsweise in der Schweiz[15] setzte sich die Bereitschaft zum Dialog mit der angelsächsischen Welt und ihren Rechnungslegungsprinzipien ebenso spät durch wie die Erkenntnis, daß "eine Anpassung an internationale Informationsbedürfnisse"[16] und internationale Rechnungslegungsnormen unumgänglich ist.

So blieben inhaltliche Auseinandersetzungen mit der IAS-Rechnungslegung[17] - sieht man einmal von den Broschüren der internationalen Wirtschaftsprüfungsgesellschaften[18] und der Studie des IdW[19] ab - lange Zeit die Ausnahme. Den genannten Publikationen gebührt das Verdienst, grundlegende Fakten für eine breite Öffentlichkeit dargestellt zu haben; sie konnten allerdings kein Ersatz sein für Kommentierungen, die vor dem Hintergrund der teilweise recht knapp formulierten IAS und einer fehlenden Rechtsprechung dringend benötigt wurden.[20]

II. Problemstellung

Die Bilanzierung von Leasingverträgen zählte und zählt in nahezu allen Rechtskreisen zu den schwierigsten Bereichen der Rechnungslegung.[21] Weder im HGB noch in den EG-Richtlinien finden sich zu diesem Themenbereich explizite Regelungen,[22] und auch in den USA war der Be-

---

nungslegungsstandards, 1994): S. 721; *Biener* (US-GAAP, 1994): S. 134; *Beisse* (Generalnorm, 1989): S. 30; *Baetge* (Harmonisierung, 1992): S. 123 sowie (Anfang der neunziger Jahre) *Biener* (Rechnungslegungsempfehlungen, 1993): S. 354. *Biener* änderte seine Auffassung jedoch einige Jahre später grundsätzlich. Vgl beispielsweise *Biener* (IAS als GOB?, 1996): S. 115.

15 Vgl. *Jacobi* (IASC-Rechnungslegung, 1995): S. 44; *Baumgartner* (Einführung, 1995): S. 30; *Behr* (Geleitwort, 1996): S. V.

16 *Risse* (IAS, 1996): S. 1.

17 Im Gegensatz zu Darstellungen zur amerikanischen Rechnungslegung. Vgl. *Haller* (Grundlagen, 1994); *Gräfer* (Annual Report, 1992); *Demming* (US-amerikanische Rechnungslegung 1994); *Eisolt* (Konzernrechnungslegung, 1992).

18 Vgl. *Coopers & Lybrand* (IAS, 1996); *KPMG* (IAS, 1996).

19 Vgl. *IdW* (IAS, 1995).

20 Die erste umfassende Kommentierung in deutscher Sprache erschien erst Ende 1997. Vgl. *Baetge / Dörner / Kleekämper / Wollmert* (Hrsg.): Rechnungslegung nach International Accounting Standards (IAS), Kommentar auf der Grundlage des deutschen Bilanzrechts.

21 Vgl. *Kieso / Weygandt* (Intermediate Accounting, 1995): S. 1152, die das Kapitel zur Leasingbilanzierung mit "*Lease Accounting - the Unsolved Problem*" überschreiben.

22 Vgl. *Risse* (IAS, 1996): S. 166.

rufsstand der Abschlußprüfer seinerzeit "erleichtert ..., als er die ganze schwierige Angelegenheit an das inzwischen errichtete FASB abgeben konnte"[23].

Das IASC veröffentlichte bereits 1983 mit dem IAS 17 einen ersten Standard, der die Bilanzierung von Leasingvereinbarungen umfassend regelte.[24] Als wesentlicher Unterschied zwischen den deutschen Vorschriften und IAS 17 werden regelmäßig die (scheinbar) abweichenden Zurechnungskriterien für das Leasingobjekt genannt, die bei oberflächlicher Betrachtung den Schluß nahelegen, daß "in der Tendenz Leasingverträge ... nach IAS häufiger als Finanzierungsleasing eingeordnet [werden] als nach deutschem Recht"[25] und folglich "in den meisten Fällen ... eine Umklassierung von Verträgen mit den daraus folgenden veränderten Verbuchungen und Ausweisen erforderlich sein wird“[26]. Dem wird von anderer Seite entgegengehalten, daß die der deutschen Gestaltungspraxis entsprechenden Leasingverträge auch im IAS-Abschluß nicht anders als im deutschen Jahresabschluß zu behandeln seien, da es sich ausnahmslos um *operating leases* im Sinne des IAS 17 handle.[27] Bereits diese konträren Aussagen verdeutlichen die Auslegungsbedürftigkeit sowie die damit verbundenen Umsetzungsprobleme des IAS 17 bei der praktischen Anwendung.

Um das Fehlen umfangreicher Kommentierungen zu den IAS zu kompensieren, behalf man sich bei deren Auslegung lange Zeit damit, "diejenige nationale Richtlinie in einem Land [zu] identifizieren, die IAS am nächsten kommt, ... [um] von dort analoge Interpretationen zu finden"[28]. Auf eine solche Vorgehensweise wird in dieser Arbeit indes aus zwei

23 *Niehus* (Neuregelung, 1977), S. 1862.

24 Vgl. *IASC* (History, 1995): S. 24. IAS 17 trat Ende 1997 in einer geringfügig überarbeiteten Fassung in Kraft.

25 *Biener* (Bilanzsteuerrecht, 1997): S. 353. Auch das *IdW* (IAS, 1995): S. 113 geht offensichtlich von unterschiedlichen Ergebnissen bei der Objektzurechnung aus und fordert, "alle Leasingverträge auf die Zurechnung der Leasingobjekte nach den IAS zu überprüfen bzw. Neuberechnungen vorzunehmen".

26 *Risse* (IAS, 1996): S. 170, gleicher Auffassung *Grewe* (Grundfragen, 1990): S. 167.

27 Vgl. *GEFIU* (Leasingverträge, 1995): S. 337. Die Ausführungen der *GEFIU* beziehen sich auf den Vorschlag des AAF zur Behandlung von Leasingverträgen in der Rechnungslegung. Da der Forumsvorschlag jedoch weitgehend IAS 17 entspricht, kann die Argumentation der *GEFIU* auch auf IAS 17 übertragen werden.

28 *Jacobi* (IASC-Rechnungslegung, 1996): S. 46; vgl. auch *Risse* (IAS, 1996): S. 2 sowie *Wiedmann* (Matching Principle, 1994): S. 107.

Gründen (weitgehend) verzichtet: Zum einen hat das IASC in Exposure Draft E 53[29] verdeutlicht, "daß es grundsätzlich nicht zulässig ist, bei Regelungslücken per se nach nationalen Bilanzierungsvorschriften zu verfahren"[30]. Zum anderen kann man bei genauerer Betrachtung die (angebliche) weitgehende Übereinstimmung des IAS 17 insbesondere mit dem US-amerikanischen SFAS 13[31] bezweifeln.[32] Zu diesem Ergebnis kommt auch das FASB, das keine Einschätzung darüber abgeben kann, ob die Behandlung von Leasingverträgen nach IAS 17 und SFAS 13 zu übereinstimmenden Ergebnissen führt.[33] Aus diesem Grund wird nur sehr vereinzelt (und dann nur nach jeweils eingehender Prüfung) auf die entsprechende Literatur zum SFAS 13 oder zum britischen SSAP 21[34] zurückgegriffen.

Während das Problem fehlender Sekundärliteratur eher allgemeiner Natur ist und für alle IAS zutrifft, muß beim Leasing erschwerend die Intention der Leasingnehmer berücksichtigt werden, die sich häufig gerade wegen der *off-balance-sheet*-Effekte für die Finanzierungsalternative Leasing entscheiden und folglich Spielräume bei der Auslegung des Standards in ihrem Interesse interpretieren.[35] Auch das IASC hat die zweifellos bestehenden Schwierigkeiten erkannt und Ende 1997 eine

29 Diese Aussage findet sich allerdings im inzwischen verabschiedeten IAS 1 nicht mehr. Vgl. *IASC* (IAS 1, 1997).

30 *Wollmert / Achleitner* (Konzeptionelle Grundlagen, 1997): S. 21; vgl. auch *IASC* (E 53, 1996): para. 29.

31 Vgl. *FASB* (SFAS 13, 1977); *Williams* (GAAP Guide, 1994): S. 28.01-28.63.

32 Vgl. *Wiedmann* (Matching Principle, 1994): S. 107; *Coopers & Lybrand* (IAS, 1996): No. 17.21 sowie *Ludwig* (Leasingbilanzierung, 1991): S. 58, der feststellt, daß sich IAS 17, SFAS 13 und SSAP 21 "in ihren Kernaussagen nicht wesentlich unterscheiden".

33 Vgl. *Conklin* (IASC Comparison Project, 1996): S. 239: "Because of those differences, it is difficult ... to interpret how certain lease transactions would be accounted for under IAS 17 and to reach conclusions about differences in the accounting under the two standards. ... In addition, the relative flexibility of IAS 17 increases the likelihood of noncomparability among different enterprises that account for similar types of leases under IAS 17."

34 Vgl. *ASC* (SSAP 21, 1984).

35 So läßt sich auch das Engagement der Leasingverbände erklären, die sich nachdrücklich gegen eine Verschärfung der Zurechnungsregelungen wenden. Vgl. *Feinen* (Gegenseitige Anerkennung, 1995): S. 18; *Leaseurope* (Comments, 1991): S. 2-3; *Leaseurope* (Accounting for Leases, o.J.): S. 20-22; *Weinstock* (Leasing unter Druck, 1997): S. 9; *Kayser* (Ausblick auf Europa, 1997): S. 9.

überarbeitete Fassung des IAS 17 verabschiedet.[36] Ob dieser "neue" Leasingstandard freilich einen - zumindest vorläufigen - Schlußpunkt unter die Diskussion um die Bilanzierung von Leasingverträgen setzt, kann derzeit nur vermutet werden. Bereits vor der Veröffentlichung des neuen IAS 17 hatte das IASC eine Anregung der IOSCO aufgegriffen und angekündigt, langfristig das hinter den Vorschriften zur Leasingbilanzierung stehende Konzept einer grundlegenden Überprüfung unterziehen zu wollen. Mit einem solchen Projekt kann jedoch kaum vor 1999 gerechnet werden.[37]

III. Untersuchungsgang

Das *Erste Kapitel* skizziert die Rolle des IASC im Prozeß der Rechnungslegungsharmonisierung. Weiterhin wird geklärt, weshalb sich die Strategie einer Vereinheitlichung gegen die Forderung nach gegenseitiger Anerkennung durchsetzte, denn erst aus dieser Entwicklung resultierte die Notwendigkeit eines internationales Referenzsystems. Bis heute läßt sich allerdings nicht abschließend feststellen, ob die US-GAAP oder die IAS diese Rolle übernehmen werden.

Aus diesem Grund sind im *Zweiten Kapitel* die konzeptionellen Grundlagen der IAS-Rechnungslegung knapp dargestellt, da diese später zum einen zur Interpretation und zur kritischen Würdigung des IAS 17 herangezogen werden, zum anderen auch den Rahmen abstecken, innerhalb dessen sich ein neuer Vorschlag zur Leasingbilanzierung bewegen muß.

Im *Dritten Kapitel* werden die Regelungen des IAS 17 ausführlich beschrieben und kommentiert. Die Darstellung orientiert sich im wesentlichen am Aufbau des IAS 17 und wird durch zahlreiche Beispiele und Grafiken illustriert.

---

36 Vgl. *IASC* (IAS 17, 1997). Der überarbeitete Leasingstandard ist bei der Erstellung aller Jahresabschlüsse anzuwenden, die Geschäftsjahre betreffen, die nach dem 31. Dezember 1998 begonnen haben.

37 Vgl. *IASC* (Insight, 1997): S. 8: "In January 1997, the IASC Board agreed to limit its current review of IAS 17, Accounting for Leases, to those issues that IOSCO considers essential. The Board decided that it would not be feasible to carry out a fundamental review of lease accounting within the time limits of the current work programme. In recognising this constraint, a number of Board Representatives urged the Board to proceed as quickly as possible with such a fundamental review." Anläßlich der Verabschiedung des überarbeiteten IAS 17 wurde dieses Vorhaben vom IASC nochmals bestätigt. Vgl. *IASC* (Insight, December 1997): S. 16.

Im *Vierten Kapitel* erfolgt die kritische Würdigung des Standards. Diese Ausführungen unterstreichen die schon vom IASC und von der IOSCO erkannte Notwendigkeit einer umfassenden Überarbeitung und verdeutlichen zugleich, daß IAS 17 mit den Grundsätzen der IAS-Rechnungslegung ebenso wenig vereinbar ist wie ein möglicher Alternativvorschlag, das sog. *McGregor*-Papier.[38] Deshalb wird abschließend ein eigener Vorschlag formuliert, der ausgehend von der *asset*-Definition zu einer IAS-konformen Regelung für die persönliche Zurechnung von Leasingobjekten führt.

38 Vgl. *McGregor* (New Approach, 1996).

Erstes Kapitel:

Bedeutung und Ziele des IASC für die Harmonisierung der Rechnungslegung

I. Struktur und Tätigkeitsschwerpunkte des IASC

1. Gründung und Entwicklung

Das IASC wurde am 29.6.1973 von 16 Organisationen der *accountancy professions*[1] aus den Ländern Australien, Frankreich, Großbritannien, Irland, Japan, Kanada, Mexiko, den Niederlanden, den USA und Deutschland gegründet.[2] Deutschland war durch das Institut der Wirtschaftsprüfer (IdW) und die Wirtschaftsprüferkammer (WPK) vertreten.[3] Unter den Gründungsmitgliedern konnten Verbände aus drei Staaten (Japan, Frankreich und Deutschland) dem kontinentaleuropäisch geprägten Bilanzrecht zugerechnet werden, während die anderen Mitglieder eher Vertreter der angelsächsischen bzw. angloamerikanischen Bilanzierung[4] darstellten.[5]

Mit den Schlagwörtern "kontinentaleuropäisch" und "angelsächsisch" bzw. "angloamerikanisch" werden in der Literatur Rechnungslegungsklassen bezeichnet, in die nationale Normensysteme aufgrund bestehender Ähnlichkeiten unterschieden werden können.[6] Die Begriffe stehen für "Bilanzierungswelten ... , die sich in grundlegenden Fragen voneinander unterscheiden"[7]. Diese Differenzierung darf freilich nicht als

---

1 Unter *accountants* versteht man im angloamerikanischen Sprachraum die Angehörigen aller Berufsgruppen, die sich mit dem externen Rechnungswesen auseinandersetzen, also nicht nur den Berufsstand der Wirtschaftsprüfer, wie häufig - beispielsweise bei *Küting / Weber* (Internationales Rechnungswesen, 1994): S. 44 - fälschlich übersetzt wird. Vgl. *Wiedmann* (Harmonisierung, 1994): S. 550; *Haller* (Rolle des IASC, 1993): S. 1297.

2 Vgl. *IASC* (Introduction, 1996); *Hayn* (IAS, 1994): S. 715; *Haller* (Rolle des IASC, 1993): S. 1297; *Bolin* (IASC, 1990): S. 482.

3 Vgl. *Havermann* (Internationale Facharbeit, 1975): S. 15.

4 Vgl. *Funk* (Meinungsspiegel, 1993): S. 429; *Kleekämper* (Trojanisches Pferd, 1996): S. 290.

5 Vgl. *Liener* (Globalisierte Rechnungslegung, 1992): S. 272; *Kleekämper* (Trojanisches Pferd, 1996): S. 290.

6 Vgl. *Kleekämper / Kuhlewind* (IAS-Kommentar, 1997): Tz. 4.

7 *Küting / Weber* (Internationale Bilanzierung, 1994): S. 44; vgl. kritisch *Semler* (Anglo-American Accounting, 1996): S. 26.

trennscharfe Differenzierung (miß)verstanden werden, vielmehr handelt es sich um eine recht grobe Strukturierung nationaler Normensysteme.[8]

So ist das kodifizierte kontinentaleuropäische Bilanzrecht[9] oftmals eng mit der steuerrechtlichen Bilanzierung verknüpft, verfolgt vor allem den Gläubigerschutz sowie die längerfristige Unternehmenssicherung[10] und bringt dies durch eine entsprechend starke Gewichtung des Vorsichtsprinzips bei der Gewinnermittlung zum Ausdruck.[11] Dagegen wird die Festlegung angelsächsischer Normen, die aus einer Vielzahl von Einzelregelungen (*standards* oder *statements*) bestehen, professionellen und in der Regel nichtstaatlichen Gremien (*standard setting bodies*) überlassen. Der angelsächsische Jahresabschluß ist primär als Entscheidungsgrundlage für Investoren konzipiert[12] und stärker als der deutsche Jahresabschluß vom Ziel der periodengerechten Gewinnermittlung geprägt.[13] In Zweifelsfällen dominiert die periodengerechte Gewinnermittlung das Vorsichtsprinzip; "die Ermittlung des periodengerechten Erfolges [ist] ein wichtigeres Ziel ... als die Bestimmung der Wertansätze in der Bilanz."[14]

Die Initiative zur Bildung eines internationalen Rechnungslegungsgremiums ging von den britischen Instituten der *Accountants* und *Chartered*

---

8 Vgl. *Kleekämper / Kuhlewind* (IAS-Kommentar, 1997): Tz. 4.

9 Vgl. *Biener* (Rechnungslegungsempfehlungen, 1993): S. 345.

10 Vgl. *Clemm* (Meinungsspiegel, 1993): S. 428; *Forster* (Meinungsspiegel, 1993): S. 442; *Havermann* (Internationale Entwicklungen, 1994): S. 663; *Haller* (Verhältnis, 1988): S. 727-728.

11 Vgl. *Kleekämper* (Aktuelle Entwicklungen, 1995): S. 415; *Baetge* (Harmonisierung, 1992): S. 113; *Havermann* (Internationale Entwicklungen, 1994): S. 663.

12 Vgl. *Busse von Colbe* (Informationsinstrument, 1993): S. 11; *Clemm* (Meinungsspiegel, 1993): S. 428; *Küting / Weber* (Internationale Bilanzierung, 1994): S. 44; *Liener* (Globalisierte Rechnungslegung, 1992): S. 272. Allerdings weist *Kleber* (Unterschiede, 1994): S. 69-73 mit Recht darauf hin, daß es sich bei diesen pauschalen Aussagen lediglich um "Schlagworte" und "Vorurteile" beider Seiten handelt und tatsächlich die Gemeinsamkeiten (vor allem zwischen dem deutschen und dem US-amerikanischen Rechnungslegungssystem) trotz bestehender Unterschiede weitaus größer sind, als man gemeinhin vermutet.

13 Vgl. *Forster* (Meinungsspiegel, 1993): S. 429; *Baetge* (Harmonisierung, 1992): S. 113; *Fey* (Europäischer Einfluß, 1997): S. 9; *Heintges* (Transparenz, 1996): S. 15; *Gelhausen / Fey* (Accounting Standards, 1996): S. 9; *Haller* (Verhältnis, 1988): S. 725-729; *Haller* (FASB, 1990): S. 265-268; *Kleekämper / Kuhlewind* (IAS-Kommentar, 1997): Tz. 7; *Wollmert / Achleitner* (IAS-Kommentar, 1997): Tz. 5.

14 *Leffson* (GoB, 1987): S. 192.

Accountants aus,[15] es kann nur vermutet werden, daß durch die Gründung des IASC ein Gegenpol zur Dominanz der deutschen Bilanzierungsvorstellungen innerhalb der EU geschaffen werden sollte,[16] denn als Großbritannien 1973 Mitglied der Europäischen Union (vormals Europäische Gemeinschaft) wurde, befanden sich die Beratungen zur Vierten EG-Richtlinie bereits in einem "fortgeschrittenen Stadium"[17]. Außerdem sollte verhindert werden, daß die Rechnungslegungsvorschriften durch die Übernahme des kodifizierten Rechts[18] der Kontinentaleuropäer (insbesondere der Deutschen) übermäßig gesetzlich reglementiert würden.[19] Statt dessen sollte - der Tradition angloamerikanischer Länder folgend - die Entwicklung von Rechnungslegungsnormen nichtstaatlichen Gremien vorbehalten bleiben, da man sich von diesem System flexiblere Anpassungen an ein sich stetig änderndes wirtschaftliches Umfeld versprach.[20]

Das IASC setzte sich als Ziele

- die Formulierung, Veröffentlichung und Verbreitung internationaler Standards zur Rechnungslegung, die Förderung der Akzeptanz und Beachtung dieser Standards sowie
- die grundsätzliche Verbesserung und Harmonisierung der Rechnungslegungsnormen.[21]

Zu diesem Zweck verpflichteten sich die Mitglieder, die Arbeit des IASC durch die Veröffentlichung aller verabschiedeten IAS in ihren Ländern zu unterstützen und ferner "nach besten Kräften"[22]

---

15 Vgl. *Hayn* (IAS, 1994): S. 715; *Kleekämper* (Trojanisches Pferd, 1996): S. 290.

16 Vgl. *Kleekämper* (Trojanisches Pferd, 1996): S. 290.

17 *Kleekämper* (Rechnungslegung, 1994): S. 45; *Schruff* (Vereinheitlichung, 1993): S. 401; *Kleekämper* (Trojanisches Pferd, 1996): S. 290.

18 Vgl. *Hayn* (IAS, 1994): S. 715; *Burggraaff* (IASC Developments, 1982): S. 110.

19 Vgl. *Biener* (Rechnungslegungsempfehlungen, 1993): S. 345; *Kleekämper* (Rechnungslegung, 1994): S. 45; *Kleekämper* (Trojanisches Pferd, 1996): S. 290; *Hayn* (IAS, 1994): S. 715.

20 Vgl. *Kleekämper* (Trojanisches Pferd, 1996): S. 291.

21 Vgl. *IASC* (Preface, 1992): para. 2: "The objectives of IASC as set out in its Constitution are: '(a) to formulate and to publish in the public interest accounting standards to be observed in the presentation of financial statements and to promote their worldwide acceptance and observance; and (b) to work generally for the improvement and harmonisation of regulations, accounting standards and procedures relating to the presentation of financial statements.'"

- sicherzustellen, daß bei der Erstellung von Jahresabschlüssen die Übereinstimmung mit allen wesentlichen Aspekten der IAS beachtet oder ggf. auf Abweichungen von den IAS hingewiesen werde,
- auf Regierungen, *standard setting bodies*, Industrieverbände und Börsenaufsichtsbehörden einzuwirken und diese davon zu überzeugen, daß Jahresabschlüsse den IAS zu entsprechen hätten,
- Jahresabschlußprüfer daraufhin zu verpflichten, die Einhaltung der IAS in Jahresabschlüssen zu überprüfen und
- allgemein die Akzeptanz und Beachtung der IAS international zu fördern.[23]

Da das IASC als private Organisation (zunächst) keine Möglichkeit hatte, eine Durchsetzung der erarbeiteten Standards durch wirksame Mechanismen wie Gesetze, Zulassungsvoraussetzungen im Börsenhandel oder politische Organisationen[24] zu erzwingen, lag in dieser freiwilligen Selbstverpflichtung der Mitglieder die einzige Möglichkeit, die erarbeiteten Normen - wenngleich auch nur als Empfehlungen - in die Praxis umzusetzen.[25] Dieser Aufgabe waren sich in der Vergangenheit allerdings "einige Mitgliedsorganisationen verschiedener Länder nicht sonderlich bewußt"[26].

Wenn das IASC dennoch schon 1988 in einer empirischen Untersuchung feststellte, daß in der Mehrzahl der untersuchten Länder die Jahresabschlüsse im wesentlichen IAS-konform erstellt waren und insgesamt mehr Unternehmen auf die Übereinstimmung ihres Jahresabschlusses

---

22 *Havermann* (Internationale Facharbeit, 1975): S. 14. Vgl. zur Formulierung *IASC* (Preface, 1992): para. 4: "... by using their best endeavours ...".

23 Vgl. *IASC* (Preface, 1992): para. 4; *Havermann* (Internationale Facharbeit, 1975): S. 14; *Haller* (Rolle des IASC, 1993): S. 1297-1298.

24 Vgl. *Havermann* (IASC-Statements, 1978): S. 366-367.

25 Vgl. *Küting* (Europäisches Bilanzrecht, 1993): S. 32; *Busse von Colbe* (Anpassung der Rechnungslegung, 1995): S. 374; *Hayn* (IAS, 1994): S. 716; *Havermann* (IASC-Statements, 1978): S. 367.

26 *Wiedmann* (Harmonisierung, 1994): S. 550. Man muß allerdings bezweifeln, ob dem IdW und der WPK - auf diese zielt *Wiedmanns* Kritik offensichtlich ab - wirklich das entsprechende Bewußtsein fehlte. Da viele IAS inhaltlich im Widerspruch zu nationalen Vorschriften standen, war deren Durchsetzung insbesondere in den Ländern mit kontinentaleuropäischen Rechnungslegungssystemen schlichtweg unmöglich. Vgl. *Havermann* (Internationale Entwicklungen, 1994): S. 671.

mit den IAS als auf Abweichungen hinwiesen,[27] darf dies nicht als Beweis für die praktische Bedeutung der IAS fehlinterpretiert werden.[28] Die Gründe für das (scheinbar) schmeichelhafte Ergebnis sind sowohl in der recht fragwürdigen Methodik zu finden, die der Untersuchung zugrunde lag,[29] als auch insbesondere in der inhaltlichen Ausgestaltung der IAS: Zum einen waren die IAS seit Gründung des IASC erheblich vom angelsächsischen und vom US-amerikanischen Bilanzrecht beeinflußt;[30] somit war die Übereinstimmung eines nach amerikanischen oder britischen Standards erstellten Jahresabschlusses mit den IAS nahezu unvermeidbar.[31] Zum anderen beruhte die festgestellte Konformität vor allem auf der Vielzahl von Wahlrechten, durch die eine (weitgehende) Übereinstimmung eines nach nationalen Vorschriften erstellten Jahresabschlusses mit den IAS leicht ermöglicht wurde.[32]

27 Vgl. *IASC* (Survey of IAS, 1988): S. 10.

28 Auch die Übernahme der IAS als nationale Rechnungslegungsnormen - wie von einer Reihe von Staaten praktiziert - ist nur ein schwaches Indiz für die Bedeutung des IASC: Diesen Staaten (z.B. Pakistan, Zypern) fehlen vor allem die Ressourcen zur Erarbeitung eigener Normen. Vgl. *Wiedmann* (Harmonisierung, 1994): S. 550; *Haller* (Rolle des IASC, 1993): S. 1302.

29 Das IASC beauftragte Mitglieder in 70 Ländern, Geschäftsberichte frei auszuwählen und die Übereinstimmung mit den IAS in standardisierten Fragebögen zu erfassen. Neben methodischen Fehlern - die Stichprobe wurde nicht 'zufällig' gezogen, die Interpretation einzelner Fragestellungen lag im Ermessen der einzelnen Mitglieder - bestand für jedes Mitglied ein gewisser Anreiz darin, eine möglichst hohe Übereinstimmung mit den IAS festzustellen: Damit wurde sowohl die Existenzberechtigung des IASC als auch des einzelnen Mitglieds nachgewiesen. Vgl. *Haller* (Rolle des IASC, 1993): S. 1302. Außerdem hatten sich die befragten Mitglieder selbst verpflichtet, die Beachtung der IAS zu fördern - und waren somit für ein schlechtes Ergebnis weitgehend verantwortlich.

30 Vgl. *Wiedmann* (Harmonisierung, 1994): S. 559; *Mandler* (Bridging the GAAP?, 1996): S. 724; *Küting / Hayn* (Unterschiede, 1995): S. 1602; *Ordelheide* (Meinungsspiegel, 1993): S. 431. Mitunter werden die IAS auch als "verkürzte Fassung der anglo-amerikanischen Rechnungslegungsgrundsätze" bezeichnet. *Macharzina* (Vereinheitlichung der Rechnungslegung, 1981): S. 369. Deutlich wird die Übereinstimmung von US-GAAP und IAS insbesondere beim Vergleich der *Frameworks*. Vgl. *Kleekämper* (Trojanisches Pferd, 1996): S. 292.

31 Vgl. *Rutteman* (Different Environment, 1987): S. 17: "Initially, it was said that no IASs would be allowed to conflict with any existing US or UK standards. Where there were conflicts between the US and UK, the IAS would permit both methods."

32 Vgl. *Haller* (Rolle des IASC, 1993): S. 1297-1298; *Wiedmann* (Harmonisierung, 1994): S. 558-559; *Rutteman* (Different Environment, 1987): S. 17.

Das Ergebnis der vom IASC-Sekretariat durchgeführten Umfrage spiegelt also weniger die tatsächliche Bedeutung des IASC wider, sondern bestätigt lediglich die für den angloamerikanischen Raum gültige weitgehende Übereinstimmung der IAS mit den jeweiligen nationalen Normen.[33] Auch für die kontinentaleuropäischen Länder bleibt festzuhalten, daß "tatsächlich ... Akzeptanz und Anwendung [der IAS] aber bisher gering [waren]"[34]. Mit anderen Worten: Die Arbeit des IASC war über einen langen Zeitraum - von 1973 bis 1987 - von weitgehender Bedeutungslosigkeit gekennzeichnet.[35]

2. Die Zusammenarbeit mit der IOSCO

Bis 1987 hatte das IASC auf "der Suche nach dem kleinsten gemeinsamen Nenner"[36] in den IAS eine Reihe von Wahlrechten und alternativen Bilanzierungsverfahren zusammengefaßt.[37] Als ein Wendepunkt sowohl in der Arbeit als auch in der Bedeutung des IASC wird heute immer wieder die Intensivierung der Zusammenarbeit mit der Internationalen Börsenaufsichtsbehörde (*International Organization of Securities Commissions, IOSCO*) bezeichnet.[38] Zwar wurden nach IAS erstellte Jahresabschlüsse bereits seit geraumer Zeit bei verschiedenen Börsen akzeptiert,[39] jedoch erst 1988 bekam die Zusammenarbeit eine ganz neue und richtungsweisende Bedeutung: Zur Vereinheitlichung der Börsenzu-

---

33 Vgl. *Rutteman* (Different Environment, 1987): S. 17, der deutlich darauf hinweist, "that IASs were developed on an Anglo-Saxon model." Ähnlich auch *Rost* (Harmonisierungsprozeß, 1991): S. 147-176; *Havermann* (Internationale Entwicklungen, 1994): S. 671.

34 *Havermann* (Internationale Entwicklungen, 1994): S. 671.

35 Vgl. *Chandler* (Harmonization, 1992): S. 230; *Küting / Weber* (Internationale Bilanzierung, 1994): S. 44; *Küting* (Europäisches Bilanzrecht, 1993): S. 33; *Hayn* (IAS, 1994): S. 716; *Haller* (Rolle des IASC, 1993): S. 1304. A.A. *Rutteman* (Different Environment, 1987): S. 17, der schon 1987 konstatierte, daß "IASC's work and standards have already acquired a reputation that ensures it cannot be ignored."

36 *Kleekämper* (Trojanisches Pferd, 1996): S. 292.

37 Vgl. *Kleekämper* (Rechnungslegung, 1994): S. 56; *Hayn* (IAS, 1994): S. 716.

38 Vgl. *Carsberg* (Role of the IASC, 1996): S. 51; *Chandler* (Harmonization, 1992): S. 230; *Kleekämper* (Trojanisches Pferd, 1996): S. 299; *Hayn* (IAS, 1994): S. 716; *Kleekämper* (Aktuelle Entwicklungen, 1995): S. 416; *Schruff* (Vereinheitlichung, 1993): S. 402-403.

39 Vgl. *Carsberg* (Role of the IASC, 1996): S. 51; *Haller* (Rolle des IASC, 1993): S. 1303.

lassungsvoraussetzungen auf internationaler Ebene war der IOSCO an der Konzeption eines einheitlichen Systems von Rechnungslegungsvorschriften gelegen. In den Augen der IOSCO stellte das IASC ein kompetentes Gremium dar, um solche weltweit anerkannten Rechnungslegungsgrundsätze zu formulieren,[40] für das IASC seinerseits war die IOSCO der geeignete Partner, da diese über die notwendigen Durchsetzungsmechanismen verfügte, um den IAS endlich die gewünschte Bedeutung zu verschaffen.[41]

Die IOSCO stellte dem IASC in Aussicht, ihren Mitgliedern die Anerkennung eines nach IAS erstellten Jahresabschlusses zu empfehlen, so daß künftig die Anpassung an jeweilige nationale Anforderungen entfiele und ein Jahresabschluß die Zulassung zu allen Kapitalmärkten ermögliche.[42] Allerdings knüpfte die IOSCO diese Empfehlung an die Bedingung, im Rahmen einer grundlegenden Überarbeitung der Standards die darin enthaltenen Wahlrechte erheblich zu reduzieren sowie die Anforderungen an Inhalt und Umfang der Publizitätspflichten deutlich zu erhöhen.[43] Diese Forderung der IOSCO war die Ursache für die Einleitung des zunächst als *comparability project* bezeichneten[44] *improvement project*[45], das 1993 abgeschlossen wurde.[46]

---

40 Vgl. *Chandler* (Harmonization, 1992): S. 231; *Haller* (Rolle des IASC, 1993): S. 1303; *Probst* (Angloamerikanische Rechnungslegung, 1992): S. 428; *Burggraaff* (IASC Developments, 1982): S. 110; *Kleekämper* (Aktuelle Entwicklungen, 1995): S. 422; *Kleekämper* (Aktivitäten, 1995): S. 126.

41 Vgl. *IASC* (IOSCO Agreement, 1996): S. 59: "The goal of both bodies [IASC and IOSCO, d.Verf.] is that financial statements prepared in accordance with IAS can be used worldwide in cross border offerings and listings as an alternative to the use of national standards." Vgl. auch *Hayn* (IAS, 1994): S. 716; *Schruff* (Vereinheitlichung, 1993): S. 401; *Kleber* (Amerikanische Rechnungslegungsgrundsätze, 1993): S. 383.

42 Vgl. *IASC* (Agreement, 1995): S. 59; *Carsberg* (Role of the IASC, 1996): S. 51; *Haller* (Rolle des IASC, 1993): S. 1303.

43 Vgl. *IASC* (Agreement, 1995): S. 59; *Carsberg* (Role of the IASC, 1996): S. 51; *Biener* (IASC-Vorschriften, 1995): S. 16; *Probst* (Angloamerikanische Rechnungslegung, 1992): S. 429; *Kleekämper* (Trojanisches Pferd, 1996): S. 299.

44 Vgl. *Kleekämper* (Trojanisches Pferd, 1996): S. 299.

45 Vgl. *Probst* (Angloamerikanische Rechnungslegung, 1992): S. 429; *Hayn* (IAS, 1994): S. 716.

46 Das IASC identifizierte insgesamt 29 Wahlrechte in zehn IAS und präsentierte diese zusammen mit Vorschlägen zur Reduktion im Exposure Draft E 32. Nach langen Diskussionen wurden immerhin 21 Vorschläge in die IAS eingearbeitet. Sofern verschiedene Bilanzierungsmöglichkeiten als Wahlrechte in den IAS ver-

Durch das *comparability* bzw. *improvement project* näherten sich die IAS weiter den angelsächsischen Vorbildern an,[47] da den Streichungen von Bilanzierungsmöglichkeiten insbesondere "eine Reihe von kontinentaleuropäischen Wahlrechten zur Wahrung des Vorsichtsprinzips"[48] zum Opfer fielen. Dadurch entstand bei vielen Europäern der Eindruck, "daß durch die Zusammenarbeit des IASC mit der IOSCO in der skizzierten Weise für Börsenzulassungen ausschließlich angloamerikanische Rechnungslegungsstandards durchgesetzt werden sollten"[49].

Aus Sicht des IASC war als Ergebnis der Zusammenarbeit mit der IOSCO ein erster Teilerfolg zu verzeichnen, als diese Ende 1993 ihren Mitgliedern die Anerkennung des IAS 7[50] empfahl.[51] Von weiteren Einzelempfehlungen sah die IOSCO dann allerdings ab und legte statt dessen dem IASC 1993 eine Liste mit Themen vor, die zunächst durch Rechnungslegungsstandards abgedeckt sein mußten (*core-standards*), bevor die IOSCO ihren Mitgliedern die IAS als verbindlich für die Börsenzulassung vorschlagen wollte.[52] Nachdem das IASC lange offen ließ, ob es die Zusammenarbeit mit der IOSCO in dieser Form fortsetzen wollte,[53] wurde die Auflage, zuerst die *core-standards* zu erstellen,

---

blieben, wurde eine als überlegen gekennzeichnet (*benchmark*). Vgl. *Hayn* (IAS, 1994): S. 717; *Probst* (Angloamerikanische Rechnungslegung, 1992): S. 429; *IASC* (History, 1995): S. 23. Vgl. zu den verbliebenen Wahlrechten (*allowed treatment*) die Übersicht in *Kleekämper* (Rechnungslegung, 1994): S. 63.

47 Vgl. *Funk* (Meinungsspiegel, 1993): S. 429; *van Hulle* (Fortentwicklung aus Sicht der EU, 1996): S. 14.

48 *Biener* (IASC-Vorschriften, 1995): S. 17. Vgl. auch *van Hulle* (Fortentwicklung aus Sicht der EU, 1996): S. 14. Etwas polemisch wurde von deutscher Seite kommentiert, daß "in der Mehrzahl solche Methoden künftig nicht mehr erlaubt sein sollen, die den kontinentaleuropäischen Grundsätzen entsprechen und daß im Verhältnis zur soliden deutschen Rechnungslegung die jeweils schwächste Methode zum internationalen Standard erhoben werden soll." *Probst* (Angloamerikanische Rechnungslegung, 1992): S. 429.

49 *Probst* (Angloamerikanische Rechnungslegung, 1992): S. 429; vgl. auch *Schruff* (Vereinheitlichung, 1993): S. 403; *Hahn* (Gegenseitige Anerkennung, 1992): S. 6.

50 Vgl. *IASC* (IAS 7, 1992): Cash Flow Statements.

51 Vgl. *Kleekämper* (Trojanisches Pferd, 1996): S. 299; *Biener* (IASC-Vorschriften, 1995): S. 17.

52 Vgl. *Kleekämper* (Aktuelle Entwicklungen, 1995): S. 423; *Biener* (IASC-Vorschriften, 1995): S. 19.

53 Vgl. *Biener* (IASC-Vorschriften, 1995): S. 23.

schließlich 1995 akzeptiert[54] und deren Fertigstellung für Mitte 1999 avisiert.[55] Tatsächlich wurde mit dem IAS 39[56] im Dezember 1998 der (vorerst) letzte von der IOSCO geforderte Standard auf einer Sitzung des IASC in Frankfurt verabschiedet.

II. Strategien zur Harmonisierung der Rechnungslegung

1. Der Begriff der "Harmonisierung"

Wenn die bedeutende Rolle des IASC im Harmonisierungsprozeß immer wieder vor allem auf die Zusammenarbeit mit der IOSCO zurückgeführt wird,[57] ist dies nur teilweise zutreffend. Der Kooperation mit der IOSCO verdankt das IASC zwar eine dominierende Stellung unter den an der Harmonisierung beteiligten Organisationen,[58] seine heutige "Schlüsselfunktion"[59] erlangte das IASC aber erst durch die Aufgabe der Forderung nach gegenseitiger Anerkennung von unterschiedlichen Jahresabschlüssen zugunsten vereinheitlichter Informationsinstrumente.[60]

Der Begriff der "Harmonisierung" von Rechnungslegungsvorschriften wird häufig - insbesondere von Angloamerikanern[61] - mit einer Vereinheitlichung von Normen gleichgesetzt. Allerdings muß ein Harmonisierungsprozeß nicht zwangsläufig auf Standardisierung hinauslaufen; der

---

54 Vgl. *IASC* (Agreement, 1995): S. 59; *Carsberg* (Role of the IASC, 1996): S. 52.

55 Vgl. *Carsberg* (Role of the IASC, 1996): S. 53; *IASC* (Work Programme, 1995): S. 60.

56 Vgl. *IASC* (IAS 39, 1998).

57 Vgl. *Hayn* (IAS, 1994): S. 716.

58 Vgl. zu einer Übersicht der wichtigsten am Harmonisierungsprozeß beteiligten Organisationen *Havermann* (Internationale Facharbeit, 1975): S. 6-17; *Biener* (IAS als GoB?, 1996): S. 90-98; speziell zur Arbeit und Bedeutung der OECD *Biener* (OECD, 1988): S. 19-42.

59 *Goebel / Fuchs* (Anwendung der IAS, 1995): S. 1521; vgl. auch *Dörner* (IASC, 1995): S. 4; *GEFIU* (Grenzen der Anpassung, 1995): S. 1137; *Goebel* (Anwendung der IAS, 1995): S. 1037.

60 Vgl. *Hommel* (Internationale Bilanzrechtskonzeption, 1997): S. 345. Nach *Goebel* (Anwendung der IAS, 1995): S. 1037 bewirkt "auch ohne eine offizielle Harmonisierung der Rechnungslegung ... der Druck der Kapitalmärkte eine faktische Harmonisierung auf der Grundlage internationaler Rechnungslegungsstandards."

61 Vgl. *Nobes* (International Classification, 1992): S. 90-92; *Burggraaff* (IASC Developments, 1982): S. 106; *Gräfer / Demming* (Harmonisierung und Standardisierung, 1994): S. 10; *Piltz* (Internationale Harmonisierung, 1990): S. 288.

gewünschte Effekt der Harmonisierung besteht zunächst nur darin, daß ein Bilanzleser aus verschiedenen, nach national unterschiedlichen Regelungen aufgestellten Jahresabschlüssen vergleichbare Informationen ziehen kann. Akzeptiert man dieses Ziel als eigentliche Hauptaufgabe der Harmonisierung der Rechnungslegung, wird damit allerdings noch keine Entscheidung darüber getroffen, wie diese Informationen zu vermitteln sind. Grundsätzlich sind zunächst (mindestens)[62] zwei Wege denkbar, aus der Rechnungslegung vergleichbare Informationen zu ziehen: Einerseits können unterschiedliche Vorschriften vereinheitlicht werden; dies liefe auf ein "Einheitsrecht", die "Schaffung absoluter Gleichheit"[63] hinaus. Andererseits besteht aber auch die Möglichkeit der teilweisen Angleichung von Vorschriften und deren gegenseitiger Anerkennung (*mutual recognition*).[64]

Diese beiden konkurrierenden Harmonisierungsstrategien, gegenseitige Anerkennung einerseits und Vereinheitlichung andererseits, werden im folgenden kurz vorgestellt.

2. Das Konzept der gegenseitigen Anerkennung

2.1 Zur Begründung der gegenseitigen Anerkennung

Das Konzept der gegenseitigen Anerkennung fand seine Anwendung insbesondere bei der Rechnungslegungsharmonisierung in der EU. Als innerhalb der EU zur Entwicklung eines einheitlichen Binnenmarktes die Harmonisierung der Rechnungslegung anstand, entschied man sich für diesen Weg, und so wurde folgerichtig durch die Verabschiedung der 4., 7. und 8. EG-Richtlinie lediglich beabsichtigt, einheitliche Offenlegungspflichten vorzuschreiben und von den Unternehmen vergleichbare Infor-

62 Möglich sind darüber hinaus die derzeit als Übergangslösung praktizierten Wege der Erstellung einer Überleitungsrechnung (*reconciliation*) oder eines Jahresabschlusses nach den Regelungen des Gastlandes. Vgl. *Kleekämper* (Rechnungslegung, 1994): S. 44.

63 *Kloos* (Transformation, 1993): S. 53 (beide Zitate). Vgl. auch *Lochner* (Worth Repeating, 1991): S. 108-109.

64 Vgl. zu den beiden Formen der Harmonisierung *van Hulle* (Fortentwicklung aus Sicht der EU, 1996): S. 7-25; *van Hulle* (Angleichung oder Anerkennung, 1993): S. 193-205; *Biener* (Harmonisierung, 1993): S. 174-175; *Rost* (Harmonisierungsprozeß, 1991): S. 21; *Kleekämper* (Rechnungslegung, 1994): S. 44; *Kloos* (Transformation, 1993): S. 53.

mationen einzufordern.[65] Der Kompromißcharakter der Richtlinien führte dazu, daß systemimmanente Besonderheiten der nationalen Rechnungslegungsvorschriften nicht angetastet wurden, sondern fortgeführt werden durften, sofern die zur Verfügung gestellten Informationen als gleichwertig eingestuft wurden.[66] Ein Harmonierungsverständnis in diesem Sinne verlangt also keine "absolute Vereinheitlichung ohne Berücksichtigung nationaler Unterschiede", sondern wird "im Sinne von Angleichung"[67] als ein Prozeß verstanden, der lediglich die Einigung über "eine Reihe von gemeinsamen Mindestvorschriften"[68] voraussetzt. Die übrigen "Unterschiede in den Rechnungslegungspraktiken"[69] bleiben bestehen und werden gegenseitig als gleichwertige nationale Besonderheiten anerkannt.[70]

Die Harmonisierung der Rechnungslegung in der EU auf dem Wege der gegenseitigen Anerkennung wird teilweise kritisch als politisch motivierter Kompromiß aufgefaßt, in dem das Bemühen seinen Ausdruck fand, "die Harmonisierung im Jahre 1978 nicht zum Scheitern zu bringen."[71]

Von anderer Seite wird diese Harmonisierungsphilosophie dagegen auch inhaltlich gerechtfertigt; danach wird als wesentlicher Vorteil der gegenseitigen Anerkennung betont, daß - im Gegensatz zu einer strikten Vereinheitlichung der Rechnungslegungssysteme - deren Angleichung keine Rückwirkungen auf den sozioökonomischen Hintergrund der einzelnen Staaten entfaltet.[72]

---

65 Vgl. *Küting* (Rechtsangleichung von Bilanzierungsvorschriften, 1994): S. 70; *Rost* (Harmonisierungsprozeß, 1991): S. 21.

66 Vgl. *Biener* (US-GAAP, 1993): S. 128; *van Hulle* (Fortentwicklung aus Sicht der EU, 1996): S. 10; *Krumnow* (Weg ins Abseits, 1994): S. 688. Eine Verbesserung der Vergleichbarkeit kann zusätzlich noch dadurch erreicht werden, daß die Ausübung von Wahlrechten zusätzlich erläutert wird. Vgl. *Albach / Klein* (Umsetzung, 1988): S. 1; *Gräfer / Demming* (Harmonisierung und Standardisierung, 1994): S. 12.

67 *Küting* (Rechtsangleichung von Bilanzierungsvorschriften, 1994): S. 70 (beide Zitate).

68 *van Hulle* (Angleichung oder Anerkennung, 1993): S. 204.

69 *Rost* (Harmonisierungsprozeß, 1991): S. 21.

70 Vgl. *Rost* (Harmonisierungsprozeß, 1991): S. 21.

71 *Küting* (Europäisches Bilanzrecht, 1993): S. 32; vgl. auch *Rost* (Harmonisierungsprozeß, 1991): S. 186.

72 Vgl. *Kloos* (Transformation, 1992): S. 53; *Macharzina* (Vereinheitlichung der Rechnungslegung, 1981): S. 376; *Gräfer / Demming* (Harmonisierung und Stan-

Diese Auffassung basiert auf den inzwischen weit verbreiteten "Theorien über die sozioökonomische Bedingtheit der Rechnungslegung"[73], die im folgenden kurz als "sozioökonomischer Ansatz" oder - wie in der internationalen Literatur üblich - als *environmental determinism theory*[74] bezeichnet werden sollen. Eine kurze Erläuterung dieses Ansatzes ist im folgenden unumgänglich, da die Verfechter der *mutual recognition* im wesentlichen auf diese sozioökonomischen Erklärungsansätze und Theorien zurückgreifen, um die Bewahrung national eigenständiger Rechnungslegungssysteme zu rechtfertigen und die Ablehnung einer weitergehenden Vereinheitlichung von Rechnungslegungsvorschriften zu begründen.

2.2 Einführung in die *environmental determinism theory*

Der sozioökonomische Ansatz basiert auf dem zentralen Gedanken, daß zwischen dem sozioökonomischen Hintergrund eines Landes und dem dort verwendeten Rechnungslegungssystem ein direkter Zusammenhang besteht, und zwar derart, daß sich das Rechnungslegungssystem als Ergebnis dieses Hintergrundes entwickelt hat.[75]

Unter dem Begriff "sozioökonomischer Hintergrund" werden alle spezifischen sozialen, kulturellen, rechtlichen, wirtschaftlichen und steuerrechtlichen Umwelteinflüsse subsumiert, die auf das Rechnungswesen einwirken oder die Ausgestaltung der Rechnungslegung in einem Land beeinflussen bzw. beeinflußt haben[76] und dafür verantwortlich sind, daß sich "seit den Ursprüngen der Rechnungslegung, der Erfindung der doppelten Buchführung durch den ... Mönch Luca Pacioli, die nationalen Rechnungslegungsvorschriften ... unterschiedlich entwickelt haben."[77] In der Literatur findet man eine Vielzahl von Beschreibungen von "verschiede-

---

dardisierung, 1994): S. 12; *Piltz* (Internationale Harmonisierung, 1990): S. 288; *Ordelheide* (Weiterentwicklung, 1994): S. 21.

73 *Ordelheide* (Weiterentwicklung, 1994): S. 21.

74 Vgl. *Cooke / Wallace* (Financial Disclosure Regulation, 1990): S. 79-110; *Böckem / d`Arcy* (Critical Assessment, 1999): S. 60.

75 Vgl. *Nobes* (International Classification, 1992): S. 3-4; *Macharzina* (Vereinheitlichung der Rechnungslegung, 1981): S. 378; *Kloos* (Transformation, 1992): S. 53-55; *Haller* (Ziele, 1996): S. 4-5.

76 Vgl. *Macharzina* (Vereinheitlichung der Rechnungslegung, 1981): S. 378; *Gräfer / Demming* (Harmonisierung und Standardisierung, 1994): S. 8-9; *Kloos* (Transformation, 1992): S. 53-55.

77 *Kloos* (Transformation, 1992): S. 53. Vgl. auch *Pacioli* (Buchhaltung, 1494).

nen sozioökonomischen Umfeldern", aus denen bis heute "teilweise grundlegend andere Rechnungslegungsphilosophien"[78] entstanden.[79]

Aus der Vielzahl der sich ähnelnden Ansätze der *environmental determinism theory*[80] wird in dieser Arbeit auf die Diktion von *Macharzina*[81] zurückgegriffen. *Macharzina* unterscheidet in seinem Modell Instrumentvariablen, Kontextvariablen und Zielvariablen. Als Zielvariablen werden die Aufgaben der Rechnungslegung definiert, die der "Erfüllung ... vielfältiger, z.T. spezifisch national artikulierter Interessen und Anforderungen" dienen "oder für eine marktgerechte Allokation der Ressourcen einer Volkswirtschaft notwendig"[82] sind. In diesem Sinne wird die Effizienz einer Rechnungslegung durch das Ausmaß der Zielerreichung bestimmt. Zur Erfüllung der jeweils gesetzten Ziele entwickelt jedes Rechnungswesen eigene Methoden, Verfahren und Formen der Berichterstattung, die als Instrumentvariablen bezeichnet werden; unter Kontextvariablen werden alle für das Rechnungswesen in irgendeiner Form bedeutsamen Umwelteinflüsse verstanden. Nach *Macharzina* hängen sowohl die Ziele als auch die Instrumente des Rechnungswesens maßgeblich von den Kontextvariablen ab. Das Modell kann durch folgendes Beispiel anschaulich erläutert werden:

> Die teilweise hohen Inflationsraten in einer Reihe der EU-Staaten haben zu einem Staatenwahlrecht in der 4. EG-Richtlinie geführt, welches

---

78 *Gräfer / Demming* (Harmonisierung und Standardisierung, 1994): S. 9.

79 Vgl. z.B. *Choi / Mueller* (Multinational Accounting, 1992): S. 23-28, die fünfzehn für die Rechnungslegung relevante Einflußfaktoren ermitteln; *Nobes* (International Classification, 1992): S. 4-14, der diesen Katalog drastisch reduziert und als "important causes of international differences between financial reporting systems" vor allem das Rechtssystem, die Organisationsformen der Unternehmen einschließlich der Eigentumsverhältnisse, die Börsen, die Besteuerung und den Einfluß der *accountancy professions* auf die Gestaltung des Rechnungslegungssystems nennt, sowie *Macharzina* (Vereinheitlichung der Rechnungslegung, 1981): S. 378. Vgl. zu einem Überblick *Pellens* (Rechnungslegung, 1998): S. 19; *Böckem / d'Arcy* (Critical Assessment, 1999): S. 62-64.

80 Die Bezeichnung geht zurück auf *Cooke / Wallace* (Regulation and Environment, 1990): S. 79-110 und wird seitdem in der Literatur als Oberbegriff für alle theoretischen Ansätze verwendet, die einen direkten Zusammenhang zwischen dem sozio-ökonomischen Umfeld und dem Rechnungslegungssystem eines Landes beschreiben oder untersuchen. Vgl. auch *Böckem / d'Arcy* (Critical Assessment, 1999): S. 61.

81 Vgl. *Macharzina* (Vereinheitlichung der Rechnungslegung, 1981): S. 370.

82 *Macharzina* (Vereinheitlichung der Rechnungslegung, 1981): S. 370 (beide Zitate).

> die Bewertung von Sachanlagen zu Wiederbeschaffungskosten, die Neubewertung von Sachanlagen oder die Verwendung anderer, der Inflation Rechnung tragender Methoden erlaubt.[83] Dieses Wahlrecht wurde bei der Transformation der Richtlinie in nationale Vorschriften höchst unterschiedlich umgesetzt: Während Deutschland (als einziges Mitglied der EU) strikt am Anschaffungswertprinzip festhielt und eine Berücksichtigung der Geldentwertung allenfalls in einer Nebenrechnung im Anhang erlaubt,[84] wurden beispielsweise in Italien den Unternehmen zur Geldwertkorrektur über Anschaffungskosten hinausgehende Zuschreibungen ermöglicht.[85]

Übersetzt man dieses Beispiel in die Terminologie Macharzinas, dann stellt die Geldentwertung die in der Rechnungslegung zu berücksichtigende Kontextvariable dar. Da die Geldentwertung in Deutschland nach der Währungsreform nur ein Problem von allenfalls untergeordneter Bedeutung war und die Substanzerhaltung der Unternehmen nur unwesentlich beeinträchtigte, bestand keine Notwendigkeit, die Berücksichtigung inflationärer Entwicklungen in die Ziele der Rechnungslegung aufzunehmen. Dementsprechend entfiel auch die gesetzliche Vorgabe eines dazu geeigneten Instruments. Eine dauerhaft höhere Inflationsrate - wie beispielsweise in Italien über Jahre hinweg zu beobachten - birgt dagegen die Gefahr, durch eine Gewinnermittlung auf Basis von Nominalwerten Scheingewinne auszuweisen, deren Ausschüttung oder Besteuerung zur Aushöhlung der Unternehmenssubstanz führen kann.[86] Um dies zu vermeiden, muß das Rechnungswesen folglich Instrumente wie die Möglichkeit zur Neubewertung entwickeln.[87]

Die Auffassung, "daß internationale Varianzen von Methoden und Verfahren der Rechnungslegung auf divergierende Umwelteinflüsse zurückzuführen sind"[88], hat sich in der Literatur inzwischen als herrschende

83 Vgl. 4. EG-Richtlinie (Bilanzrichtlinie, 1978): Art. 33; *Kloos* (Transformation, 1992): S. 383-387.

84 Vgl. *IdW* (HFA 2/1975).

85 Vgl. *Husemann / Jungen* (Jahresabschluß in Italien, 1989): S. 264-274; *Kloos* (Transformation, 1992): S. 383-387.

86 Vgl. *Schneider* (Ausschüttungsfähiger Gewinn, 1968): S. 8; *Schildbach* (Insolvenzgefahr, 1975): S. 186.

87 Vgl. *Schneider* (Scheingewinnabhängige Ausgaben, 1993): S. 41-52; *Bierich* (Substanzerhaltung, 1973): S. 521; *Sieben* (Kritische Würdigung, 1974): S. 154.

88 *Macharzina* (Vereinheitlichung der Rechnungslegung, 1981): S. 370.

Meinung durchgesetzt,[89] obwohl zwei Schwächen des Ansatzes bis heute nicht behoben werden konnten:

- Zum einen ist offen geblieben, von *welchen* Umweltfaktoren die Entwicklung der Rechnungslegung geprägt wird. In einer 1991 durchgeführten Untersuchung wurde festgestellt, daß die Anhänger der *environmental determinism theory* insgesamt 58 Umwelteinflüsse benannt hatten, die zudem in den unterschiedlichsten Zusammenstellungen kombiniert wurden. Lediglich 15 dieser Faktoren wurden von mindestens drei Autoren genannt, keine einzige Kontextvariable hingegen von allen Autoren aufgeführt.[90]
- Zum anderen konnte bis heute der Einfluß der Umweltfaktoren auf die Rechnungslegung weder hinsichtlich der Wirkungsweise noch hinsichtlich der Intensität nachgewiesen werden. "Eine detaillierte Ursache-Wirkungsanalyse", die den Zusammenhang zwischen Umwelt und Rechnungslegung umfassend beschreibt, "steht noch aus"[91].

2.3 Bedeutung der *environmental determinism theory* für die gegenseitige Anerkennung

Trotz dieser gravierenden Schwächen der *environmental determinism theory* wird diese immer wieder als Begründung dafür herangezogen, die Harmonisierung der Rechnungslegungsvorschriften ausschließlich über den Weg der *mutual recognition* fortzuführen. So wird beispielsweise die Gefahr gesehen, durch eine weitergehende Vereinheitlichung "in einigen Ländern Friktionen und ungewünschte Rückwirkungen auf die nationalen Strukturen zu verursachen, ... solange die sozio-ökonomischen und rechtlichen Rahmenbedingungen international voneinander abwei-

---

89 Vgl. *Seeberg* (Probleme, 1994): S. 138; *Wiedmann* (Matching Principle, 1994): S. 101; *Kleekämper* (Rechnungslegung, 1994): S. 44; Biener (Rechnungslegungsempfehlungen, 1993): S. 349; *Küting* (Europäisches Bilanzrecht, 1993): S. 37.

90 Vgl. *Böckem / d'Arcy* (Critical Assessment, 1999): S. 66. Die am häufigsten genannten Faktoren sind das Rechtssystem, die Form der Kapitalausstattung von Unternehmen, das Steuersystem sowie der Einfluß der *accounting profession*. Vgl. *Alexander / Nobes* (Financial Reporting, 1994): S. 67-75.

91 *Macharzina* (Vereinheitlichung der Rechnungslegung, 1981): S. 376 (beide Zitate). Vgl. auch *Choi / Mueller* (Multinational Accounting, 1992): S. 32; *Kloos* (Transformation, 1993): S. 54.

chen."[92] Deshalb sei "eine weitergehende Harmonisierung mit dem Ziel, einheitliche Grundsätze, insbesondere im Bereich des Bilanzansatzes und der Bewertung, zu schaffen, ... wegen der nachteiligen Folgen für eine Reihe von Staaten, insbesondere von Deutschland, nicht zu verantworten."[93] Speziell für Deutschland wird in diesem Zusammenhang vor allem eine Gefährdung "der Maßgeblichkeit der Handelsbilanz für die steuerliche Gewinnermittlung und deren Umkehrung"[94] befürchtet.

Außerdem wird vor Akzeptanzproblemen gewarnt, die eine Rechtsangleichung nach sich ziehen könnte: "Jeder Versuch, Harmonisierung durch Übernahme eines Rechts zu erzwingen, das in den Traditionen und Wertvorstellungen der betroffenen Personen über keine Grundlagen verfügt, ist mit dem Risiko verbunden, daß dieses neue Recht nicht akzeptiert wird... . Für Gesetzgeber und Rechtsordnung allgemein entsteht daraus insoweit eine mißliche Situation, als das neue Recht entweder durch verschärfte Sanktionen gegen den Willen der Betroffenen durchgesetzt werden oder mitangesehen werden muß, wie die Rechtsordnung durch laufende Mißachtung an Ansehen verliert."[95] Ob man aus einer stärkeren Standardisierung der Rechnungslegung (einschließlich aller möglichen Folgen) einen "allgemeinen Werteverfall"[96] ableiten kann, scheint doch zumindest sehr zweifelhaft und wird durch die *environmental determinism theory* auch nicht gedeckt, wie die beiden nachfolgenden Argumente zeigen:

---

92 *Seeberg* (Probleme, 1994): S. 139 (beide Zitate); vgl. zustimmend *Hahn* (Strafaktion, 1993): S. 10; *Probst* (Angloamerikanische Rechnungslegung, 1992): S. 438.

93 *Biener* (Rechnungslegungsempfehlungen, 1993): S. 349.

94 *Biener* (Harmonisierung, 1993): S. 180. Vgl. auch *Ordelheide* (Weiterentwicklung, 1994): S. 21, der darüber hinaus "die besondere Bedeutung der Mitbestimmung" nennt.

95 *Schildbach* (Rechnungslegungsideale, 1995): S. 2643, der diese These mit der weitgehenden Nichteinhaltung der durch die 4. EG-Richtlinie vorgeschriebenen Publizitätsvorschriften im Bereich der großen und mittelgroßen Kapitalgesellschaften begründet. Allerdings ignoriert *Schildbach*, daß der Anstoß zu einer internationalen Rechnungslegung von den betroffenen Unternehmen ausging und diese vielfach bereits auf freiwilliger Basis internationale Normen in einem zusätzlichen Abschluß verwenden.

96 *Moxter* (Handels- und Steuerbilanz, 1997): S. 198. Einen anderen Standpunkt dazu vertritt *Ordelheide* (True and fair view, 1996): S. 504: "Are accounting rules really national monuments worth being preserved?"

- Zwar wäre es immerhin denkbar, daß durch eine exogene Änderung des Rechnungswesens dessen Zielerreichung beeinträchtigt wird. Eine solche Effizienzbeeinträchtigung wird vor allem dann eintreten, wenn das etablierte Rechnungslegungssystem tatsächlich eine - im Extremfall sogar die einzige - effiziente Lösung für eine gegebene Kombination von Kontextvariablen darstellt. Diese Voraussetzung wird von Vertretern der *environmental determinism theory* immer wieder unterstellt und durch eine (fragwürdige) sozialdarwinistische Begründung belegt, nach der sich stets die beste und effizienteste wirtschaftliche Lösung durchsetzt.[97] Allerdings ist es wenig wahrscheinlich, daß sich stets ein optimales Rechnungslegungssystem etabliert: Anders als in der Natur wird die Vorherrschaft unter Rechnungslegungssystemen nicht "ausgekämpft"; vielmehr werden diese häufig von Interessengruppen implementiert, die nicht zwingend die optimale Lösung präferieren.[98] Somit bleibt festzuhalten, daß im Regelfall ein etabliertes System von Rechnungslegungsnormen *keine* optimale Lösung darstellt; wenn diese Voraussetzung aber nicht gegeben ist, kann auch nicht unterstellt werden, daß exogene Änderungen des Rechnungslegungssystems zwingend eine Effizienzbeeinträchtigung auslösen. Darüber hinaus bleibt anzumerken, daß ein (zufälliges) Durchsetzen einer optimalen Lösung praktisch kaum nachweisbar ist: Die Effizienz der Rechnungslegung ist am gegebenen sozioökonomischen Umfeld zu messen. Da jedoch weder die darin enthaltenen Kontextvariablen noch deren Wirkungsweisen ausreichend bekannt sind, ist auch der unterstellte funktionale Zusammenhang zwischen den Kontextvariablen und dem Rechnungslegungssystem rein spekulativ.

Wird in einem nationalen Rechnungslegungssystem in Zeiten einer hohen Geldentwertung die Unternehmenserhaltung durch die Konzeption

---

97 Vgl. *Watts / Zimmerman* (Positive Accounting Theory, 1986): S. 8, nach denen "economic Darwinism play[s] an important role in positive economics. In attempting to explain existing economic institutions, empiricists typically assume that efficient institutions survive." Dazu allerdings kritisch *Archer / McLeay* (European Financial Reporting, 1992): S. 13: "The evolution of social systems is not subject to the mechanism of genetics". Vgl. auch *Watts / Zimmerman* (Ten Year Perspective, 1990): S. 137-140.

98 Vgl. zur Implementierung von Rechnungslegungssystemen *Ordelheide* (Regulierung der Rechnungslegung, 1997): S. 235-259; *Walz* (Regulierungstheorien, 1993): S. 91-99; *Ballwieser* (Theorie der Rechnungslegung, 1993): S. 111-137 sowie zu einem Überblick über Regulierungsprozesse in Europa *Ordelheide / KPMG* (Transnational Accounting, 1995).

der realen Kapitalerhaltung gesichert und dieses Erhaltungskonzept im Zuge einer Harmonisierung durch das Verfahren der Substanzerhaltung ersetzt, muß das Ziel der Unternehmenserhaltung dadurch prinzipiell nicht beeinträchtigt werden. Das Beispiel zeigt deutlich, daß Änderungen eines Rechnungslegungssystems nicht *zwingend* die Verringerung seiner Effizienz bedingen.[99]

- Auch wenn man von den (bislang) wenig fundierten Zusammenhängen zwischen den Faktoren und dem Rechnungslegungssystem absieht und nur auf den deskriptiven Charakter der *environmental determinism theory* abstellt, ist zu beachten, daß im Zeitablauf Änderungen der relativen Gewichtung von Kontextvariablen möglich oder sogar wahrscheinlich sind und darüber hinaus auch neue Kontextvariablen entstehen können,[100] diese Vorgänge würden Änderungen des Rechnungslegungssystems erforderlich machen.[101] Zwar wird von den Vertretern der *mutual recognition* anerkannt, daß die divergierende Entwicklung der Rechnungslegungsphilosophien auf unterschiedlichen nationalen Einflüssen beruht; das Zusammenwachsen von Märkten, die Möglichkeit sowie die Notwendigkeit der Kapitalbeschaffung auch jenseits der eigenen Grenzen und die zunehmende Internationalisierung der Wirtschaft werden jedoch nicht als neue Einflüsse berücksichtigt. Statt dessen wird die Konservierung der Rechnungslegung auf dem Status quo gefordert, der sich

---

99 Vgl. *Wiedmann / Euler* (Inflation Accounting, 1991): S. 334; *Gebhardt* (Meinungsspiegel, 1991): S. 337-338; *Franz* (Hochinflationsländer, 1991): S. 267-269; *Lück / Jung* (Konzernrechnungslegung und Inflation, 1991): S. 275; *Plattner / Weber* (Betriebsergebnisermittlung, 1991): S. 294-309.

100 Die Entstehung neuer Kontextvariablen ist strenggenommen nur ein spezieller Fall der Gewichtungsänderung, da die neu entstandene Variable vor der Entstehung mit dem Faktor 0 gewichtet wurde.

101 Vgl. *Busse von Colbe* (Harmonisierung 1995): S. 237, der nachdrücklich darauf hinweist, daß vor dem Hintergrund einer zunehmenden Globalisierung der Kapitalmärkte und der gestiegenen Bedeutung von Wertpapierfonds die "Präferenzordnung der Ziele und die Mittel zu ihrer Erfüllung ... unter dem Gesichtspunkt der Information neu überdacht werden [müssen]." Ebenso *Liener* (Globalisierte Rechnungslegung, 1992): S. 269, der feststellt: "Die verstärkte Inanspruchnahme der internationalen Kapitalmärkte durch global wirkende Unternehmen (Global Player) führt auch in der Rechnungslegung zu neuen Anforderungen."

allerdings in dem isolierten Einfluß ausschließlich nationaler Umwelteinflüsse manifestiert hat.[102]

2.4 Zwischenergebnis

Im Ergebnis bleibt festzuhalten, daß der vermeintliche Hauptvorteil der gegenseitigen Anerkennung bis heute nicht nachgewiesen wurde, da unklar ist, ob Änderungen des Rechnungslegungssystems tatsächlich zu den vorausgesagten Rückwirkungen und Effizienzverlusten führen würden. Jedoch ist offensichtlich, daß durch die von deutschen Unternehmen gewünschte Präsenz an internationalen Börsenplätzen neue Umwelteinflüsse und Kontextvariablen entstanden sind, die es im Rechnungslegungssystem zu berücksichtigen gilt.

Allgemein anerkannt sind dagegen die Nachteile einer "additiven"[103] Harmonisierung, wie sie innerhalb der EU durchgeführt wurde. Auch wenn immer wieder - insbesondere von deutscher Seite[104] - "eine verbesserte Publizität durch mehr Transparenz im finanziellen Bereich, eine verbesserte Qualität und eine bessere Vergleichbarkeit der Berichterstattung"[105] als positive Konsequenzen der Harmonisierung betont werden, drängt sich oftmals der Eindruck auf, solches Lob beziehe sich weniger auf das Erreichte, denn auf das Bewahrte (das deutsche Bilanzrecht).[106]

---

102 Vgl. zustimmend *Busse von Colbe* (Kapitalmarktorientierte Unternehmensführung, 1995): S. 713 und 720 (alle Zitate), der als neuen Umwelteinfluß die verstärkte Ausrichtung der "Unternehmensstrategie an den Erwartungen des Aktienmarktes" ausmacht und als Konsequenz fordert, "die HGB-Vorschriften über die Konzernrechnungslegung kapitalmarktorientiert und mit Augenmaß zumindest für Börsengesellschaften den internationalen Bilanzierungsstandards" anzupassen. *Großfeld* (Bilanzziele, 1994): S. 801 prophezeit: "Die Bilanzziele werden sich aber im selben Maße angleichen, wie sich die Märkte internationalisieren, wie dort global players auftreten und ihr kulturelles Umfeld gestalten."

103 *Rost* (Harmonisierungsprozeß, 1991): S. 219.

104 Vgl. *Ordelheide* (Weiterentwicklung, 1994): S. 19.

105 *Gräfer / Demming* (Harmonisierung und Standardisierung, 1994): S. 13. Ebenso lobend äußern sich *van Hulle* (Angleichung oder Anerkennung, 1993): S. 197-199; *Biener* (US-GAAP, 1994): S. 128; *van Hulle* (Fortentwicklung aus Sicht der EU, 1996): S. 11; *Hahn* (Gegenseitige Anerkennung, 1992): S. 6, der die EG-Rechnungslegung nach der Umsetzung der 4. und 7. Richtlinie im Vergleich mit den US-GAAP "mindestens als gleichwertig, keinesfalls jedoch als schlechter" einstuft; *Biener* (Rechnungslegungsempfehlungen, 1993): S. 349, der den Grad der erreichten Harmonisierung als "ausreichend" empfindet.

106 So auch *Rost* (Harmonisierungsprozeß, 1991): S. 222.

So bleibt unübersehbar, daß "die Vergleichbarkeit von Abschlüssen aus verschiedenen EG-Ländern ... allenfalls in der Form, weniger im Inhalt der Rechnungslegung verbessert"[107] wurde. *Van Hulle* weist bereits früh darauf hin, daß es sich bei den EG-Richtlinien lediglich um befristete Kompromißlösungen handeln könne, und betont die Notwendigkeit, "die Vergleichbarkeit von Jahresabschlüssen zu verbessern, indem die Lücken in den Richtlinien aufgefüllt werden."[108] Weiterhin wurde kritisiert, daß der Spielraum bei der Ausübung von Wahlrechten nicht eingeengt, sondern durch die Aufnahme aller nationalen Varianten vielmehr erweitert wurde,[109] wodurch die internationale Kommunikationsfunktion des Jahresabschlusses in Frage gestellt wurde.[110]

Das wichtigste Verdienst des Harmonisierungsprozesses in der EU dürfte darin zu sehen sein, daß durch die Beratungen zu den Richtlinien eine Bestandsaufnahme der unterschiedlichen Rechnungslegungsnormen sowie ein Dialog zwischen den europäischen Staaten entstand; eine Harmonisierung im Sinne der Annäherung unterschiedlicher Rechnungslegungsphilosophien fand dagegen kaum statt.[111] Aus diesen Gründen scheint das Konzept der *mutual recognition* für Harmonisierungsbestrebungen nur bedingt geeignet zu sein.

3. Das Konzept der Vereinheitlichung

Weitgehend unabhängig von der Entwicklung der Harmonisierung innerhalb der EU nahm in den vergangenen Jahren das Bestreben nach einer

107 *Schruff* (Vereinheitlichung, 1993): S. 400-401. Vgl. auch *Küting / Hayn* (Aussagewert, 1996): S. 49, die die vielbeschworene Gleichwertigkeit der Jahresabschlüsse als "politische Kompromißformel" bezeichnen.

108 *van Hulle* (Angleichung oder Anerkennung, 1993): S. 205; vgl. auch *Ordelheide* (Weiterentwicklung, 1994): S. 33-37.

109 Vgl. *Cooke / Wallace* (Regulation and Environment, 1990): S. 105; *Küting* (Rechtsangleichung von Bilanzierungsvorschriften, 1994): S. 70; *Rost* (Harmonisierungsprozeß, 1991): S. 288; *Krumnow* (Weg ins Abseits, 1994): S. 688.

110 Vgl. *Krumnow* (Weg ins Abseits, 1994): S. 688.

111 Vgl. *Nobes* (International Classification, 1992): S. 97; *Küting* (Angleichung der Bilanzen, 1992): S. 19; *Kloos* (Transformation, 1992): S. 473-474; *Wiedmann* (IASC-Standards, 1995): S. 435; *Seeberg* (Meinungsspiegel, 1995): S. 435; *Seeberg* (Probleme, 1994): S. 139; *Küting* (Europäisches Bilanzrecht, 1993): S. 31; *Rost* (Harmonisierungsprozeß, 1991): S. 219.

vereinheitlichten Rechnungslegung stetig zu.[112] Diese Entwicklung wurde in erster Linie durch die verstärkte Globalisierung der Kapitalmärkte ausgelöst.[113] Bei deutschen Aktiengesellschaften war ein deutlich gestiegenes Interesse an einer Notierung an ausländischen Börsen zu verzeichnen,[114] als Hauptziele werden vor allem die Verbreiterung der Aktionärsbasis bei gleichzeitiger Verminderung der Kapitalkosten genannt[115] sowie Public-Relations-Gründe durch die Signalsetzung, an wichtigen Absatzmärkten auch börsennotiert zu sein.[116]

Dem uneingeschränkt freien Zugang zu den internationalen Kapitalmärkten standen bislang die unterschiedlichen Rechnungslegungsvorschriften im Wege: Zwar konnten die Aktien deutscher Unternehmen an zahlreichen ausländischen Börsen plaziert werden, da eine gegenseitige Anerkennung der nach unterschiedlichen Normen erstellten Abschlüsse (nahezu) weltweit gegeben war (Reziprozitätsprinzip[117]) und deshalb für die Zulassung zum Handel die Vorlage eines deutschen Jahresabschlusses ausreichte.[118] Eine Ausnahme von diesem Prinzip der gegen-

---

112 Vgl. *Busse von Colbe* (Anpassung der Rechnungslegung, 1995): S. 373; Havermann (Internationale Entwicklungen, 1994): S. 658; *Liener* (Globalisierte Rechnungslegung, 1992): S. 269.

113 Vgl. *Siegel* (Accounting Principles, 1996): S. 118; *Förschle / Glaum / Mandler* (Umfrage, 1995): S. 392; *Krumnow* (Weg ins Abseits, 1994): S. 681; *von Rosen* (Weiter Weg, 1994): S. 505; *Niehus* (Neue Internationalität): S. 1341; *Küting / Hayn* (Der internationale Konzernabschluß, 1995): S. 662; *Busse von Colbe* (Kapitalmarktorientierte Unternehmensführung, 1995): S. 717; *Liener* (Globalisierte Rechnungslegung, 1992): S. 270; *Biener* (IASC-Vorschriften, 1995): S. 11; *Busse von Colbe* (Anpassung der Rechnungslegung, 1995): S. 373.

114 Vgl. *Schiereck* (Notierung an ausländischen Börsenplätzen, 1993): S. 319; *Glaum / Mandler* (Globale Kapitalmärkte, 1996) S. 22-23.

115 Vgl. *Küting / Hayn* (Börseneinführungsmodalitäten, 1993): S. 401; *von Rosen* (Weiter Weg, 1994): S. 507-508; *Küting / Hayn* (Der internationale Konzernabschluß, 1995): S. 664; *Ordelheide* (Meinungsspiegel, 1993): S. 438; *Schiereck* (Notierung an ausländischen Börsenplätzen, 1993): S. 322.

116 Vgl. *von Rosen* (Weiter Weg, 1994): S. 508; *Kleekämper* (Aktuelle Entwicklungen, 1995): S. 416; *Ordelheide* (Not for Germany, 1993): S. 7.

117 Vgl. *Schildbach* (Rechnungslegungsideale, 1995): S. 2635; *Seeberg* (Probleme, 1994): S. 147.

118 Wie auch umgekehrt nach ausländischem Recht erstellte Abschlüsse an der deutschen Börse anerkannt wurden. Vgl. *Deutsche Börse AG* (Jahresbericht, 1993): S. 156; *Busse von Colbe* (Anpassung der Rechnungslegung, 1995): S. 375; *Küting* (Bilanzierung im Vergleich, 1993): S. 369; *Seeberg* (Probleme, 1994): S. 147.

seitigen Anerkennung stellten jedoch die US-amerikanischen Börsen, wie beispielsweise die *New York Stock Exchange, NYSE,* dar.[119] Unter Verweis auf die US-amerikanische Börsenaufsichtsbehörde *SEC* (*Securities Exchange Commission*) bestand (und besteht) die *NYSE* zum Schutz der Investoren[120] darauf, daß nicht-amerikanische Jahresabschlüsse an die US-GAAP angepaßt wurden;[121] nach Auffassung der *SEC* sei aufgrund erheblich abweichender Rechnungslegungsvorschriften keine Vergleichbarkeit zwischen den Abschlüssen amerikanischer und nicht-amerikanischer Unternehmen gegeben.[122]

Das Interesse deutscher Unternehmen gerade am Börsenplatz New York hat verschiedene Gründe: Zum einen sind die Umsätze mit ausländischen Werten im börslichen Handel fast überall von untergeordneter Bedeutung - mit Ausnahme der Börsen in London und New York.[123] Zum anderen wird offensichtlich befürchtet, allein die Größe einiger Emissio-

---

119 Vgl. *Baetge / Roß* (Fair Presentation, 1995): S. 29; *Schildbach* (Rechnungslegungsideale, 1995): S. 2635; *Seeberg* (Probleme, 1994): S. 147; *Biener* (IASC-Vorschriften, 1995): S. 11.

120 Nach *Kleber* (Unterschiede, 1994): S. 75 wird jedoch nur ein "vermeintlicher Anlegerschutz durch die Abschlußanpassung" hergestellt, dessen Notwendigkeit darüber hinaus umstritten ist, da institutionelle Anleger auch ohne eine *reconciliation* zum Kauf deutscher Aktien bereit waren. So auch *Lessard*, (zitiert nach *Kleber* (Unterschiede, 1994): S. 75): "The overall conclusion of our review of market effeciency and investor practice is that quantitative reconciliation is not necessary to enable investors to make informed decisions, and therefore is not needed to protect US-investors."

121 Nach *Liener* war die Verpflichtung zu einer quantitativen Überleitung sowie die damit verbundene Veröffentlichung unterschiedlicher Größen im Bereich des Ergebnisses und des Eigenkapitals der einzige Grund, weshalb bis dato kein deutsches Unternehmen an der NYSE notiert war. Vgl. *Liener* (Globalisierte Rechnungslegung, 1992): S. 277; *Busse von Colbe* (Anpassung der Rechnungslegung, 1995): S. 375. Dieses Argument konnte empirisch freilich nicht belegt werden: Nach einer Umfrage unter Führungskräften großer deutscher Kapitalgesellschaften war die Notierung an einer US-amerikanischen Börse für 68 % der befragten Unternehmen ohnehin kein Thema, nur 21 % waren an einem Listing in den USA interessiert und sahen die Anforderungen an den Jahresabschluß als das entscheidende Hindernis an. Vgl. *Förschle / Glaum / Mandler* (Umfrage, 1995): S. 399.

122 Vgl. *Baetge* (Harmonisierung, 1992): S. 112; *Liener* (Globalisierte Rechnungslegung, 1992): S. 277; *Mandler* (Bridging the US-GAAP?, 1996): S. 719.

123 Vgl. *von Rosen* (Weiter Weg, 1994): S. 506; *Busse von Colbe* (Anpassung der Rechnungslegung, 1995): S. 375. Vgl. zur Bedeutung der NYSE insbesondere *Mandler* (Bridging the US-GAAP?, 1996): S. 719.

nen[124] könne die Aufnahmekapazitäten anderer Börsenplätze überfordern.[125]

Zwar erschwerte die "von vielen ... als starr empfundene Haltung der SEC in Rechnungslegungsfragen"[126] den Zugang zur NYSE für ausländische Unternehmen erheblich, dennoch glaubten diese, auf eine Börsenzulassung in New York nicht verzichten zu können.[127] Da aber fraglich war, ob Verhandlungen über die Anerkennung europäischer Jahresabschlüsse in vertretbarer Zeit zu einem positiven Ergebnis führen würden,[128] wählte Daimler-Benz einen anderen Weg und veröffentlichte als erstes deutsches Unternehmen eine Überleitungsrechnung (*reconciliation*)[129] nach amerikanischem Recht.[130] Gleichzeitig forderte Daimler-Benz öffentlich, die angelsächsischen Bilanzierungsregeln weltweit als einheitlichen Bilanzierungsstandard anzuerkennen.[131]

Durch diesen Schritt von Daimler-Benz - dem sich später eine Reihe von Unternehmen[132] anschließen sollten[133] - erfuhr die Diskussion um die

---

124 So plazierte Daimler Benz inzwischen Aktien im Wert von mehr als 2 Mrd. DM an der New Yorker Börse; die Telekom plante ursprünglich, Aktien für ca. 15 Mrd. DM in den USA zu emittieren. Vgl. *Busse von Colbe* (Anpassung der Rechnungslegung, 1995): S. 375.

125 Vgl. *von Rosen* (Weiter Weg, 1994): S. 508.

126 *Mandler* (Bridging the US-GAAP?, 1996): S. 719; vgl. auch *Küting / Hayn* (Unterschiede, 1995): S. 1604; *Gräfer / Demming* (Harmonisierung und Standardisierung, 1994): S. 9.

127 Vgl. *Busse von Colbe* (Anpassung der Rechnungslegung, 1995): S. 375.

128 Vgl. *Biener* (IASC-Vorschriften, 1995): S. 12; *Biener* (Fortentwicklung 1996): S. 65.

129 Vgl. *Küting / Eidel* (Internationale Bilanzanalyse, 1996): S. 837.

130 Vgl. *Busse von Colbe* (Accounting Traditions, 1996): S. 427; *Wiedmann* (Matching Principle, 1994): S. 117-121.

131 Vgl. *Liener* (Globalisierte Rechnungslegung, 1992): S. 276; *Küting* (Bilanzierung im Vergleich, 1993): S. 371; *Glaum / Mandler* (Globale Kapitalmärkte, 1996): S. 22.

132 Seit 1994 erstellen Bayer, Heidelberger Zement, Hoechst und Schering einen sog. dualen Konzernabschluß, der sowohl den Regeln des deutschen HGB als auch den IAS folgen soll. 1995 folgten Dyckerhoff und Merck diesem Beispiel, während Adidas, Puma und die Deutsche Bank seit 1995 zusätzlich zum HGB-Abschluß einen zweiten Konzernabschluß nach IAS veröffentlichen. Weiterhin legen nahezu alle Unternehmen, die am Neuen Markt notiert sind, einen IAS- oder US-GAAP-Abschluß vor.

133 Vgl. *Goebel / Fuchs* (IAS in Konzernabschlüssen, 1995): S. 2363; *Kirsch* (Anwendung von IAS, 1995): S. 1173; *Goebel* (Anwendung der IAS, 1995): S. 1037-

Internationalisierung der Rechnungslegung einen "Quantensprung"[134]. Im wesentlichen wurden dadurch zwei Folgen ausgelöst: Erstens kam erhebliche Bewegung in die Diskussion um den sog. befreienden Konzernabschluß, die letztendlich in das Anfang 1998 verabschiedete Kapitalaufnahmeerleichterungsgesetz (KAEG) mündete.[135] Da "die von den deutschen Gesellschaften publizierten Konzernabschlüsse weltweit nicht überall anerkannt"[136] wurden, äußerten deutsche Unternehmen immer nachdrücklicher den Wunsch, einen universell verwendbaren Jahresabschluß nach internationalen Normen erstellen zu können. Dessen weltweit uneingeschränkte Akzeptanz - so die Hoffnung - sollte den Zugang zu ausländischen Börsen wesentlich erleichtern,[137] ohne einen weiteren Abschluß nach deutschen Regelungen zu erfordern.[138]

Zweitens wurden die Bestrebungen zur Harmonisierung der Rechnungslegung in eine neue Richtung gebracht; die - auch von der EU - vertretene Strategie, durch Verhandlungen mit der SEC die gegenseitige Anerkennung von Jahresabschlüssen zu fördern, wurde empfindlich gestört, denn solange seitens der SEC "die begründete Hoffnung auf eine stärkere Harmonisierung auf angloamerikanischer Basis besteht, werden Verhandlungen über die gegenseitige Anerkennung der Jahresab-

---

1038; *Goebel / Fuchs* (Rechnungslegung nach den IAS, 1994): S. 874; *Niehus* (Neue Internationalität, 1995): S. 1341; *GEFIU* (Grenzen der Anpassung, 1995): S. 1137; *Goebel / Fuchs* (Anwendung der IAS, 1995): S. 1521; *Hüttche* (Aufbruchstimmung, 1996): S. 1018; *Niehus* (Befreiender Konzernabschluß, 1995): S. 1.

134 *Pellens* (Rechnungslegung, 1998): S. V.

135 Vgl. Bundestagsdrucksache 137/98 vom 13. Februar 1998; zum Entwurf des KAEG vgl. *Buhleier / Helmschrott* (Weltstandards, 1997): S. 775; *Ordelheide* (Internationalisierung der Rechnungslegung, 1996): S. 548.

136 *Liener* (Globalisierte Rechnungslegung, 1992): S. 275.

137 Vgl. *Liener* (Globalisierte Rechnungslegung, 1992): S. 276; *Krumnow* (Weltweite Vergleichbarkeit, 1996): S. B6 und B14.

138 Vgl. *Deutsche Bank* (Geschäftsbericht, 1995): S. 39: "Wir rechnen damit, daß uns in den Folgejahren vom Gesetzgeber die Möglichkeit eröffnet wird, für den Konzern nur noch einen Abschluß nach IAS vorzulegen." Vgl. zu den Nachteilen eines zweiten Abschlusses mit abweichenden Ergebnissen *Goebel / Fuchs* (IAS in Konzernabschlüssen, 1995): S. 2363; *Kirsch* (Anwendung von IAS, 1995): S. 1173; *Goebel* (Anwendung der IAS, 1995): S. 1037-1038; *Goebel / Fuchs* (Rechnungslegung nach den IAS, 1994): S. 874; *Kleekämper* (Aktuelle Entwicklungen, 1995): S. 417; *GEFIU* (Grenzen der Anpassung, 1995): S. 1138; *Goebel / Fuchs* (Anwendung der IAS, 1995): S. 1521; *Hommel* (Internationale Bilanzrechtskonzeption, 1997): S. 345; *Seeberg* (Diskussion, 1994): S. 164.

schlüsse zwischen der EG und den USA kaum Aussicht auf Erfolg haben."[139]

Es muß wohl offen bleiben, ob die SEC einen auf der Grundlage deutschen Rechts erstellten Jahresabschluß jemals als gleichwertig anerkannt hätte.[140] Durch die freiwillige Anpassung an angloamerikanische Normen jedenfalls stärkten Daimler Benz und die anderen Unternehmen, die einen zweiten Abschluß nach US-GAAP oder IASC erstellten, nachhaltig die Verhandlungsposition der SEC und verhalfen der Strategie einer vereinheitlichten Rechnungslegung endgültig zum Durchbruch,[141] da die Forderung auf gegenseitige Anerkennung faktisch aufgegeben wurde.[142]

Dies war - nach dem Beginn der Zusammenarbeit mit der IOSCO - der endgültige Durchbruch, auf den sich die heutige Bedeutung des IASC gründet: Hatte die Kooperation mit der IOSCO zunächst dazu geführt, daß das IASC unter den an der Harmonisierung beteiligten Organisa-

139 *Probst* (Angloamerikanische Rechnungslegung, 1992): S. 429; vgl. auch *Ordelheide* (Entwicklung und Bedeutung, 1993): S. 32. *Küting* bezeichnet deshalb auch das erfolgreiche Daimler-Benz-Listing an der NYSE als "Pyrrhussieg". Vgl. *Küting* (Bilanzierung im Vergleich, 1993): S. 372.

140 Vgl. zuversichtlich *Seeberg* (Probleme, 1994): S. 149, der in der US-Börseneinführung deutscher Unternehmen auch ohne ein vereinheitlichtes Rechnungswesen einen Vorteil für beide Seiten sieht. Auch *Ordelheide* (Weiterentwicklung, 1994): S. 29 konstatiert ein Interesse der SEC an deutschen Unternehmen. Skeptisch dagegen *van Hulle* (Fortentwicklung aus Sicht der EU, 1996): S. 17, der zugibt, daß "'Verhandlungen' [mit den Amerikanern] gar nicht erst in Gang gekommen [sind], da es für amerikanische Unternehmen ohnehin keine Probleme gibt, an europäische Börsen zu gehen, denn die amerikanische Rechnungslegung wird überall akzeptiert." (Noch) deutlicher wird *Großfeld* (Bilanzziele, 1994): S. 801: "Das deutsche Flehen um die Anerkennung von Abschlüssen (man möchte fast von 'Flennen' sprechen) bei der ausländischen Börsenzulassung ist naiv."

141 Vgl. *Hahn / Menn* (Jahr 2000, 1995), S. 7, die dafür plädieren, daß "auf die voreilige Anerkennung oder Übernahme amerikanischer Grundsätze verzichtet werden [sollte]", da dies "auf jeden Fall ... kontraproduktiv [wäre]: Unter derart veränderten Voraussetzungen wäre das Vertreten deutscher Standpunkte - auch bei der Diskussion um internationale Standards - kaum noch mit Erfolg möglich." Vgl. auch *Ordelheide* (Not for Germany, 1993): S. 7.

142 Vgl. *van Hulle* (Fortentwicklung aus Sicht der EU, 1996): S. 14-16; *EU-Kommission* (Neue Strategie, 1995): Tz. 3-5, insbesondere 5.2; *Buhleier/ Helmschrott* (Strategie, 1996): S. 354. Vgl. auch *Mogg* (More Competetive, 1994): o.S., der den Schritt von Daimler Benz als "indication of the future trend in international financial reporting" bezeichnet.

tionen die herausragende Position einnahm,[143] wurde nun auch von den Europäern nicht länger an der Strategie der *mutual recognition* festgehalten, sondern die Notwendigkeit anerkannt, die unterschiedlichen Rechnungslegungssysteme zu vereinheitlichen.[144]

Erst dieser Durchbruch der Vereinheitlichungsstrategie, der dazu führte, daß ein weltweit anerkanntes Referenzsystem von Rechnungslegungsstandards benötigt wurde, verschaffte dem IASC letztendlich die heutige Bedeutung.[145]

4 IAS oder US-GAAP als internationales Referenzsystem?

Sowohl das Scheitern der Verhandlungen über die gegenseitige Anerkennung von Jahresabschlüssen mit der SEC als auch die gestiegenen Informationsbedürfnisse der Investoren[146] führten faktisch für alle nichtamerikanischen Unternehmen zur Notwendigkeit, einen Konzernabschluß nach angloamerikanischen Vorschriften erstellen zu müssen. Die davon betroffenen Unternehmen standen nun vor der Frage, ob es nicht sinnvoller sei, einen zweiten Abschluß an den US-GAAP und nicht an den IAS auszurichten.[147]

---

143 Folgerichtig entschloß sich die EU Ende 1994, auf die Fortführung der Verhandlungen mit der SEC über die gegenseitige Anerkennung von Rechnungslegungsvorschriften zu verzichten und statt dessen die Zusammenarbeit mit dem IASC zu intensivieren. Vgl. *van Hulle* (Fortentwicklung aus Sicht der EU, 1996): S. 21, der die Entscheidung für das IASC damit begründet, daß "von allen Organisationen, die sich derzeit mit der Rechnungslegung beschäftigen, nur das IASC Ergebnisse mit einer deutlichen Aussicht auf Anerkennung auf den internationalen Kapitalmärkten innerhalb der Zeitspanne vorzuweisen vermag, die der Dringlichkeit des Problems entsprechen." Ebenso *Pohle / Schwitters* (Meinungsspiegel, 1995): S. 437.

144 Vgl. *Schuetze* (Information, 1993): S. 7.

145 Hätten die Verhandlungen der EU mit der SEC über die gegenseitige Anerkennung zum Erfolg geführt, hätte die Bedeutung des IASC zumindest vorerst wieder abgenommen.

146 Vgl. *Siegel* (Accounting Principles, 1996): S. 118; *Goebel* (Konzernrechnungslegung, 1995): S. 2489; *Kirsch* (Anwendung von IAS, 1995): S. 1773; kritisch *Niehus* (Neue Internationalität, 1995): S. 1341.

147 Vgl. *Goebel* (Konzernrechnungslegung, 1995): S. 2489; *Strobel* (Provinzielles HGB, 1996): S. 11; *Küting / Hayn* (Unterschiede, 1995): S. 1603; *Kleekämper* (Aktuelle Entwicklungen, 1995): S. 416; *Förschle / Glaum / Mandler* (Umfrage, 1995): S. 405; *Mandler* (Bridging the GAAP?, 1996): S. 715; *Küting / Hayn* (Aussagewert, 1996): S. 49; *Biener* (IAS als GoB, 1996): S. 107; *Busse von Colbe* (Anpassung der Rechnungslegung, 1995): S. 373; *Küting / Eidel* (Internationale

Aus Unternehmenssicht verspricht die Bilanzierung nach US-GAAP wesentliche Vorteile, denn "von den amerikanischen Normen geht eine große Attraktivität aus. Die vom Financial Accounting Standards Board (FASB) ausgearbeiteten Normen sind qualitativ sehr hochrangig. Da zudem das Regelwerk ... detailliert ist, [wird] ... für fast jedes Problem eine technische Lösung vorgesehen."[148] Darüber hinaus entfällt bei einer Entscheidung für die US-GAAP die Unsicherheit, ob und wann IAS-Abschlüsse von der SEC anerkannt werden.

Dagegen ergeben sich für den Anwender aus der Umstellung der (Konzern)-Rechnungslegung auf IAS vor allem folgende spezifische IAS-Probleme:[149]

- Den kasuistischen IAS mangelt es an Übersichtlichkeit, da ein "klar strukturiertes Gesamtkonzept zur Rechnungslegung [fehlt], wie dies beispielsweise beim deutschen Bilanzrichtliniengesetz der Fall ist."[150] Das Problem wird dadurch verschärft, daß es sowohl an Kommentierungen als auch an Hintergrundliteratur fehlt.[151]
- Die Entwicklung der IAS ist bis heute nicht zu einem Abschluß gekommen; auch nach der Ende 1998 erfolgten Fertigstellung der *core*

Bilanzanalyse, 1996): S. 837; *Goebel* (Konzernstruktur, 1996): S. 30; *Mertin / Fey* (IAS oder US-GAAP?, 1996): S. 11.

148 *van Hulle* (Fortentwicklung aus Sicht der EU, 1996): S. 18-19. Allerdings ist die vermeintliche Überlegenheit der US-GAAP gegenüber den IAS nicht unumstritten; in ausgewählten Bereichen kommen *Küting / Hayn* (Aussagewert, 1996): S. 70 zu einem umgekehrten Ergebnis.

149 Vgl. *Baumgartner* (Einführung, 1995): S. 32.

150 *Baumgartner* (Einführung, 1995): S. 32.

151 Vgl. *Jacobi* (IASC-Rechnungslegung, 1995): S. 46, der weiterhin bemängelt, daß es in vielen Ländern auch heute noch an Übersetzungen der Standards fehlt, die in einem "stark juristisch geprägtem Englisch" formuliert sind, so daß nach *Baumgartner* (Einführung, 1995): S. 33, die "Übersetzung und Interpretation oft selbst ... eigentlichen Experten Mühe" bereitet. Dieses Argument ist inzwischen überholt: Nachdem in Deutschland die Übersetzung der Verlautbarungen des IASC durch das IdW 1985 eingestellt wurde, hat das IASC im November 1998 bereits die zweite Auflage einer autorisierten deutschen Ausgabe herausgegeben. Weitere autorisierte Ausgaben liegen in französischer und russischer Fassung vor, weitere "offizielle" Übersetzungen in andere Sprachen befinden sich in Vorbereitung. Neben den vom IASC autorisierten Fassungen liegen derzeit Übersetzungen der IAS in mehr als 30 Sprachen vor. Vgl. *IASC* (Internet-Homepage, 1999): Publications, Abruf vom 20. Mai 1999, 22.00 Uhr; *Gelhausen / Fey* (Accounting Standards, 1996): S. 10.

standards[152] birgt die Verwendung von IAS die Schwierigkeit, "künftigen Regeln folgen zu müssen, die in der Umsetzung gewichtige Probleme bereiten könnten."[153] Die notwendige enge Verfolgung der Entwicklung der IAS wie auch die möglicherweise entstehende Notwendigkeit zur Anpassung und Aktualisierung des Berichtswesens kann aufwendig und kostenintensiv sein.[154]

Trotzdem entscheiden sich immer mehr Unternehmen für die Erstellung des Jahresabschlusses nach IAS und nicht nach US-GAAP, da "gemessen an den fast unübersehbaren Detailregelungen des amerikanischen FASB und den gestrengen Formvorschriften der SEC eine Rechnungslegung nach den Regeln der IAS jedenfalls noch das kleinere Übel"[155] darstellt.

Wenn jedoch inzwischen die Mehrheit der Unternehmen eine Rechnungslegung nach IAS der nach US-GAAP vorzieht[156] und auch in der Literatur immer wieder gefordert wird, die "bloße Adaption der US-GAAP auf europäischer Ebene sollte mit allen Kräften vermieden werden"[157], liegt der Grund dafür nur teilweise in den inhaltlichen Anforderungen der Normen. Vor allem spricht daraus die Befürchtung, auf die Gestaltung der künftigen Weltstandards keinen Einfluß mehr nehmen zu können.

152 Vgl. *Carsberg* (Role of the IASC, 1996): S. 52; *IASC* (Agreement, 1995): S. 59; *IASC* (Work-Programme, 1995). Allerdings muß davon ausgegangen werden, daß damit die Überarbeitung der IAS noch lange nicht abgeschlossen sein dürfte, da erst nach der Erstellung der *core-standards* die ambitionierten und zeitaufwendigen Projekte begonnen werden, die aus Zeitgründen derzeit aufgeschoben wurden. Vgl. *IASC* (Insight July 1996): S. 9; *Weinstock* (Neuer Vorschlag, 1996): S. 794.

153 *Baumgartner* (Einführung, 1995): S. 32, der die Gefahr vor allem darin sieht, daß "es sich beim IASC um eine Vereinigung von Fachexperten mit einem gewissen Hang zu Übertreibungen handelt."

154 Vgl. *Jacobi* (IASC-Rechnungslegung, 1995): S. 45; *Baumgartner* (Einführung, 1995): S. 34.

155 *Kleekämper* (Aktuelle Entwicklungen, 1995): S. 417.

156 Vgl. *o.V.* (Internationale Bilanz, 1997): S. 1. Nach einer Umfrage der international tätigen Wirtschaftsprüfungsgesellschaft BDO bevorzugen nur noch 30 % der Unternehmen, die eine internationale Konzernbilanz erstellen wollen, die US-GAAP, während die Mehrheit dagegen die IAS präferiert.

157 *Küting* (Bilanzierung im Vergleich, 1993): S. 358. In diesem Zusammenhang ist durchaus bemerkenswert, daß zum damaligen Zeitpunkt von deutschen Rechnungslegungsexperten mehrheitlich die Auffassung vertreten wurde, daß nicht die IAS, sondern die US-GAAP der Rechnungslegungsstandard der Zukunft seien. Vgl. auch *Förschle / Glaum / Mandler* (Umfrage, 1995): S. 411.

Das wesentliche Problem einer ausschließlich auf die US-GAAP ausgerichteten Bilanzierung ist insbesondere in der hohen "Abhängigkeit von der dortigen Rechtsentwicklung" zu sehen, "die nicht absehbar ist und auf die deutsche Institutionen keinerlei Einfluß haben werden."[158]

Angesichts der Alternative, von der Entwicklung der Rechnungslegung vollständig ausgeschlossen zu sein und die Harmonisierung ausschließlich auf die Übernahme der Rechnungslegungsphilosophie der US-Amerikaner zu reduzieren, verspricht die Übernahme der IAS dagegen zumindest die Möglichkeit einer europäischen Mitwirkung.[159] Auch wenn im IASC eine aus europäischer Sicht "selbstverschuldete anglo-amerikanische Dominanz"[160] festzustellen ist, besteht trotzdem kein Grund zur "Resignation vor der Übermacht", da durchaus "in einzelnen Regelungen deutsche Positionen im IASC-Board durchgesetzt werden konnten."[161]

Für eine Hinwendung zu den IAS spricht weiterhin auch die "neue Strategie der Europäischen Union zur Harmonisierung der Rechnungslegung".[162] Bereits 1995 beschloß die EU-Kommission, sich stärker als bislang im IASC zu engagieren, da der Harmonisierungsprozeß "im 'International Accounting Standards Committee' weit fortgeschritten" schien.[163] Die EU hat seitdem die IAS auf ihre Kompatibilität mit den EG-Richtlinien überprüft und eine weitgehende Übereinstimmung festgestellt. Änderungen der Richtlinien sollen nur noch dann vorgenommen werden, sofern sie einzelnen IAS entgegenstehen.[164]

---

158 *Kirsch* (Anwendung der IAS, 1995): S. 1778 (beide Zitate). Ebenso *Kleber* (Unterschiede, 1994): S. 79, der zwar eine Anpassung der Offenlegung an die US-Standards befürwortet, aber die Übernahme der US-GAAP ablehnt, da es "keinen Schutz gegen die Einführung neuer oder Änderungen bestehender FASB-Verlautbarungen [gibt]; eine Einflußnahme oder Mitwirkungsrechte ausländischer Berufsorganisationen ist dabei praktisch ausgeschlossen."

159 Zumindest das Gefühl der Möglichkeit einer Mitwirkung. Vgl. zu den Mitwirkungsmöglichkeiten im IASC aus deutscher Sicht (skeptisch) *Pellens / Fülbier / Ackermann* (Deutscher Einfluß, 1996): S. 285-291; *Risse* (Mitwirkungsmöglichkeiten, 1995): S. 830-834; *Grund* (Entwicklung, 1996): S. 1296; *Bormann* (Harmonisierung, 1996): S. 44.

160 *van Hulle* (Fortentwicklung aus Sicht der EU, 1996): S. 18.

161 *Kleekämper* (WP im internationalen Umfeld, 1993): S. 91 (beide Zitate).

162 *Buhleier / Helmschrott* (Strategie, 1996): S. 354.

163 *EU-Kommission* (Neue Strategie, 1995): Tz. 1.4.; vgl. auch *van Hulle* (Fortentwicklung, 1996): S. 19.

164 Vgl. *Biener* (Bilanzsteuerrecht, 1997): S. 347; *Kelly* (Amend Accountancy Law, 1997): S. 2.

Vor allem diese Aspekte sprechen (aus deutscher Sicht) dafür, nicht die US-GAAP, sondern die IAS im Rang eines künftigen Weltstandards zu präferieren. Aus diesem Grund bleibt die vorliegende Untersuchung auf die Vorschriften des IASC beschränkt.

Zweites Kapitel:

Konzeptionelle Grundlagen der IAS-Rechnungslegung

I. Normative Grundlagen der IAS-Rechnungslegung

Das Rechnungslegungswerk des IASC folgt einem zweistufigen Aufbau: Gemäß dem für angelsächsische Länder typischen *case law* werden in den *International Accounting Standards* Einzelfragen der Rechnungslegung umfassend geregelt.[1] Die Regelungsbereiche, auf die sich die Standards beziehen, folgen keiner bestimmten Systematik. Teilweise decken bestimmte IAS einzelne Bilanz- oder GuV-Positionen ab,[2] andere dagegen auch bestimmte Problembereiche[3] oder ganze Rechnungslegungsinstrumente.[4] Grundsätzlich gelten alle Standards sowohl für den Einzel- als auch für den Konzernabschluß sowie für alle Bereiche der Wirtschaft;[5] lediglich in Ausnahmefällen beziehen sich die IAS auf einzelne Branchen.[6] Wegen dieser auf die Lösung konkreter Einzelfragen ausgerichteten Struktur fehlte es der IAS-Rechnungslegung lange Zeit an einem durchgängigen, systematischen Konzept.

Diese zweite Stufe der Rechnungslegungsvorschriften wurde mit dem *Framework for the Preparation and Presentation of Financial Statements*[7], kurz: *Framework* geschaffen, das den IAS vorangestellt ist. Darin beschreibt das IASC die Ziele sowie die qualitativen Anforderungen an das Rechnungswesen und regelt darüber hinaus allgemeine Fragen der Bilanzierungsfähigkeit und der Gewinnrealisierung.[8] Weiterhin soll das *Framework* die den einzelnen Standards zugrunde liegende theoretische

---

1 Vgl. *Wollmert* (IASC-Rechnungslegung, 1995): S. 8; *Pohle / Schwitters* (Meinungsspiegel, 1995): S. 441; *Köhler / Rotter* (Britische Rechnungslegung, 1994): S. 376; *Haller* (Grundlagen, 1994): S. 12-14, der in diesem Zusammenhang von *case-to-case*-Lösungen spricht.

2 Vgl. beispielsweise *IASC* (IAS 2, 1993): Inventories; *IASC* (IAS 16, 1998): Property, Plant and Equipment.

3 Vgl. beispielsweise *IASC* (IAS 17, 1997): Leases; *IASC* (IAS 29, 1994): Financial Reporting in Hyperinflationary Economies.

4 Vgl. beispielsweise *IASC* (IAS 7, 1992): Cash Flow Statements.

5 Vgl. *Cairns* (Individual Accounts, 1995): S. 1676; *KPMG* (IAS, 1996): S. 19.

6 Vgl. *IASC* (IAS 30, 1994): Disclosures in the Financial Statements of Banks and Similar Financial Institutions.

7 Vgl. *IASC* (Framework, 1989).

8 Vgl. *Mellwig / Weinstock* (Zurechnung, 1996): S. 2348.

Rechnungslegungskonzeption erläutern[9] und "Rahmenbedingungen und Leitlinien als Grundlage für die Entwicklung konsistenter Standards zur Rechnungslegung"[10] formulieren. Das IAS-*Framework* orientiert sich sowohl inhaltlich als auch im Aufbau stark am US-amerikanischen Vorbild,[11] ist jedoch mit rund 30 Textseiten erheblich kürzer und enthält folglich weniger detaillierte Regelungen.[12]

Das IASC begann 1986 mit der Entwicklung des *Framework*[13] und erarbeitete diese konzeptionelle Grundlage innerhalb von nur drei Jahren.[14] Das *Framework* trat 1989 in Kraft, mithin erst 16 Jahre nach der Gründung des IASC. Zu diesem Zeitpunkt waren bereits 31 Standards verabschiedet worden.[15] So ist es wenig verwunderlich, daß das *Framework* recht allgemein formuliert wurde, um nicht in Konflikt mit bestehenden IAS zu geraten; trotz dieser Bemühungen war es jedoch unvermeidlich, daß sich "keine volle Kompatibilität zwischen den Regelungen des *Framework* und den bis zu diesem Zeitpunkt entwickelten Standards"[16] herstellen ließ. Die "vagen Formulierungen des *Framework* sowie die parallele Zulassung sich widersprechender Bewertungsmaßstäbe, Kapitaldefinitionen, Kapitalerhaltungskonzeptionen und nicht zuletzt konkurrierende Adressatenkreise haben dem *Framework* vernichtende Kritik"[17]

---

9 Vgl. *IdW* (IAS, 1995): S. 9.

10 *Kleekämper* (Trojanisches Pferd, 1996): S. 291.

11 Vgl. *Cairns* (Useful Statement, 1988): S. 26; *Evans* (Closer, 1989): S. 28: "The initial work was carried out in the US by the FASB and is currently being developed in Australia and Canada. The IASC' s own proposals are to a large extent based on this existing body of work."

12 Das US-amerikanische Pendant umfaßt ca. 250 Seiten.

13 An der Entwicklung waren Mitglieder aus Kanada, Australien, Frankreich, Italien, Nigeria und Südafrika sowie Finanzanalysten beteiligt. Vgl. *Cairns* (Useful Statement, 1988): S. 26.

14 Das FASB, das als erster nationaler *standard setting body* 1985 seine *Concepts* veröffentlichte, hatte mit dieser Entwicklung bereits 1978 begonnen. Vgl. *Coopers & Lybrand* (IAS, 1996): No. A. 23.

15 Vgl. *IASC* (History, 1996): S. 23; *Kleekämper* (Trojanisches Pferd, 1996): S. 291.

16 *Wollmert / Achleitner* (Konzeptionelle Grundlagen, 1997): S. 210; *Achleitner / Kleekämper* (Presentation, 1997): S. 117; *Hayn* (IAS, 1994): S. 719.

17 *Hayn* (IAS, 1994): S. 719 (Hervorhebungen durch den Verfasser); vgl. auch *Dunn* (Framework, 1988): S. 24, der insbesondere bemängelt, daß der Adressatenkreis nicht deutlich benannt wird: "If ... the main emphasis is to be on the information needs of the shareholders and their advisers, then this ought to be stated." Hierzu auch *Paterson* (Right Framework, 1988): S. 26: "The ... Framework ... shares an unfortunate characteristic with Robert Louis

sowie eine Einstufung als lediglich "'quasi theoretische', konzeptionelle Grundlage zur deduktiven Ableitung von IAS"[18] beschert. Wenngleich stets die Notwendigkeit zur Entwicklung einer solchen Basis betont wurde, wirkte das IASC *Framework* in den Augen vieler Kritiker noch sehr vorläufig und unfertig.[19]

Für den Fall, daß sich in Detailfragen Aussagen des *Framework* und der einzelnen Standards widersprechen, stellt sich für den Anwender "die Frage nach der Normenhierarchie."[20] Die Auffassung, daß man die Verpflichtung zur Beachtung des *Framework* als nicht kodifizierten Grundsatz implizit auch dann unterstellen kann,[21] wenn dem konkrete IAS entgegenstehen, wird von der herrschenden Meinung abgelehnt;[22] sofern inhaltliche Konflikte zwischen dem *Framework* und einzelnen IAS bestehen, ist stets dem Standard zu folgen.[23] Eine (immerhin denkbare) Ausgestaltung, die das *Framework* den IAS überordnet, wurde vom IASC ebenso vermieden wie die mögliche Alternative, dem *Framework* den Status eines IAS zuzuerkennen und diesen somit gleichzustellen.[24] Statt dessen legte das *Board* des IASC fest, daß in Zweifelsfällen die Regelungen des *Framework* hinter den Standards zurückzustehen haben.[25]

Stevenson's *Weir of Hermiston*, Schubert's *Eigth Symphony* and Coleridge's *Kubla Khan*: although it starts with great promise it falters before it gets to the end and in effect it remains unfinished."

18 *Haller* (Rolle des IASC, 1993): S. 1301.

19 Vgl. *Paterson* (Right Framework, 1988): S. 26: "... the document is an incomplete one and that it would be dangerous to rely on its conclusions so far." Ebenso *ASC* (ASC Foreword, 1989): S. 141: "... ASC believes that in due course it may be necessary to develop the Framework further, to indicate the appropriate model that should form the conceptual basis of financial accounting and reporting in the future."

20 *Wollmert / Achleitner* (IAS-Kommentar, 1997): Tz. 11.

21 Vgl. *Hayn* (IAS, 1994): S. 720.

22 Vgl. *Pellens* (Rechnungslegung, 1998): S. 388; *Wagenhofer* (IAS, 1996): S. 114; *Wollmert / Achleitner* (IAS-Kommentar, 1997): Tz. 11.

23 Das IASC hat sich zum Ziel gesetzt, diese Konflikte im Rahmen der Überarbeitung einzelner IAS auszuräumen. Vgl. *Pellens* (Rechnungslegung, 1998): S. 388.

24 Vgl. *IASC* (Framework, 1989): para. 2: "This framework is not an International Accounting Standard and hence does not define standards for any particular measurement or disclosure issue. Nothing in this framework overrides any specific International Accounting Standard."

25 Vgl. *IASC* (Framework, 1989): para. 3: "The Board of the IASC recognises that in a limited number of cases there may be a conflict between the framework and

Demnach kommt den Regelungen des *Framework* lediglich Empfehlungscharakter zu, sie sind jedoch nicht als verbindlich anzusehen.[26] Folglich hat ein Jahresabschluß ausschließlich den gültigen IAS zu folgen, um als IAS-konform eingestuft zu werden.[27]

Somit bleibt dem *Framework* im Zusammenspiel mit den IAS vor allem die Rolle einer Interpretationshilfe für Anwender und Prüfer,[28] die freilich auf solche Sachverhalte beschränkt ist, die nicht schon explizit durch Standards geregelt sind. Aus dieser Aufgabe allein erwächst dem *Framework* jedoch noch keine überragende Bedeutung, da es wegen der allgemein gehaltenen Ausführungen "zur Lösung konkreter Einzelprobleme ... nur bedingt geeignet"[29] ist.[30]

Wenn dem *Framework* trotzdem "ein enormes Gewicht"[31] zukommen soll, so ist dies in einem vorwiegend prospektiven Sinne zu verstehen: Zwar stehen die dort getroffenen Aussagen hierarchisch unter den *bestehenden* IAS, beeinflussen aber deren Überarbeitung und entfalten ihre Wirkung bei der Fortentwicklung der *neuen* IAS.[32] Durch die Weiterentwicklung der Standards sollten auch - so die Hoffnung des IASC - die

---

an International Accounting Standard. In those cases where there is a conflict, the requirements of the International Accounting Standard prevail over those of the framework."

26 Vgl. *Pellens* (Rechnungslegung, 1998): S. 388; *Wagenhofer* (IAS, 1996): S. 114; *Achleitner / Behr* (IAS-Lehrbuch, 1998): S. 76.

27 Vgl. *Achleitner / Behr* (IAS-Lehrbuch, 1998): S. 76; *Baetge / Kirsch* (IAS-Kommentar, 1997): Tz. 41.

28 Vgl. *Coopers & Lybrand* (IAS, 1996): No. A. 22; *Wollmert* (IASC-Rechnungslegung, 1995): S. 8, der in diesem Zusammenhang von einem "empfehlenden Charakter" spricht.

29 *Hüttche* (Aufbruchstimmung, 1996): S. 1020.

30 Lediglich das britische *ASC* äußerte sich lobend über das *Framework* des IASC und erkannte dieses auch als erster nationaler *standard setter* offiziell an. Das *ASC* (ASC Foreword, 1989): S. 141 bezeichnet das *Framework* als "benchmark against which future proposals will be measured." Vgl. auch *o.V.* (Recognize Framework, 1989): S. 107; *ASC* (IASC Framework, 1989): S. 180.

31 *Hayn* (IAS, 1994): S. 719.

32 Vgl. *Evans* (Closer, 1989): S. 28: "...the Framework as a set of guidelines to help it develop proposals for new standards and revisions to existing standards." Ebenso *ASC* (ASC Foreword, 1989): S. 141; *o.V.* (Recognize Framework, 1989): S. 107. Somit wurde das *Framework* zwar spät, aber nicht zu spät entwickelt, denn die das heutige (und künftige) Bild der IAS maßgeblich prägenden Entwicklungsstufen waren das *comparability project* (1989-1993) sowie die Erarbeitung der *core standards*, die von der IOSCO 1993 benannt worden waren.

sich widersprechenden Aussagen im Laufe der Zeit verringert werden, um so die gewünschte Konsistenz zwischen dem *Framework* und den IAS zu erreichen.[33] Dadurch würde sich auch die praktische Relevanz des *Framework* beträchtlich erhöhen, wodurch diesem eine den deutschen GoB vergleichbare Funktion zukommen könnte.[34]

Welche Auswirkungen das *Framework* tatsächlich auf die Weiterentwicklung existierender IAS entfaltet, läßt sich beispielsweise am "Reformprojekt des IASC"[35] ausmachen: Im Rahmen des *Presentation Project* fand in den vergangenen Jahren eine umfassende Überarbeitung der IAS 1,[36] IAS 5[37] und IAS 13[38] mit dem Ziel statt, einerseits bestehende Widersprüche zum Grundlagendokument abzubauen, andererseits aber auch die im *Framework* niedergelegten Formulierungen durch die Übernahme in einen IAS für verbindlich zu erklären.[39] Nachdem das IASC im Juli 1996 als vorläufiges Ergebnis des Reformprojektes den *Exposure Draft* E 53[40] veröffentlichte, wurde im September 1997 der neue IAS 1 verabschiedet.[41] Auf beide Dokumente wird im folgenden zur Interpretation des *Framework* ebenso zurückgegriffen wie auf das den IAS vorangestellte *Preface*.[42]

---

33 Vgl. *IASC* (Framework, 1989): para. 3: "As, however, the Board of IASC will be guided by the framework in the development of future Standards and in its review of existing Standards, the number of cases of conflict between the framework and the International Accounting Standards will diminish through time."

34 Vgl. *Pohle / Schwitters* (Meinungsspiegel, 1995): S. 441.

35 *Achleitner / Kleekämper* (Presentation, 1997): S. 117.

36 Vgl. *IASC* (IAS 1, 1994): Disclosure of Accounting Policies.

37 Vgl. *IASC* (IAS 5, 1994): Information to be Disclosed in Financial Statements.

38 Vgl. *IASC* (IAS 13, 1994): Presentation of Current Assets and Current Liabilities.

39 Vgl. *Achleitner / Kleekämper* (Presentation, 1997): S. 117.

40 Vgl. *IASC* (E 53, 1996).

41 Vgl. *IASC* (IAS 1, 1997): Presentation of Financial Statements. Der neue IAS 1 wird für die Bilanzierungsperioden rechtswirksam, die nach dem 1. Juli 1998 beginnen und löst dann IAS 1 a.F., IAS 5 und IAS 13 ab.

42 Die Verwendung des *Preface* zur Interpretation der IAS ist nicht unumstritten: Da nach *Risse* (IAS, 1996): S. 95 "die Stellung des *Preface* im Kanon der IASC-Normen ... an keiner Stelle näher beschrieben" wird, messen *Wollmert / Achleitner* (Konzeptionelle Grundlagen, 1997): S. 209 "dem *Preface* bei der Anwendung und Auslegung der IASC-Normen angesichts der fehlenden rechtssystematischen Einordnung keine Bedeutung" bei. Allerdings fordert das IASC in *jedem* Einführungstext zu den einzelnen IAS die Beachtung des *Preface*: "The standard ... should be read in the context of the background material

Die Intention, den im *Framework* getroffenen Aussagen zu mehr Gewicht zu verhelfen, verdeutlicht, daß das IASC auch künftig an den dort festgeschriebenen Grundsätzen festhalten wird; neue Vorschläge zur Änderung bestehender IAS werden sich folglich an diesen Vorgaben zu orientieren haben, wenn sie über den Status akademischer Gedankenspiele hinauskommen wollen. Aus diesem Grund werden - soweit sie für die Leasingbilanzierung von Bedeutung sind - in den nachfolgenden Abschnitten dieses Kapitels kurz die konzeptionellen Grundlagen der IAS-Rechnungslegung beschrieben und kommentiert. Auf der Grundlage dieser Regelungen soll im vierten Kapitel der vorliegenden Arbeit die Beurteilung des IAS 17 erfolgen sowie ein eigener Vorschlag zur Bilanzierung von Leasingverträgen entwickelt werden.

II. Adressaten der IAS-Rechnungslegung

Bevor die Zielsetzung eines Rechnungslegungssystems festgelegt werden kann, muß zunächst der Adressat des Jahresabschlusses bestimmt werden.[43] Das *Framework* zieht den Adressatenkreis weit und nennt als potentielle Bilanzadressaten eines IAS-Jahresabschlusses folgende Gruppen:

- gegenwärtige und künftige *Investoren*, die Informationen für Entscheidungen darüber benötigen, ob sie Anteile an Unternehmen halten, kaufen oder verkaufen sollen,
- *Arbeitnehmer*, die sich über die Sicherheit ihrer Arbeitsplätze und ihrer Altersversorgung informieren,
- *Kapitalgläubiger, Lieferanten sowie andere Handelsgläubiger*, die einen Einblick in die Kapitaldienstfähigkeit ihrer Schuldner gewinnen wollen,
- *Kunden*, insbesondere solche, die längerfristige Geschäftsbeziehungen mit einem Unternehmen eingehen,
- *Regierungen und diesen nachgeordnete Behörden*, die ihre Ressourcenallokation und Steuerpolitik planen müssen,

---

and implementation guidance in this Standard, and in the context of the Preface to International Accounting Standards." Zustimmend zur Einbeziehung des *Preface Wagenhofer* (IAS, 1996): S. 107-108 und *Hayn* (IAS, 1994): S. 718.

43 Vgl. *Dunn* (Framework, 1988): S. 24, der dies als "fundamental question" bezeichnet.

- die *Öffentlichkeit*, die in vielfältiger Hinsicht von den Aktivitäten der Unternehmen abhängig ist.[44]

Das IASC stellt zutreffend fest, daß die Informationsbedürfnisse einzelner Adressatenkreise durchaus differieren können und der Informationsbedarf der oben genannten Gruppen durch einen einzigen Jahresabschluß nicht lückenlos abgedeckt werden kann.[45] Deshalb orientiert sich das IASC primär an den Bedürfnissen der Investoren und löst das Problem nicht übereinstimmender Interessen durch die Unterstellung, daß ein investororientierter Jahresabschluß ausreicht, um im wesentlichen auch den Informationsbedarf aller anderen Interessenten zu befriedigen.[46]

Somit fingiert das *Framework* ein gleichgerichtetes Interesse aller (potentiellen) Adressaten am Jahresabschluß, das *Cairns* mit der Begründung rechtfertigen will, daß Investoren bzw. Finanzanalysten aus dem Jahresabschluß Informationen über die Fähigkeit des Unternehmens ziehen, Zahlungsmittel zu erwirtschaften, und darüber hinaus versuchen, den Zeitpunkt sowie die Sicherheit dieser Einzahlungen festzulegen. Genau dies - so die Schlußfolgerung - sind aber die Informationen, die *financial statements* vermitteln sollen.[47] *Cairns* "Argumentation" ist allerdings wenig überzeugend, da sie beispielsweise offen läßt, ob ein IAS-Abschluß tatsächlich auch den Bedürfnissen anderer interessierten Gruppen in ausreichendem Maße Rechnung trägt.[48]

---

44 Vgl. *IASC* (Framework, 1989): para. 9 (a)-(g) mit weiteren Beispielen für *information needs.*

45 Vgl. *Pellens* (Rechnungslegung, 1998): S. 390. Zur optimalen Befriedigung aller Informationsbedürfnisse müßte für jede Gruppe von Bilanzadressaten ein eigener Jahresabschluß erstellt und veröffentlicht werden. Diese Lösung kann verständlicherweise aus Kostengründen nicht realisiert werden. Vgl. *Dunn* (Framework, 1988): S. 24.

46 Vgl. *IASC* (Framework, 1989): para. 10; *Cairns* (Useful Statement, 1988): S. 26; *Pellens* (Rechnungslegung, 1998): S. 390.

47 Vgl. *Cairns* (Useful Statement, 1988): S. 26: "Such users [financial analysts, der Verf.] take economic decisions that require an evaluation of the ability of the enterprise to generate cash and cash equivalents and of the timing and the certainty of their generation. ... Financial statements should provide precisely that kind of information."

48 Vgl. *Dunn* (Framework, 1988): S. 24, der mit Recht anmerkt, daß "the term 'users' is used as if this was a homogeneous group, when in fact there are many users to which the financial statements are to be put and, to some extent, the needs of different users will often conflict. ... A piece of information which is useful to ... suppliers or customers, may be of little relevance to the investors."

Im Ergebnis läßt sich festhalten, daß eine "maßgebliche Investororientierung"[49] der IAS-Rechnungslegung besteht.[50] Es mag dahingestellt bleiben, ob diese Gewichtung tatsächlich aus sachlichen Erwägungen heraus getroffen wurde, um den Interessen möglichst vieler Bilanzadressaten gerecht zu werden. Allerdings spricht viel dafür, daß mit der impliziten "Ausrichtung der 'Harmonisierung' an den Bedürfnissen des Kapitalmarktes" eine Entscheidung politischer Natur getroffen wurde, weil "allein die *securities regulators* dem IASC als einzige Interessenvertretung einen wirksamen Durchsetzungsmechanismus in Aussicht gestellt haben und die Harmonisierungsnotwendigkeit letztendlich alleinig auf das Kapitalmarktargument zurückzuführen ist."[51]

Unabhängig von den tatsächlichen Motiven des IASC ist diese Lösung dennoch zu begrüßen: Es scheint jedenfalls erheblich sinnvoller, sich an den Interessen *eines* Adressaten zu orientieren und diese stringent zu verfolgen,[52] als eine Kompromißlösung zum Ausgleich *vieler* Interessen anzustreben, mit der letztendlich keiner Partei wirklich gedient ist. Allerdings sollte sich das IASC zu dieser Einstellung auch offen bekennen.[53]

III. Zielsetzung der IAS-Rechnungslegung

Da IAS-Abschlüsse primär erstellt werden, um Zugang zu den internationalen Kapitalmärkten zu erhalten,[54] kann für die weitere Untersuchung

---

49 *Hayn* (IAS, 1994): S. 719.

50 Vgl. *Kleekämper* (Rechnungslegung, 1994): S. 49; *Kleekämper* (Trojanisches Pferd, 1996): S. 293; *IdW* (IAS, 1995): S. 13; *Evans* (Closer, 1989): S. 28; *Cairns* (Useful Statement, 1988): S. 26; *Hayn* (IAS, 1994): S. 719; *Goebel / Heinrich* (Immaterielle Vermögenswerte, 1995): S. 1484. Offensichtlich a.A. *Förschle / Kroner / Mandler* (Rechnungslegung, 1994): S. 96, die zwar nach US-GAAP, nicht aber nach IASC eine Investororientierung ausmachen.

51 *Hayn* (IAS, 1994): S. 716 (beide Zitate).

52 Vgl. *Beaver* (Financial Reporting, 1981): S. 26; *Schildbach* (Neue Generalklausel, 1987): S. 4.

53 Vgl. *Dunn* (Framework, 1988): S. 24: "In conclusion, if the accounting profession wishes to devise a conceptual framework, then it must grasp the nettle firmly and decide once and for all who the 'users' of financial statements really are. If, as would seem to be implied in much of the logic behind existing standards, the main emphasis is to be on the information needs of the shareholders and their advisers, then this ought to be stated."

54 Vgl. *Glaum / Mandler* (Globale Kapitalmärkte, 1996): S. 1; *Ordelheide* (Entwicklung und Bedeutung, 1993): S. 41-43; *Fey / Gelhausen* (Internes Berichtswesen, 1996): S. 9; *Krumnow* (Weltweite Vergleichbarkeit, 1996): S. B 6; *Heintges* (Transparenz, 1996): S. 15; *Goebel* (Konzernstruktur, 1996): S. 30.

die auf Anleger und Finanzanalysten ausgerichtete Informationsfunktion des Jahresabschlusses[55] als dominierender Zweck der IAS-Rechnungslegung zugrunde gelegt werden. Andere, davon abweichende Ziele des Jahresabschlusses werden ausgeblendet.

Sofern wegen der Vielzahl der genannten möglichen Bilanzadressaten noch Zweifel an der Zielsetzung des IAS-Jahresabschlusses bestehen, werden diese im folgenden Abschnitt des *Framework* endgültig zerstreut: Dort wird als (einziges)[56] Ziel des Jahresabschlusses die Bereitstellung von Informationen definiert, auf deren Basis Anleger wirtschaftlich sinnvolle Entscheidungen treffen können[57] ("*decision-usefulness*-Prämisse")[58]. Nach Auffassung des IASC interessiert den Anleger vor dem Hintergrund wirtschaftlicher Entscheidungen primär das künftige Ausschüttungspotential des Unternehmens.[59] Dazu benötigt der Investor Informationen über die Fähigkeit des Unternehmens, Zahlungsmittel (oder diesen gleichwertige Mittel)[60] zu erwirtschaften; weiterhin wird den Anleger der Zeitpunkt und die Sicherheit dieser Zahlungseingänge interessieren.[61] Um einen Eindruck über das künftige Ausschüttungspotential eines Unternehmens zu vermitteln, soll der Jahresabschluß über die Vermögens- und Finanzlage (*financial position*) sowie über die Ertrags-

---

55 Vgl. *Busse von Colbe* (Informationsinstrument, 1993): S. 11-29; *Lange* (Jahresabschlußinformation, 1989): S. 165-196.

56 Das Ziel der Informationsvermittlung wird in der Literatur häufig als Hauptziel oder vorrangiges Ziel der Rechnungslegung bezeichnet. Vgl. *Selchert / Lorchheim* (Teilgewinnrealisierung, 1997): S. 15; *IdW* (IAS, 1995): S. 12. Damit bliebe theoretisch Raum für weitere Ziele der Rechnungslegung. Das IAS-*Framework* nennt als Zielsetzung des Jahresabschlusses allerdings *ausschließlich* die Informationsvermittlung. Vgl. *IASC* (Framework, 1989): para. 12.

57 Vgl. *IASC* (Framework, 1989): para. 12: "The objective of financial statements is to provide information about the financial position, performance and changes in financial position of an enterprise that is useful to a wide range of users in making economic decisions." Diese Aussage wurde fast wörtlich in *IASC* (IAS 1, 1997): para. 6 übernommen. Vgl. auch *IdW* (IAS, 1995): S. 12.

58 *Hayn* (IAS, 1994): S. 719; vgl. auch *Ballwieser* (Theorie der Rechnungslegung, 1993): S. 111; *Haller* (Grundlagen, 1994): S. 151.

59 Vgl. IASC (Framework, 1989): para. 15.

60 Vgl. *IdW* (IAS, 1995): S. 12.

61 Vgl. *IASC* (Framework, 1989): para. 15: "The economic decisions that are taken by users of financial statements require an evaluation of the ability of an enterprise to generate cash and cash equivalents and of the timing and certainty of their generation." Ähnlich auch *IASC* (IAS 1, 1997): para. 5.

lage (*performance*) einschließlich der Veränderungen umfassend informieren.[62]

Den einzelnen Bestandteilen des Jahresabschlusses - hier im wesentlichen Bilanz und Gewinn- und Verlustrechnung[63] - kommen in diesem Zusammenhang unterschiedliche Aufgaben zu. Die Bilanz zeigt die Vermögens- und Finanzlage eines Unternehmens,[64] die durch folgende Größen bestimmt wird:

- die kontrollierten ökonomischen Ressourcen (*assets*)[65], da aus diesen Erwartungen über spätere Zahlungsströme abgeleitet werden können,
- die Fähigkeit des Unternehmens, sich an ändernde wirtschaftliche Rahmenbedingungen anzupassen (*capacity to adapt to changes in the environment*), um die Ertragskraft nachhaltig zu sichern,
- die Kapitalstruktur (*financial structure*), da diese Rückschlüsse sowohl auf den Kapitalbedarf als auch auf künftige Gewinnverteilungen erlaubt,
- die Liquidität (*liquidity*) als Kennziffer für kurzfristige Zahlungsfähigkeit sowie
- die Solvenz (*solvency*) als Kennziffer für die langfristige Zahlungsfähigkeit des Unternehmens.[66]

Die vor allem aus der Gewinn- und Verlustrechnung ersichtliche[67] Ertragslage oder Leistungsfähigkeit des Unternehmens soll Hinweise auf

62 Vgl. *IASC* (Framework, 1989): para. 12.

63 Zu einem vollständigen Jahresabschluß gehören neben der Bilanz und der Gewinn- und Verlustrechnung eine Übersicht über Veränderungen des Eigenkapitals, eine *Cash-Flow*-Rechnung sowie weitere Erläuterungen, die insbesondere Angaben zur Bilanzpolitik enthalten. Vgl. *IASC* (IAS 1, 1997): para. 7.

64 Vgl. *IASC* (Framework, 1989): para. 19. Die ebenfalls der *financial position* zugerechneten Größen Liquidität und Solvenz sind allerdings vor allem aus der Kapitalflußrechnung ersichtlich. Vgl. auch *IASC* (IAS 7, 1992): para. 4.

65 Der Begriff *asset* wird an dieser Stelle vom *Framework* nicht verwendet. Die Definition "*economic resources it controls*" sowie eine Formulierung in *IASC* (E 53, 1996): para. 7 (a) "... assets that are controlled by an enterprise (which are sources of probable future inflows ... "verdeutlicht, daß hier *assets* gemeint sind.

66 Vgl. *IASC* (Framework, 1989): para. 16.

67 Vgl. *IASC* (Framework, 1989): para. 19.

dessen künftige Ertragskraft sowie die Effektivität einer zusätzlichen Mittelverwendung geben.[68]

Das *Framework* betont jedoch auch die Grenzen der Informationsvermittlung durch einen Jahresabschluß. So wird ausdrücklich darauf hingewiesen, daß der Abschluß den Anlegern nicht alle entscheidungsrelevanten Informationen vermitteln kann: Einerseits liegt dem Jahresabschluß eine vergangenheitsorientierte Konzeption zugrunde, andererseits kommt dem Abschluß auch nicht die Aufgabe zu, Angaben über nicht-finanzielle Fakten zu präsentieren.[69]

IV. Inhaltliche Grundlagen der IAS-Rechnungslegung

1. Hierarchie der inhaltlichen Grundlagen

Das im *Framework* beschriebene Konzept gliedert die inhaltlichen Anforderungen an die IAS-Rechnungslegung in Grundannahmen (*underlying assumptions*)[70], allgemeine und spezielle[71] qualitative Grundsätze der Rechnungslegung (*qualitative characteristics of financial statements*)[72] sowie Nebenbedingungen (*constraints*)[73]. Die Beachtung dieser Grundlagen sowie die sachgerechte Anwendung der IAS[74] führt nach Auffassung des IASC[75] normalerweise zu einer Darstellung des Unternehmens, die den Gedanken des *true and fair view* bzw. der *fair presentation*[76] entspricht und so dem übergeordneten Ziel der Informationsvermittlung gerecht wird.

---

68 Vgl. *IASC* (Framework, 1989): para. 17.

69 Vgl. *IASC* (Framework, 1989): para. 13: " ... financial statements do not provide all the information that users may need to make economic decisions since they largely portray the financial effects of past events and do not necessarily provide non-financial information." Ähnlich auch *IASC* (E 53, 1996): para. 13: "With the increasing complexity of many businesses, financial statements cannot provide all the information that is useful to users in making economic decisions."

70 Vgl. *IASC* (Framework, 1989): para. 22-23.

71 Diese werden nachfolgend auch als Primär- bzw. Sekundärgrundsätze bezeichnet.

72 Vgl. *IASC* (Framework, 1989): para. 24-46.

73 Vgl. *IASC* (Framework, 1989): para. 43-45.

74 Vgl. *Wollmert / Achleitner* (Konzeptionelle Grundlagen, 1997): S. 213.

75 Vgl. *IASC* (Framework, 1989): para. 43-45.

76 Vgl. *IASC* (Framework, 1989): para. 46.

Anders als nach der angelsächsischen Auffassung genießt der Gedanke des *true and fair view* in der IAS-Rechnungslegung nicht die Bedeutung eines *overriding principle*[77] und kann somit grundsätzlich auch nicht als Begründung herangezogen werden, um von konkreten Einzelregelungen abzuweichen.[78] Sofern die Darstellung in einem IAS-Abschluß ausnahmsweise nicht zu einer *fair presentation* führt, ist der betreffende Sachverhalt durch ergänzende Angaben zu erläutern.[79] Lediglich ausnahmsweise darf von einem Standard abgewichen werden, wenn die Geschäftsführung eines Unternehmens zu dem Schluß kommt, daß die Anwendung eines Standards irreführend ist und auch durch zusätzliche Anhangsangaben ein den tatsächlichen Verhältnissen entsprechendes Bild der Vermögens-, Finanz- und Ertragslage des Unternehmens nicht vermittelt werden kann.[80] Allerdings will IAS 1 solche Abweichungen nur ganz selten zulassen[81] und unterstreicht damit nachdrücklich, daß eine Änderung der Stellung des *true and fair view*-Gedankens nicht beabsichtigt ist.[82] (Die inhaltlichen Grundlagen der IAS-Rechnungslegung sind graphisch im Anhang dargestellt.)

Eine hierarchische Strukturierung der inhaltlichen Grundlagen[83] ist in der Literatur jedoch nicht unumstritten und wird insbesondere von *Wollmert / Achleitner* mit den Begründungen abgelehnt, sie sei "wenig operationalisierbar", vernachlässige "den grundsätzlichen Zusammenhang zwischen Framework und Standards" und richte sich "am US-amerikani-

---

77 Vgl. *Streim* (Generalnorm, 1994): S. 394; *Beine* (Scheinkonflikte, 1995): S. 469-470.

78 Vgl. *Wollmert* (IASC-Rechnungslegung, 1995): S. 9; *Hayn* (IAS, 1994): S. 719.

79 Vgl. *IASC* (IAS 1, 1997): para. 10: "The appropriate application of International Accounting Standards, with additional disclosure when necessary, results, in virtually all circumstances, in financial statements that achieve a fair presentation." Vgl. zustimmend *Achleitner / Kleekämper* (Presentation, 1997): S. 121.

80 Vgl. *IASC* (IAS 1, 1997): para. 13; *Achleitner / Kleekämper* (Qualität und Vergleichbarkeit, 1998): S. 5.

81 Vgl. *IASC* (IAS 1, 1997): para. 13. Danach soll ein Abweichen von einem IAS ausschließlich in "*extremely rare circumstances*" zulässig sein.

82 Vgl. *Achleitner / Kleekämper* (Qualität und Vergleichbarkeit, 1998): S. 5.

83 Vgl. mit weitgehend übereinstimmenden (z.T. graphischen) Darstellungen *Goebel / Fuchs* (Rechnungslegung nach den IAS, 1994): S. 876; *Hayn* (IAS, 1994): S. 719-720; *KPMG* (IAS, 1996): S. 27-30; *Kleekämper* (Rechnungslegung, 1994): S. 50; *Förschle / Kroner / Mandler* (Internationale Rechnungslegung, 1994): S. 96-97.

schen Normenkalkül"[84] aus. Dieser Auffassung kann allerdings nicht zugestimmt werden: Da das US-*Framework* als Basis für die Konzeption der IASC-Grundlagen diente, stimmen die beiden *Frameworks* in so vielen Bereichen überein, daß das IASC-*Framework* in der Literatur oft als verkürzte Wiedergabe des amerikanischen Pendants bezeichnet wurde.[85] Aus diesem Grund ist der Rückgriff auf das US-amerikanische Original bei der Auslegung des *Framework* nicht nur zulässig, sondern sogar geboten.

Weiterhin kann unabhängig vom Verhältnis des *Framework* zu den IAS durchaus eine Gliederung der Rechnungslegungsgrundsätze *innerhalb* des *Framework* vorgenommen werden, da diese keinerlei Wirkung auf die IAS entfaltet; eine Hierarchie der Grundsätze wird explizit sogar vom *Framework* durch die Unterscheidung in Grundannahmen und in qualitative Rechnungslegungsgrundsätze (mit weiteren Differenzierungen innerhalb der letztgenannten Gruppe[86]) vorgegeben und im *Framework* begründet: Danach führt die Beachtung der einzelnen qualitativen Grundsätze zu einer aus Sicht des externen Adressaten sinnvollen Informationsvermittlung;[87] als Primärgrundsätze (*principal qualitative characteristics*) werden ausdrücklich die Prämissen Verständlichkeit, Relevanz, Zuverlässigkeit und Vergleichbarkeit genannt.[88]

Auch das von *Wollmert / Achleitner* vertretene Argument, eine solche Strukturierung sei kaum operationalisierbar, ist nicht zutreffend. Da - wie noch zu zeigen sein wird - die im *Framework* genannten qualitativen Grundsätze der Rechnungslegung teilweise miteinander in Konkurrenz stehen und sich deshalb gegenseitig begrenzen, ist die Strukturierung

---

84 *Wollmert / Achleitner* (Konzeptionelle Grundlagen, 1997): S. 210 (beide Zitate); vgl. auch *Wollmert / Achleitner* (IAS-Kommentar, 1997): Tz. 11.

85 Vgl. *Cairns* (Individual Accounts, 1995): S. 1677, der darauf hinweist, daß das IASC-*Framework* "follows the structure of the statements on concepts adopted by the Financial Accounting Standards Board (FASB) in the United States." Vgl. auch *Pellens / Fülbier / Ackermann* (Deutscher Einfluß, 1996): S. 291; *Pellens* (Rechnungslegung, 1998): S. 389; *Evans* (Closer, 1989): S. 28 sowie *Kleekämper* (Trojanisches Pferd, 1996): S. 292, der feststellt, daß sich beide Konzeptionen in "Struktur und Inhalt [kaum] unterscheiden."

86 Vgl. *IASC* (Framework, 1989): para. 24-46. Dort werden die Überschriften zu den Abschnitten *understandabilty*, *relevance*, *reliability* und *comparability* fett gedruckt, während die Folgeprinzipien *materiality*, *faithful representation*, *substance over form*, *neutrality*, *prudence* und *completeness* normal gesetzt sind.

87 Vgl. *IASC* (Framework, 1989): para. 24.

88 Vgl. *IASC* (Framework, 1989): para. 24.

dieser Grundsätze nicht nur möglich, sondern sogar notwendig, um Standards formulieren zu können, die in Übereinstimmung mit dem *Framework* stehen.

2. Grundannahmen

Das theoretische Konzept der IAS-Rechnungslegung basiert - neben der zentralen Zielsetzung, einen *true and fair view* des Unternehmens zu vermitteln - auf zwei allgemeinen Grundannahmen (*underlying assumptions*), "deren Anwendung im Jahresabschluß unterstellt wird"[89]: zum einen auf dem Prinzip der "periodengerechten Aufwands- und Ertragsverrechnung"[90] (*accrual basis*)[91], zum anderen auf der Prämisse der Unternehmensfortführung (*going concern*)[92].

Der Grundsatz der Periodenabgrenzung fordert die Erfassung von Sachverhalten unabhängig vom Zahlungsvorgang in der Periode ihrer wirtschaftlichen Verursachung.[93] Die Beachtung dieser Annahme führt dazu, daß im Jahresabschluß nicht nur solche Vorgänge Berücksichtigung finden, die bereits Zahlungen ausgelöst haben, sondern auch Ansprüche und Verpflichtungen ausgewiesen werden, die erst in der Zukunft zu Zahlungen führen werden.[94] Die zeitliche Zuordnung von Ein- und Auszahlungen richtet sich nach drei Prinzipien:

- Die größte Bedeutung für die periodengerechte Gewinnermittlung kommt dem *matching principle* zu, das "den leistungsbezogenen Erträgen (Erlösen) einer Berichtsperiode den korrespondierenden Aufwand"[95] gegenüberstellt, also "die Zuordnung des Faktorverbrauchs

---

89 *IdW* (IAS, 1995): S. 39.

90 *Hayn* (IAS, 1994): S. 719.

91 Vgl. *IASC* (Framework, 1989): para. 22.

92 Vgl. *IASC* (Framework, 1989): para. 23.

93 Vgl. *IASC* (Framework, 1989): para. 22: "... the effects of transactions and other events are recognised when they occur ..."

94 Vgl. *IASC* (Framework, 1989): para. 22; *IASC* (IAS 1, 1997): para. 26 sowie mit weiteren Beispielen *Coopers & Lybrand* (IAS, 1996): No. 1.08.

95 *IdW* (IAS, 1995): S. 37. Vgl. auch *Moxter* (Matching Principle, 1995): S. 490-502 mit dem Versuch, dieses Periodisierungsprinzip als deutschen Rechnungslegungsgrundsatz zu beschreiben. Allerdings genießt das *matching principle* im Rechnungslegungssystem der IAS als *underlying assumption* erheblich höheres Gewicht als im deutschen Bilanzrecht, wie am Beispiel planmäßiger Abschreibungen verdeutlicht werden kann. Vgl. *IASC* (IAS 16, 1998): para. 41-52. Kritisch auch *Strobl* (Matching Principle, 1994): S. 422: "Im Gegensatz zum Mat-

zu den durch das Realisationsprinzip festgelegten Erlösen"[96] fordert. *Leffson* definiert das *matching principle* als Prinzip der "Abgrenzung der Sache nach"[97]. Liegt die Auszahlung vor der Aufwandswirksamkeit, sind die Ausgaben zunächst zu aktivieren und erst in der Periode erfolgswirksam als Aufwand zu verrechnen, in der ein durch diesen Aufwand alimentierter Ertrag realisiert wird. Das IASC verdeutlicht diesen Zusammenhang am Beispiel der Aktivierung von Vorräten, die erst in der Periode des Verkaufs als Wareneinsatz verrechnet werden.[98] Erfolgt dagegen zunächst die Einnahme von Erträgen, die in späteren Perioden noch durch Ausgaben belastet werden, sind diese späteren Ausgaben bereits im Zeitpunkt der Ertragsrealisation als Aufwand zu berücksichtigen; das IASC nennt als Beispiel für diesen Fall Garantierückstellungen.[99] Das *matching principle* kommt jedoch nicht uneingeschränkt zur Anwendung; nur solche Aufwendungen, die unter die Definitionen *asset* und *liability* subsumiert werden können, dürfen aktiviert oder passiviert werden. Folgt man der herrschenden Meinung, nach welcher "der Begriff des aktivierungspflichtigen *asset* ... über den Begriff des Vermögensgegenstandes"[100] hinausgeht, wird deutlich, daß sich das *matching principle* und das Prinzip der Periodenabgrenzung der Sache nach zwar entsprechen, letzteres jedoch durch den enger gefaßten Vermögensgegenstandsbegriff weniger Einfluß auf die deutsche Bilanzierung ausübt als das *matching principle* auf die IAS-Rechnungslegung.

---

ching Principle des angloamerikanischen Rechtskreises gibt es nach deutschem Bilanzrecht keinen Grundsatz periodengerechter Gewinnermittlung des Inhalts, daß Ausgaben zu aktivieren sind und damit die Aufwandsverrechnung auf künftige Perioden aufgeschoben wird..."

96 *Leffson* (GoB, 1987): S. 301. Inhaltlich übereinstimmend die Definition des *IASC* (IAS 1, 1997): para. 26: "Expenses are recognised in the income statement on the asis of direct association between the costs incurred and the earning of specific items of income (matching)."

97 *Leffson* (GoB, 1987): S. 191. An anderer Stelle spricht *Leffson* (mißverständlich) auch vom "Prinzip der Periodenabgrenzung der Sache und der Zeit nach." *Leffson* (GoB, 1987): S. 192. Die Periodenabgrenzung zeitraumbezogener Aufwendungen und Erträge folgt allerdings nicht dem *matching principle*. Vgl. *Achleitner / Wollmert / van Hulle* (IAS-Kommentar, 1997): Tz. 75 und Tz. 79.

98 Vgl. *IASC* (Framework, 1989): para. 95; *IASC* (IAS 2, 1993): para. 31; *IdW* (IAS, 1995): S. 38.

99 Vgl. *IASC* (Framework, 1989): para. 98.

100 *IdW* (IAS, 1995): S. 26, das als Beispiel die unter bestimmten Voraussetzungen gegebene Aktivierungsfähigkeit von Entwicklungskosten nach IAS 9 nennt.

- Die Zuordnung von Erträgen richtet sich nach dem *realisation principle*,[101] das jedoch, anders als das deutsche Realisationsprinzip, weniger als Ausprägung des Vorsichtsprinzips aufgefaßt wird[102] und dementsprechend auch keine "Quasisicherheit"[103] der Erfolgsentstehung verlangt.[104] Vielmehr ist es nach dem *realisation principle*[105] bereits ausreichend, wenn der entstandene Anspruch lediglich wahrscheinlich ist.[106] Der Unterschied kann am Beispiel der Gewinnrealisierung bei langfristiger Fertigung verdeutlicht werden: Während das deutsche Realisationsprinzip nach h.M. keinen Raum für eine anteilige Gewinnrealisierung läßt,[107] sondern statt dessen erst "nach Abschluß der Fertigung und Abnahme des Werkes"[108] den Ausweis des Gesamtgewinns erzwingt, fordert IAS 11 regelmäßig[109] eine Vertei-

---

101 Vgl. *Wollmert / Achleitner* (Konzeptionelle Grundlagen, 1997): S. 246.

102 Während das *realisation principle* als Ausprägung der *accrual basis* im Rang einer *underlying assumption* steht, ist das Vorsichtsprinzip (*prudence*) auf der nachgeordneten Stufe der Bilanzierungs- und Bewertungsmethoden (*accounting policies*) angesiedelt. Somit wirkt sich das Vorsichtsprinzip lediglich in Fällen aus, "in denen angesichts unsicherer Erwartungen Ermessensspielräume bei Ansatz und Bewertung bestehen." *IdW* (IAS, 1995): S. 39.

103 *Moxter* (Bilanzrechtsprechung, 1996): S. 47, der als Voraussetzung für die Gewinnrealisierung einen "so gut wie vollständigen Risikoabbau" fordert.

104 Vgl. *Baetge* (Bilanzen, 1994): S. 190; *Moxter* (Bilanzlehre II, 1986): S. 39; *Moxter* (Sinn und Zweck, 1987): S. 365.

105 Vgl. *Cairns* (Individual Accounts, 1995): S. 1698.

106 Vgl. *IASC* (Framework, 1989): para. 89: "An asset is recognised in the balance sheet when it is probable that the future economic benefit will flow to the enterprise ..."

107 Vgl. *Gelhausen* (Realisationsprinzip, 1985): S. 223; *Hommel* (Dauerschuldverhältnisse, 1992): S. 70; *Backhaus* (Gewinnrealisation, 1980): S. 352; *Knobbe-Keuk* (Bilanzsteuerrecht, 1994): S. 228-229; a.A. allerdings *ADS* (Rechnungslegung, 1995): Tz. 88 zu § 255 HGB, die eine Teilgewinnrealisierung unter bestimmten Voraussetzungen zulassen wollen. Ebenso *Selchert / Lorchheim* (Teilgewinnrealisierung, 1997): S. 157.

108 *Hommel* (Dauerschuldverhältnisse, 1992): S. 70; vgl. auch *Döllerer* (Ordnungswidrige Bilanzierung, 1982): S. 778.

109 Wird aus der langfristigen Fertigung ein Verlust erwartet, ist dieser sofort erfolgswirksam zu erfassen. Vgl. *IASC* (IAS 11, 1993): para. 22 und 36; *IdW* (IAS, 1995): S. 153.

lung von Umsätzen und Aufwendungen nach Maßgabe der geleisteten Arbeit.[110]

- Als dritte Ausprägung des Grundsatzes der Periodenabgrenzung ist nach dem *matching principle* und dem *realisation principle* der Ansatz von Abgrenzungsposten *(deferrals)* zu sehen. Während die beiden erstgenannten Grundsätze einem kausalen Zusammenhang zwischen Erträgen und Aufwendungen folgen,[111] dient der Ansatz von *deferrals* in der Bilanz der Verteilung zeitraumbezogener Erträge und Aufwendungen. Als Beispiel für *deferred income* nennt IAS 20 die Abgrenzung von erhaltenen Investitionszulagen (*government grants*), die in der Bilanz passiv abgegrenzt und über die Nutzungsdauer des entsprechenden *asset* erfolgswirksam aufgelöst werden;[112] stellvertretend für eine aktive Abgrenzung kann die Behandlung eines Disagios nach IAS 23 angeführt werden.[113]

Neben der *accrual basis* unterstellt die IAS-Rechnungslegung als zweite Grundannahme das Prinzip der Unternehmensfortführung (*going concern*), das der deutschen handelsrechtlichen Vorschrift von der Fortführung der Unternehmenstätigkeit nach § 252 I Nr. 2 HGB entspricht.[114] Dieser Grundsatz verlangt, bei der Erstellung des Jahresabschlusses von der Fortführung des Unternehmens innerhalb eines vorhersehbaren Zeitraumes (*foreseeable future*) auszugehen; somit greift die (widerlegbare) Vermutung, daß weder beabsichtigt ist noch der wirtschaftliche Zwang vorliegt, das Unternehmen oder zumindest wesentliche Geschäftszweige davon aufzugeben.[115] Während im *Framework* unbestimmt bleibt, für welchen Zeitraum die Unternehmensfortführung zur Beibehaltung der *going concern*-Prämisse gegeben sein muß, fordert

---

110 Vgl. *IASC* (IAS 11, 1993): Objective; *Cairns* (Individual Accounts, 1995): S. 1713; *IdW* (IAS, 1995): S. 150.

111 Vgl. *Siegel / Shim* (Accounting Terms, 1995): S. 257, die unter *matching* einen "process of reporting expense on a cause-effect basis against the reported revenue it relates to" verstehen.

112 Vgl. *IASC* (IAS 20, 1994): para. 24. Die passive Abgrenzung des erhaltenen Zuschusses stellt nach IAS 20 eine gleichwertige Alternative zur sofortigen Absetzung der Zulage von den Anschaffungskosten des *asset* dar.

113 Vgl. *IASC* (IAS 23, 1993): para. 7; *IdW* (IAS, 1995): S. 176.

114 Vgl. *IdW* (IAS, 1995): S. 32.

115 Vgl. *IASC* (Framework, 1989): para. 23; *Coopers & Lybrand* (IAS, 1996): No. 1.05.

IAS 1, daß die Fortführung für wenigstens 12 Monate unterstellt werden kann.[116]

Weiterhin regelt IAS 1 in wörtlicher Übereinstimmung mit dem *Framework*, daß die Annahme der Unternehmensfortführung beibehalten werden soll, solange nicht die Absicht oder die Notwendigkeit besteht, das Unternehmen oder wesentliche Geschäftszweige zu liquidieren.[117] Mit der Verabschiedung des IAS 1 kann auch die Auffassung von *Cairns* als obsolet betrachtet werden, der die Aufgabe der *going concern*-Prämisse erst dann für zulässig erachtet, wenn bereits das Liquidationsverfahren eingeleitet wurde.[118]

3. Qualitative Grundsätze

Neben den Grundannahmen formuliert das *Framework* allgemeine qualitative Grundsätze der Rechnungslegung (Primärgrundsätze), aus denen spezielle Grundsätze (Sekundärgrundsätze) und Nebenbedingungen abgeleitet werden. Diesen unter der Bezeichnung *Qualitative Characteristics of Financial Statements*[119] zusammengefaßten Grundsätzen und Nebenbedingungen kommt die Aufgabe zu, "die im Abschluß

---

116 Vgl. *IASC* (IAS 1, 1997): para. 24. Zum gleichen Ergebnis kommen auch *Wollmert / Achleitner* (Konzeptionelle Grundlagen, 1997): S. 246, die unter Verweis auf IAS 10 auch den Zeitraum zwischen Bilanzstichtag und Bilanzerstellung als "Zeitraum, für den die Fortführungsprämisse gelten muß", diskutieren. Diese Auffassung ist freilich abwegig, IAS 10 fordert lediglich die Berücksichtigung wertaufhellender Ereignisse nach dem Bilanzstichtag bei der Bewertung. Vgl. *IASC* (IAS 10, 1994): para. 23-26; *IdW* (IAS, 1995): S. 34. Eine Übertragung dieses Gedankens auf den Grundsatz der Unternehmensfortführung kann lediglich bedeuten, daß auch nach dem Bilanzstichtag eingetretene Ereignisse ein Abweichen vom *going concern*-Prinzip rechtfertigen können, ohne daß damit jedoch der Zeitraum festgelegt wird, für den die Vermutung der Unternehmensfortführung Gültigkeit haben muß.

117 Vgl. *IASC* (Framework, 1989): para. 23: "Hence, it is assumed that the enterprise has neither the intention nor the need to liquidate or curtail materially the scale of its operations; if such an intention or need exists, the financial statements may have to be prepared on a different basis". Diese Aussage wurde auch in IAS 1 übernommen. Vgl. *IASC* (IAS 1, 1997): para. 23. Zustimmend auch *Coopers & Lybrand* (IAS, 1996): No. 1.05.

118 Vgl. *Cairns* (Guide, 1995): S. 80.

119 Vgl. *IASC* (Framework, 1989): para. 24-46. Vgl. zur Systematik der IAS-Rechnungslegungsgrundsätze Abschnitt IV.1 des vorliegenden Kapitels sowie insbesondere Abb. 1 im Anhang.

gewährten Informationen für den Leser nützlich und brauchbar zu machen."[120]

Als ersten Primärgrundsatz nennt das *Framework* Verständlichkeit (*understandability*), der nach h.M. um den in IAS 5 formulierten Anspruch der Bilanzklarheit (*clear statements*) zu ergänzen ist.[121] Danach soll die im Jahresabschluß zu vermittelnde Information für einen durchschnittlich sachkundigen Bilanzleser klar und verständlich dargestellt werden.[122] Umgekehrt dürfen allerdings Informationen über komplexe Sachverhalte, die für ökonomische Entscheidungen wesentlich sind, nicht unterschlagen werden, nur um die Verständlichkeit des Jahresabschlusses zu erhöhen.[123]

Als Anwendungsbereich der *understandability* wird im wesentlichen die "äußere Form und die Art der Darstellung des gesamten Jahresabschlusses"[124] gesehen. So läßt sich aus dem Grundsatz der Verständlichkeit beispielsweise die Verpflichtung zur Nennung des Namens und des Sitzes des Unternehmens sowie die Angabe der Währung des Jahresabschlusses ableiten,[125] aber auch die Einhaltung einer Mindestgliederung von Bilanz und GuV.[126]

Wenngleich die Forderung nach klarer und verständlicher Darstellung des Abschlusses primär auf formale Sachverhalte wirkt, entfaltet der Grundsatz der *understandability* aber auch Auswirkungen auf inhaltliche Aspekte der IAS-Rechnungslegung: Informationsvermittlung kann nur dann klar und verständlich sein, wenn ein sachkundiger Leser durch die Abbildung der Sachverhalte nicht fehlgeleitet wird.[127] So sind beispielsweise die einzelnen Posten des Abschlusses in Übereinstimmung mit der IAS-Diktion zu bezeichnen, da aus anderen Bezeichnungen ein unklares,

---

120 *Hayn* (IAS, 1994): S. 719.

121 Vgl. *Coopers & Lybrand* (IAS, 1996): No. 5.02; *Hayn* (IAS, 1994): S. 719; *Wollmert / Achleitner* (Konzeptionelle Grundlagen, 1997): S. 252; *IASC* (IAS 5, 1994): para. 6; *Förschle / Kroner / Mandler* (Rechnungslegung, 1994): S. 104.

122 Vgl. *IASC* (Framework, 1989): para. 25; *Coopers & Lybrand* (IAS, 1996): No. 5.02 und No. 5.04; *IASC* (IAS 5, 1994): para. 2, 6 und 8.

123 Vgl. *IASC* (Framework, 1989): para. 25; *Wollmert / Achleitner* (Konzeptionelle Grundlagen, 1997): S. 252.

124 *Wollmert / Achleitner* (Konzeptionelle Grundlagen, 1997): S. 252.

125 Vgl. *IASC* (IAS 1, 1997): Appendix.

126 Vgl. *IASC* (IAS 1, 1997): Appendix.

127 Vgl. *Coopers & Lybrand* (IAS, 1996): No. 5.05.

eventuell sogar irreführendes Ergebnis resultieren kann.[128] Wenn aber schon lediglich von der IAS-Terminologie abweichende Bezeichnungen einzelner Posten dem Grundsatz der Bilanzklarkeit widersprechen, dürfte dies um so mehr für inhaltliche Abweichungen gelten, also für den Ausweis von Sachverhalten unter unzutreffenden Posten.[129]

Als zweiter Primärgrundsatz wird im *Framework* die Relevanz der Information (*relevance*) genannt, die nach Auffassung des IASC dann vorliegt, wenn die Vermittlung einer bestimmten Information dazu geeignet ist, die Entscheidungsfindung des Bilanzlesers zu beeinflussen.[130] Durch die allgemeine Prämisse der *relevance* wird auf einer ersten Stufe der Umfang der im Jahresabschluß darzustellenden Sachverhalte (zu) ausführlich formuliert: Ob eine Information für den Bilanzleser relevant im Sinne des IASC ist, hängt sowohl von der Art der Information als auch von ihrer Wesentlichkeit ab.[131] Eine Einschränkung erfolgt durch den speziellen (Sekundär-)Grundsatz der Wesentlichkeit (*materiality*), der als Unterprinzip der *relevance* anzusehen ist:[132] Während der Relevanz folgend zunächst alle Informationen im Jahresabschluß dargestellt werden müssen, die ihrer Art nach wirtschaftliche Entscheidungen beeinflussen können, beschränkt die *materiality* die Aufgabe des Abschlusses auf die Vermittlung derjenigen Sachverhalte, die auch aufgrund ihrer Bedeutung tatsächlich Einfluß auf ökonomische Entscheidungen ausüben (können).[133] Daraus folgt zum einen das Postulat der "Außerachtlassung unwesentlicher Einflußfaktoren", da "ein Nebeneinander von wesentlichen und unwesentlichen Angaben den Informationsempfänger eher verwirren als ihn vernünftig informieren"[134] würde. Zum anderen verlangt der Grundsatz der *materiality* aber auch, daß wesentliche Sachverhalte Eingang in den Jahresabschluß finden müssen. Als wesentlich (*material*)

---

128 Vgl. *Coopers & Lybrand* (IAS, 1996): No. 5.05-5.06; *Wollmert / Achleitner* (Konzeptionelle Grundlagen, 1997): S. 253.

129 Vgl. *Wollmert / Achleitner* (Konzeptionelle Grundlagen, 1997): S. 253, die "aus den Grundsätzen der Klarheit und Verständlichkeit" folgern, daß der "Inhalt ... der Jahresabschlußposten dem Begriffsverständnis, das den IASC-Verlautbarungen zugrunde liegt, anzupassen" ist.

130 Vgl. *IASC* (Framework, 1989): para. 26-28.

131 Vgl. *IASC* (Framework, 1989): para. 30.

132 Vgl. *IASC* (IAS 1, 1997): para. 29; *Hayn* (IAS, 1994): S. 720.

133 Vgl. *IASC* (IAS 1, 1997): para. 31; *IdW* (IAS, 1995): S. 15.

134 *Leffson* (GoB, 1987): S. 182 (beide Zitate).

ist eine Information dann anzusehen,[135] "wenn ihr Fehlen oder ihre fehlerhafte Darstellung die wirtschaftlichen Entscheidungen Außenstehender beeinflussen könnte".[136] Zur Beurteilung der Wesentlichkeit ist auf den konkreten Einzelfall abzustellen.[137]

Der dritte Primärgrundsatz der IASC-Rechnungslegung ist die Zuverlässigkeit (*reliability*) der vermittelten Information. Eine Informationsdarstellung kann dann als zuverlässig gelten, wenn sie frei ist von wesentlichen Fehlern und "von durch Voreingenommenheit des Rechnungslegenden bedingten Verzerrungen"[138]. Der Bilanzadressat soll sich darauf verlassen können, daß der Jahresabschluß den tatsächlichen Sachverhalt widerspiegelt und eine Form der Darstellung gewählt wird, aus der auf den Sachverhalt eindeutig rückgeschlossen werden kann.[139]

Somit ist der Grundsatz der *reliability* als Einschränkung der *relevance* zu sehen: Beispielsweise soll auf die Darstellung eines Sachverhalts in der Bilanz - trotz möglicher Entscheidungsrelevanz für den Bilanzleser - dann verzichtet werden, wenn die Darstellung des Sachverhaltes mißverständlich wäre.[140] Das *Framework* erläutert diesen Zusammenhang am Beispiel einer umstrittenen Schadensersatzforderung, die weder der Sache nach feststeht noch in der Höhe eindeutig (zuverlässig) quantifiziert werden kann. In einem solchen Fall wäre es unangemessen, den Anspruch in voller (geschätzter) Höhe in der Bilanz auszuweisen; gleichwohl kann die Angabe des möglicherweise zugehenden Scha-

---

135 Vgl. *IASC* (Framework, 1989): para. 30.

136 *IdW* (IAS, 1995): S. 15.

137 Vgl. *IASC* (Framework, 1989): para. 30; *IdW* (IAS, 1995): S. 15; *Coopers & Lybrand* (IAS, 1996): No. 1.20, die darauf hinweisen, daß in der Praxis eine Reihe von Faustregeln (*rules of thumb*) existieren, nach denen die Wesentlichkeit eines Postens als Prozentanteil an den Erträgen o.ä. Größen festgelegt wird. Solche Regeln sollen allerdings mit großer Vorsicht angewendet werden, um auch qualitative Aspekte in die Beurteilung von *relevance* einzubeziehen.

138 *Lorchheim* (Zuverlässigkeit, 1997): S. 127.

139 Vgl. *IASC* (Framework, 1989): para. 31: "Information has the quality of reliability when it is free from material error and bias and can be depended upon by users to represent faithfully that which it either purports to represent or could reasonably be expected to represent."

140 Vgl. *IASC* (Framework, 1989): para. 32.

densersatzanspruches zusammen mit einer Beschreibung des Sachverhalts in den Erläuterungen (*notes*) sinnvoll sein.[141]

Zur Bestimmung, ob Informationsvermittlung das Merkmal der Zuverlässigkeit erfüllt, wird der Primärgrundsatz der *reliability* durch die fünf Sekundärgrundsätze *faithful representation*, *substance over form*, *neutrality*, *prudence* und *completeness* näher erläutert, die auch als spezielle Grundsätze bezeichnet werden:

- Um der Forderung nach einer verläßlichen Darstellung (*faithful representation*) nachzukommen, müssen die in einem Jahresabschluß zusammengefaßten Informationen die wirtschaftlichen Aktivitäten des Unternehmens so abbilden, daß aus der Darstellung der zugrundeliegende Sachverhalt deutlich wird; insbesondere sollen alle Vorgänge ersichtlich sein, die zum Ansatz von *assets*[142], *liabilities*[143] und *equity*[144] geführt haben.[145] Darin ist das Hauptproblem der verläßlichen Darstellung zu sehen: Sofern es in Einzelfällen nicht möglich ist, eine Form der Darlegung zu finden, aus der der abgebildete Sachverhalt nachvollziehbar wird, muß in diesen konkreten Fällen die Wiedergabe des Sachverhaltes unterbleiben; beispielsweise unterliegt ein selbstgeschaffener Geschäfts- und Firmenwert so großen Unsicherheiten hinsichtlich seiner Bewertung, daß auf seinen Ansatz in der Bilanz verzichtet wird.[146]
- Als zweiten speziellen Rechnungslegungsgrundsatz unter der *reliability* nennt das *Framework* das Prinzip der wirtschaftlichen Betrachtungsweise (*substance over form*). Danach sollen im Jahresabschluß Transaktionen so präsentiert werden, daß ihre Darstellung dem wirtschaftlichen Gehalt (*substance*) und der wirtschaftlichen Realität (*economic reality*) entspricht und nicht den jeweiligen rechtlichen Verhältnissen.[147] Zwar stimmen rechtliche und wirtschaftliche Form in den meisten Fällen überein,[148] bei Abweichungen ist aber stets der

---

141 Vgl. *IASC* (Framework, 1989): para. 32.

142 Vgl. *IASC* (Framework, 1989): para. 53-59 und para. 89-90.

143 Vgl. *IASC* (Framework, 1989): para. 60-64 und para. 91.

144 Vgl. *IASC* (Framework, 1989): para. 65-68.

145 Vgl. *IASC* (Framework, 1989): para. 33.

146 Vgl. *IASC* (Framework, 1989): para. 34.

147 Vgl. *IASC* (Framework, 1989): para. 35; *Cairns* (Individual Accounts, 1995): S. 1697-1698; *IdW* (IAS, 1995): S. 22.

148 Vgl. *Cairns* (Individual Accounts, 1995): S. 1698.

korrekten Wiedergabe des wirtschaftlichen Gehalts der Vorrang einzuräumen,[149] "da die ökonomische Beurteilung eines Sachverhaltes nicht immer auf der Basis der rechtlichen Verhältnisse oder sonstiger formaler Gestaltungsmerkmale möglich ist." Der Grundsatz der wirtschaftlichen Betrachtungsweise stellt somit einerseits ein "abstraktes Normierungsziel"[150] dar, entfaltet andererseits aber auch sehr konkrete Auswirkungen (beispielsweise auf den Ansatz und die Zurechnung von Vermögensgegenständen und Schulden).[151]

Die abstrakte Bedeutung des *substance over form*-Gedankens kommt "in den relativ umfassenden Freiräumen hinsichtlich der formellen Gestaltung von Jahresabschlüssen zum Ausdruck, da im Vordergrund der materielle Gehalt der entscheidungsrelevanten Information und nicht die Form der Darstellung steht."[152]

Die konkreten Folgen für die Ansatz- und Zurechnungsfrage von Vermögensgegenständen zeigen sich in der asset-Definition: So stellt das Framework ausdrücklich fest, daß für den Ansatz eines asset das Vorliegen des zivilrechtlichen Eigentums nicht notwendig ist.153 Daraus entsteht zwangsläufig die Notwendigkeit, die Zurechnung von assets nach Maßgabe des substance over form-Gedankens zu klären, da mit diesem die automatische Zuordnung zum rechtlichen Eigentümer nicht vereinbar ist. Allerdings leitet das IASC aus der wirtschaftlichen Betrachtungsweise keine allgemeingültigen Zurechnungskriterien ab; in der Literatur wird deshalb häufig die Leasingbilanzierung nach IAS 17 als Beispiel für eine vom rechtlichen Eigentum abweichende Zurechnung von *assets* herangezogen.[154]

- Drittens wird zur Konkretisierung der *reliability* bei der Erstellung des Jahresabschlusses Freiheit von Willkür (*neutrality*) gefordert.[155] Das

---

149 Vgl. *Coopers & Lybrand* (IAS, 1996): No. 1.16.

150 *Wollmert / Achleitner* (Konzeptionelle Grundlagen, 1997): S. 214 (beide Zitate).

151 Vgl. *IdW* (IAS, 1995): S. 22.

152 *Mellwig / Weinstock* (Zurechnung, 1996): S. 2349. Mit der Vorlage des E 53 setzte sich das IASC erstmals auch mit der Frage der Informationsdarstellung durch eine weitergehende Normierung der Gliederungs- und Ausweisvorschriften auseinander. Vgl. *Achleitner / Pejic* (Neue Kleider, 1996): S. 2043.

153 Vgl. *IASC* (Framework, 1989): para. 57.

154 So z.B. bei *Cairns* (Individual Accounts, 1995): S. 1698; *Coopers & Lybrand* (IAS, 1996): No. 1.16; *IdW* (IAS, 1995): S. 22.

155 Vgl. *IASC* (Framework, 1989): para. 36.

Framework bestimmt diesen Begriff über eine negative Abgrenzung; danach ist ein Jahresabschluß nicht mehr als willkürfrei anzusehen, wenn durch die Auswahl der dargestellten Informationen oder durch die Art der Darstellung Verzerrungen entstehen, die Entscheidungen des Bilanzadressaten in eine vom Rechnungslegenden vorgegebene Richtung lenken.[156] Außerdem dürfen Ansätze und Bewertungen im Jahresabschluß "nicht ausschließlich bilanzpolitisch motiviert sein ..., es müssen mehr - nicht bilanzpolitisch motivierte - Argumente für eine abschlußgestaltende Maßnahme sprechen als dagegen."[157]

- Der vorstehend erläuterte Grundsatz der *neutrality* wird im Zusammenspiel mit dem vierten speziellen Rechnungslegungsgrundsatz, dem Vorsichtsprinzip (*prudence*),[158] besonders deutlich.[159] Wie bereits erörtert, genießt das Vorsichtsprinzip - anders als im deutschen Handelsrecht - in der IAS-Rechnungslegung keine überragende Bedeutung,[160] sondern dient ausschließlich der sachgerechten Auskleidung von Ermessensspielräumen bei Ansatz- und Bewertungsfragen.[161] Die im Rahmen der Jahresabschlußerstellung anfallenden notwendigen Schätzungen von Zukunftsgrößen sollen, um den Periodenerfolg nicht zu hoch auszuweisen[162] nicht zu optimistisch vorgenommen werden, sondern dem Gebot der "kauf-

---

156 Vgl. *IASC* (Framework, 1989): para. 36.

157 *Lorchheim* (Zuverlässigkeit, 1997): S. 129.

158 Vgl. *IASC* (Framework, 1989): para. 37.

159 Vgl. die ähnliche Darstellung bei *Cairns* (Individual Accounts, 1995): S. 1697.

160 Vgl. *Leffson* (GoB, 1987): S. 466, der vor den Gefahren eines dominierenden Vorsichtsprinzips nachdrücklich warnt.

161 Vgl. *IASC* (Framework, 1989): para. 37; *Coopers & Lybrand* (IAS, 1996): No. 1.13; *IdW* (IAS, 1995): S. 40; *Lorchheim* (Zuverlässigkeit, 1997): S. 129. *Wollmert / Achleitner* (Konzeptionelle Grundlagen, 1997): S. 248 begrenzen die Bedeutung der *prudence* sogar noch weiter, da sie im "Grundsatz der Vorsicht ausschließlich eine Bewertungsregel bei Ermessenspielräumen" sehen. Diese Auffassung steht allerdings offensichtlich im Widerspruch zum Wortlaut des *IASC* (Framework, 1989): para. 37: "Such uncertainties are recognised ... by the exercise of prudence in the preparation of financial statements." Ebenso auch die weitergehende Beschreibung von *Coopers & Lybrand* (IAS, 1996): No. 1.13. "Prudence is the general directive to deal cautiously with uncertainties in preparing financial statements, especially in making estimates."

162 Vgl. *Leffson* (GoB, 1987): S. 192; *Lorchheim* (Zuverlässigkeit, 1997): S. 129.

männischen Vernunft"[163] folgen und von "gesunder Skepsis"[164] getragen sein.[165]

- Folglich wird insbesondere die bewußte Legung stiller Reserven unter Berufung auf das Vorsichtsprinzip ausdrücklich untersagt. Eine solche Bewertung wäre zwar vorsichtig, aber einseitig und damit nicht mehr neutral und willkürfrei; sie widerspricht dem Grundsatz der *reliability*.[166]
- Der fünfte aus dem Grundsatz der *reliability* abgeleitete Sekundärgrundsatz ist die Forderung nach Vollständigkeit der im Jahresabschluß offengelegten Informationen (*completeness*).[167] Da dieser Grundsatz dem deutschen Vollständigkeitsgebot nach § 246 I HGB entspricht,[168] kann auf eine weitergehende Beschreibung an dieser Stelle verzichtet werden.

Als letzten allgemeinen Rechnungslegungsgrundsatz nennt das IASC die Vergleichbarkeit (*comparability*)[169], die sowohl im Zeitvergleich (intern) als auch im Unternehmensvergleich (externer Betriebsvergleich)[170] gegeben sein soll. Der interne Vergleich kann es dem Adressaten ermöglichen, Trends in der wirtschaftlichen Entwicklung des Unternehmens zu erkennen.[171] Aus diesem Grund verlangen das *Framework* wie auch IAS 5 allgemein die Angabe von Informationen zu vorangegangenen

---

163 *Lorchheim* (Zuverlässigkeit, 1997): S. 129.

164 *Siebert* (Grundlagen, 1996): S. 146.

165 Vgl. *Leffson* (GoB, 1987): S. 192, der darauf hinweist, daß der (amerikanische) Grundsatz der *prudence* nicht so weit ausgelegt wird wie das deutsche Vorsichtsprinzip.

166 Vgl. *IASC* (Framework, 1989): para. 37: "However, the exercise of prudence does not allow ... the creation of hidden reserves ... because the financial statements would not be neutral and, therefore, not have the quality of reliability." Zustimmend *Coopers & Lybrand* (IAS, 1996): No. 1.13; *Küting* (Stille Rücklagen, 1995): S. 12.

167 Vgl. *IASC* (Framework, 1989): para. 38.

168 Vgl. *IdW* (IAS, 1995): S. 24, die für die Prinzipien Klarheit, Übersichtlichkeit, Vollständigkeit und Bilanzwahrheit feststellen, daß auf "der Ebene dieser allgemeinen Grundsätze ... keine Unterschiede [bestehen]."

169 Vgl. *IASC* (Framework, 1989): para. 39.

170 Vgl. zu den Begriffen Zeit- und Betriebsvergleich ausführlich *Hauschildt* (Bilanzanalyse, 1996): S. 8-9. *KPMG* (IAS, 1996) S. 29 sprechen vom internen bzw. externen Vergleich. Die Begriffe werden im folgenden synonym verwendet.

171 Vgl. *IASC* (Framework, 1989): para. 39; *KPMG* (IAS, 1996): S. 29.

Zeiträumen;[172] weder im *Framework* noch im IAS 5 wird indes deutlich, wie diese Informationen ausgestaltet sein müssen. Klarheit wurde erst durch IAS 1 n.F. geschaffen, der für alle quantitativen Angaben den Ausweis des Vorjahreswertes fordert, wenn nicht abweichende Bestimmungen in einzelnen IAS existieren.[173] Sofern es für eine *fair presentation* notwendig erscheint, sind auch deskriptive und narrative Informationen darzustellen und ggf. zu aktualisieren.[174]

Ebenso wichtig wie der Zeitvergleich ist für den Bilanzadressaten aber auch der Unternehmensvergleich. Deshalb muß der Jahresabschluß so erstellt werden, daß ein Adressat Unternehmen miteinander vergleichen kann; diese externe Vergleichbarkeit setzt voraus, daß ähnliche Sachverhalte bei verschiedenen Unternehmen gleichartig erfaßt werden.[175]

Eine wesentliche Voraussetzung für die Vergleichbarkeit von Jahresabschlüssen stellt die Stetigkeit der Bilanzierung dar (*consistency*), die im *Framework*[176] wie auch in IAS 1[177] gefordert wird. Das IASC versteht unter Stetigkeit die Beibehaltung der einmal gewählten Bilanzierungs- und Bewertungsmethoden.[178] Dies entspricht inhaltlich dem deutschen Grundsatz der Bewertungsstetigkeit, der das "Ziel verfolgt, die Vergleichbarkeit des Jahresabschlusses mit dem jeweils vorhergehenden zu verbessern".[179] Anders als im deutschen Handelsrecht wird die *consistency*

---

172 Vgl. *IASC* (Framework, 1989): para. 42: "Because users wish to compare the financial position, performance and changes in financial position of an enterprise over time, it is important that the financial statements show corresponding information for the preceding periods." Deutlicher wird die Aussage des *IASC* (IAS 1, 1997): para. 38, die den Zeitraum, für den weitere Angaben darzustellen sind, auf das Vorjahr begrenzt.

173 Vgl. *IASC* (IAS 1, 1997): para. 38: "Unless an International Accounting Standard permits or requires otherwise, comparative information should be disclosed in respect of the previous period for all numerical information in the financial statements."

174 Vgl. *IASC* (IAS 1, 1997): para. 15.

175 Vgl. *IASC* (Framework, 1989): para. 39.

176 Vgl. *IASC* (Framework, 1989): para. 39.

177 Vgl. *IASC* (IAS 1, 1997): para. 27.

178 Vgl. *IASC* (Framework, 1989): para. 39-40; *KPMG* (IAS, 1996) S. 29; *IdW* (IAS, 1995): S. 44.

179 *IdW* (HFA 3/1997): S. 417. Dazu kritisch *Kalabuch*, die die "Beibehaltung der gleichen Bewertungsmethoden ... nicht nur für zwei unmittelbar, sondern für alle aufeinanderfolgenden Jahresabschlüsse, in denen bestimmte Vermögensge-

in der IAS-Rechnungslegung aber nicht als eigenständiger Grundsatz aufgefaßt, der ausschließlich der internen Vergleichbarkeit dienen soll. Vielmehr propagiert das *Framework* neben der internen auch die externe Vergleichbarkeit als Zweck der Stetigkeit;[180] in diesem Sinne stellt Stetigkeit eine Voraussetzung für die Vergleichbarkeit von Jahresabschlüssen dar.[181] Dies ist vor dem Hintergrund der Zielsetzung wie auch des Adressatenkreises der IAS-Rechnungslegung eine durchaus sinnvolle Interpretation[182], denn für einen Investor wären Jahresabschlüsse, die keinen Vergleich verschiedener Unternehmen erlaubten, nur von eingeschränktem Nutzen.

Stimmt man dieser Auffassung zu, wäre die *consistency* nicht nur als Grundsatz für die *Anwendung* von Bilanzierungsnormen bedeutsam, sondern auch für die *Gestaltung* dieser Vorschriften: Nicht nur die anwendenden Unternehmen müßten dem Gebot der Stetigkeit Rechnung tragen, auch das IASC als *standard setting body* wäre aufgefordert, bei der Überarbeitung aktueller sowie der Entwicklung neuer Standards verstärkt darauf zu achten, daß die Rechnungslegungsnormen künftig zu möglichst einheitlichen Abbildungen im Jahresabschluß führen.[183]

Während die Stetigkeit im *Framework* als Ausprägung der *comparability* im Rang eines allgemeinen Grundsatzes der Rechnungslegung steht, wird sie in IAS 1 gemeinsam mit dem *going concern*-Prinzip und der Prämisse der Periodenabgrenzung als abstrakte Grundannahme (*as-*

genstände und Schulden erfaßt werden", fordert. *Kalabuch* (Stetigkeitsgrundsatz, 1994): S. 339-340.

180 Vgl. *IASC* (Framework, 1989): para. 39: "Hence, the measurement and display of the financial effect of like transactions and other events must be carried out in a consistent way throughout an enterprise and over time for that enterprise and in a consistent way for different enterprises."

181 Vgl. ähnlich *Leffson* (GoB, 1987): S. 186, der den Grundsatz der Stetigkeit ebenfalls aus der Forderung nach Vergleichbarkeit ableitet.

182 Vgl. *IASC* (Framework, 1989): para. 39. Zustimmend *Achleitner / Kleekämper* (Reformprojekt, 1997): S. 123; *Achleitner / Pejic* (Neue Kleider, 1996): S. 2039; *Coopers & Lybrand* (IAS, 1996): No. 1.06.

183 Vgl. zustimmend *Law Society* (Window Dressing, 1986): S. 1: "We consider that the purpose of accounts is primarily to provide the user with sufficient information to enable him to reach an informed view of the company' s financial position ... and its performance during the period covered by the accounts. We are of the view that, to achieve this and to provide comparability and consistency between different enterprises, it is essential to reduce to a minimum the element of subjectivity in the preparation of accounts and, accordingly, to have as much objectivity as possible ..."

sumption) aufgeführt. Der Grund dafür wird in den unterschiedlichen historischen Kontexten der Entstehung beider Dokumente gesehen. Als 1975 der IAS 1 (als erster International Accounting Standard)[184] verabschiedet wurde, waren Bilanzierungs- und Bewertungsmethoden noch völlig offen; zum Zeitpunkt der Fertigstellung des *Framework* war diese Wahlfreiheit jedoch bereits durch zahlreiche IAS eingeschränkt.[185] Ob die Forderung nach Stetigkeit nun als Grundannahme oder als Rechnungslegungsgrundsatz aufzufassen ist, wird auch durch den neuen IAS 1 nicht abschließend geklärt, da nicht zwischen *assumptions* und *qualitative characteristics* differenziert wird.[186] Da das IASC mit der Verabschiedung von IAS 1 die Intention verfolgt, "die im *Framework* angeführten Bilanzierungs- und Bewertungsgrundsätze auf die Ebene eines Standards" zu stellen, "wird der Grundsatz der Stetigkeit auch weiterhin dem *Framework* entsprechend nicht auf einer Stufe mit den Grundsätzen der Unternehmensfortführung und der periodengerechten Gewinnermittlung stehen." [187]

Die dargestellten Grundsätze der IAS-Rechnungslegung werden durch drei Nebenbedingungen (*constraints*)[188] eingeschränkt: Zum ersten wird die "Notwendigkeit rechtzeitiger Rechenschaft"[189] betont, die eine zeitnahe Erstellung des Jahresabschlusses (*timeliness*) voraussetzt. Daraus kann ein Konflikt mit dem Grundsatz der *reliability* erwachsen, da diese zeitnahe Darstellung der Information mitunter noch mit Unsicherheiten behaftet ist, die sich im Laufe der Zeit verringern. So ließe sich zwar in einem mit zeitlicher Verzögerung erstellten Jahresabschluß das Ausmaß an Fehlschätzungen reduzieren, allerdings verliert ein Rechenschaftsbericht für den Anleger um so mehr an Wert, je später er diesem zugeht.[190]

---

184 Vgl. *IASC* (History, 1996): S. 23.

185 Vgl. *Achleitner / Kleekämper* (Reformprojekt, 1997): S. 123.

186 Vgl. *IASC* (IAS 1, 1997): Contents. Dort werden die Prämissen *fair presentation, accounting policies, going concern, accrual basis, consistency of presentation, materiality and aggregation, offsetting* sowie *comparative information* unter dem Oberbegriff *overall considerations* subsumiert.

187 *Achleitner / Pejic* (Neue Kleider, 1996): S. 2039 (beide Zitate). A.A. allerdings *KPMG* (IAS, 1996) S. 27, die unter den *underlying assumptions* auch die *consistency* ausweisen.

188 Vgl. *IASC* (Framework, 1989): para. 43-45.

189 *Leffson* (GoB, 1987): S. 202.

190 Vgl. *IASC* (Framework, 1989): para. 43; *Leffson* (GoB, 1987): S. 202.

Zum zweiten ist bei der Erstellung des Jahresabschlusses der Wirtschaftlichkeitsgedanke nicht aus den Augen zu verlieren (*balance between benefit and cost*); der Nutzen der veröffentlichten Informationen soll die Kosten der Informationsbeschaffung übersteigen.[191]

Zum dritten sollen die Grundsätze der IAS-Rechnungslegung ausgewogen zur Anwendung kommen (*balance between qualitative characteristics)*; im Fall von Zielkonflikten ist eine Abwägung derart vorzunehmen, daß die Zielsetzung der Rechnungslegung am ehesten erfüllt wird.[192]

191 Vgl. *IASC* (Framework, 1989): para. 44.

192 Vgl. *IASC* (Framework, 1989): para. 45. Diese Forderung ist bislang noch weitgehend unbestimmt. Die ausgewogene Anwendung der Rechnungslegungsgrundsätze setzt eine hierarchische Ordnung voraus, die bis heute allenfalls ansatzweise vorliegt.

Drittes Kapitel:
Die Bilanzierung von Leasingverträgen nach IAS 17

I. Aufbau und Anwendungsbereich des IAS 17

Das IASC regelt die Bilanzierung von Leasingverträgen (*leases*) über Mobilien und Immobilien im IAS 17. Die erste Fassung des IAS 17 wurde 1982 verabschiedet und 1994 einer geringfügigen sprachlichen und formalen Überarbeitung unterzogen, die zum 1.1.1995 in Kraft trat.[1] Da die IOSCO im Rahmen ihrer Überprüfung der Einzelstandards u.a. auch IAS 17 ablehnte,[2] wurde eine erneute Überarbeitung des Leasingstandards notwendig, die jedoch angesichts des umfangreichen Arbeitsprogramms des IASC auf die von der IOSCO monierten Punkte[3] beschränkt bleiben sollte.[4] Als Ergebnis erschien im Mai 1997 der Exposure Draft E 56[5] vorgelegt, der in überarbeiteter Form Ende 1997 als neuer IAS 17 verabschiedet wurde.[6] Die vorliegende Arbeit bezieht sich stets - sofern nicht anderes angegeben - auf IAS 17 n.F., dessen Anwendung für alle Bilanzierungsperioden verpflichtend wird, die nach dem 31. Dezember 1998 beginnen.

IAS 17 definiert als *lease* eine Vereinbarung, aufgrund derer ein Leasinggeber einem Leasingnehmer für eine vereinbarte Zeit das Recht auf Nutzung an einem Vermögensgegenstand gegen Zahlung eines Entgelts einräumt.[7] Unabhängig von den verwendeten Bezeichnungen wie beispielsweise Mietkaufvertrag (*hire purchase contract*) werden unter *leases* nach IAS 17 auch Verträge subsumiert, die dem Leasingnehmer

---

1 Vgl. *IASC* (IAS 17, 1994): Erläuterung vor den Contents; *IASC* (History, 1995): S. 24.

2 Vgl. *Achleitner / Behr* (Lehrbuch, 1998): S. 46.

3 Vgl. *IASC* (Insight December, 1997): S. 16. Danach forderte die IOSCO erweiterte Offenlegungspflichten sowohl beim Leasingnehmer als auch beim Leasinggeber. Außerdem sollte verbindlich festgelegt werden, unter welchen Umständen dem Leasinggeber das Recht zur Ertragsperiodisierung nach der *net cash investment*-Methode einzuräumen sei.

4 Vgl. *Achleitner / Behr* (Lehrbuch, 1998): S. 45; *IASC* (Insight September, 1996): S. 18.

5 Vgl. *IASC* (E 56, 1997): Leases.

6 Vgl. *IASC* (IAS 17, 1997): Leases.

7 Vgl. *IASC* (IAS 17, 1997): para. 3: "A lease is an agreement whereby the lessor conveys to the lessee in return for a payment or series of payments the right to use an asset for an agreed period of time." Vgl. zur Übersetzung *Accounting Advisory Forum* (Leasingverträge, 1994): Tz. 4.

eine Kaufoption am Leasingobjekt einräumen, wenngleich solche Vereinbarungen in verschiedenen Ländern nicht als "*Leasing*" bezeichnet werden.[8] Auch Verträge, die eine Überlassung von bebauten und unbebauten Grundstücken zur Nutzung regeln, zählen zu den *leases*.[9] Der Begriff *lease* kann somit nicht mit einem Leasingvertrag nach deutschem Verständnis[10] gleichgesetzt werden, er ist vielmehr ungleich weiter gefaßt und beinhaltet - unabhängig von der zivilrechtlichen Ausgestaltung - jede zeitlich beschränkte Form der Nutzungsüberlassung[11] von Mobilien und Immobilien.[12] Damit entfällt das Problem, Leasing gegen andere zivilrechtliche Vertragsformen - wie Miete oder Pacht - abzugrenzen, was insbesondere auf internationaler Ebene durch die uneinheitliche Verwendung des Begriffs "Leasing" zu erheblichen Schwierigkeiten führen würde.[13]

Für die Qualifikation einer Nutzungsüberlassung als *lease* ist folglich nicht deren zivilrechtliche Einordnung, sondern das Vorhandensein

---

8 Vgl. *IASC* (IAS 17, 1997): para. 4.

9 Vgl. *IASC* (IAS 17, 1997): para. 11.

10 Danach ist Leasing - insbesondere in Abgrenzung zur Miete - dadurch gekennzeichnet, daß die Investitionsentscheidung vom Nutzer des Objektes getroffen wird und dieser folgerichtig auch das Investitionsrisiko zu tragen hat. Vgl. *Mellwig* (Leasing, 1993): Sp. 1347-1348; *Weinstock* (Neuer Vorschlag, 1996): S. 799.

11 Damit fallen auch befristete Mietverträge unter den Geltungsbereich des IAS 17. Vgl. *Küting / Hellen / Brakensiek* (Leasing, 1998): S. 1465.

12 Vgl. *Jürgens* (Finanzierungs-Leasing, 1988): S. 1; *Gifis* (Law Dictionary, 1991): S. 270-271: "Lease is an agreement whereby one party (called the landlord or lessor) relinquishes his right to immediate possession of property while retaining ultimate legal ownership (title). Ordinarily when a lease is made we find an agreement by the owner-lessor to turn over specifically-described premises to the exclusive possession of the lessee for a definite period of time and for a consideration commonly called rent. Although no absolute requirement exists for the use of particular words, the instrument is usually studded with such terms as 'lease', 'let', 'demise', 'grant', and the like." (Hervorhebungen im Original).

13 So liegt beispielsweise in Großbritannien dann kein *finance lease* vor, wenn dem Leasingnehmer eine Kaufoption eingeräumt wird, da schon die bloße Möglichkeit der Eigentumsübertragung dazu führt, daß die Vereinbarung als *hire-purchase agreement* qualifiziert wird. Vgl. *Clark* (Leasing, 1978): S. 81; *Ebenroth* (Grenzüberschreitender Verkehr, 1992): S. 164. Die Abgrenzungsprobleme resultieren allerdings nicht nur aus der in verschiedenen Staaten unterschiedlichen Belegung des Begriffs Leasing, sondern auch aus immer neuen Vertragskonstruktionen, die zu einem sehr uneinheitlichen Erscheinungsbild des Leasingvertrags führen. Hierzu *Demberg* (Kilometervertrag, 1996): S. 11; *Reinking* (Auto-Leasing, 1994): S. 63-65; *Weinstock* (Neuer Vorschlag, 1996): S. 799.

leasingspezifischer Charakteristika maßgeblich.[14] Verträge über den Abbau von Bodenschätzen sowie die lizensierte Nutzung an Spielfilmen oder Theaterstücken fallen nicht unter den Regelungsbereich von IAS 17.[15]

Das IAS 17 gliedert sich in folgende Teile:[16]

- Anwendungsbereich ("*Scope*", No. 1-2),
- Definitionen ("*Definitions*", No. 3-4),
- Klassifikation von Leasingverträgen ("*Classification of Leases*", No. 5-11),
- Die Behandlung von Leasingverträgen im Jahresabschluß des Leasingnehmers ("*Leases in the Financial Statements of Lessees*", No. 12-27),
- Die Behandlung von Leasingverträgen im Jahresabschluß des Leasinggebers ("*Leases in the Financial Statements of Lessors*", No. 28-48) sowie
- Verträge über Sale and Leaseback-Geschäfte ("*Sale and Leaseback*", No. 49-57).

Darüber hinaus werden Daten zur Übergangsregelung ("*Transitional Provisions*", No. 58) sowie das Verabschiedungsdatum des Standards ("Effective Date", No. 59-60) festgeschrieben. Im Anhang ("*Appendix*") werden in Form einer Übersicht Sale and Leaseback-Transaktionen dargestellt, deren Ausgestaltung zu einer Klassifikation als *operate lease* führen soll. Die in der Vorversion noch enthaltenen Schaubilder,[17] die sowohl die Klassifikation von Leasingverträgen als auch deren Darstel-

---

[14] Vgl. *IASC* (IAS 17, 1997): para. 4: "The definition of a lease includes contracts for the hire of an asset which contain a provision giving the hirer an option to aquire title to the asset upon fulfilment of agreed conditions. These contracts are sometimes known as hire purchase contracts."

[15] Vgl. *IASC* (IAS 17, 1997): para. 1-2: "This standard should be applied in accounting for all leases other than: (a) lease agreements to explore for or use natural resources ..., (b) licensing agreements for such items as motion picture films ..."

[16] Vgl. *IASC* (IAS 17, 1997): Contents.

[17] Das IASC weist darauf hin, daß diese Schaubilder nicht mehr für notwendig erachtet wurden, da durch die zusätzlichen Entscheidungshilfen zur Vertragsklassifikation die Qualifikation der Verträge wesentlich klarer geworden sei. Vgl. *IASC* (Insight December, 1997): S. 17.

lung im Jahresabschluß von Leasinggeber und -nehmer graphisch erläuterten,[18] sind nicht mehr Bestandteil des Anhangs.

II. Die Unterscheidung in *operating leases* und *finance leases*

1. Übertragung von Chancen und Risiken auf den Leasingnehmer

IAS 17 unterscheidet zwei Formen von Leasingverträgen: *finance* und *operating leases*. Mit diesem Begriffspaar werden allerdings keine konkreten Vertragsformen definiert; vielmehr zielt diese Unterscheidung auf eine unterschiedliche Behandlung der Verträge im Rechnungswesen ab.[19] Ein *finance lease* liegt dann vor, wenn im wesentlichen alle am Leasingobjekt haftenden Chancen und Risiken auf den Leasingnehmer übertragen werden.[20] Verbleiben diese hingegen im wesentlichen beim Leasinggeber, wird der Vertrag durch eine "Negativabgrenzung"[21] als *operating lease* klassifiziert.[22] Für die Objektzurechnung zum Leasingnehmer sind Vereinbarungen über einen möglichen Eigentumsübergang nicht erforderlich;[23] somit ist auch ohne die spätere Eigentumsübertragung der Übergang der wesentlichen Chancen und Risiken auf den Leasingnehmer möglich. Die Unterscheidung folgt somit "einer wirtschaftlichen Beurteilung der Nutzung des Leasinggegenstandes."[24]

Die Unterscheidung in *finance* und *operating leases* ist sowohl für die Zurechnung des Leasingobjektes als auch für die bilanzielle Behandlung der Zahlungen zwischen den Vertragsparteien entscheidend.[25]

Bei einem *operating lease* aktiviert der Leasinggeber das Objekt und schreibt es über die Nutzungsdauer ab. Die fälligen Leasingraten werden

---

18 Vgl. *IASC* (IAS 17, 1994): Appendix to IAS 17.

19 Korrekterweise müßte man deshalb von *finance lease treatments* und *operating lease treatments* sprechen. Vgl. *Fink* (Leasingverträge in Europa, o. J.): S. 1.

20 Vgl. *IASC* (IAS 17, 1997): para. 3: "A finance lease is a lease that transfers substantially all the risks and rewards incident to ownership of an asset." (Hervorhebungen im Original).

21 Vgl. *Fuchs* (Leasingverhältnisse, 1996): S. 1833.

22 Vgl. *IASC* (IAS 17, 1997): para. 3: "An operating lease is a lease other than a finance lease."

23 Vgl. *IASC* (IAS 17, 1994): para. 3: "Title may or may not eventually be transferred."

24 *Kirsch* (IAS-Kommentar, 1997): Tz. 20.

25 Vgl. *Kirsch* (IAS-Kommentar, 1997): Tz. 20.

als Ertrag verbucht. Beim Leasingnehmer schlägt sich der Leasingvertrag in der Bilanz (zunächst) nicht nieder, die Leasingraten werden in der GuV als Aufwand erfaßt.

Einem *finance lease* hingegen liegt eine Vereinbarung zugrunde, durch die der Leasingnehmer in die Stellung versetzt wird, die wirtschaftlich einem kreditfinanzierten Kauf des Gegenstandes entspricht; der Leasingvertrag stellt bei wirtschaftlicher Betrachtung den Leasingnehmer so, als habe dieser das Eigentum am Objekt erworben. Um diese wirtschaftlich gleichen Situationen im Jahresabschluß gleich zu behandeln, wird das Leasingobjekt dem Leasingnehmer zugerechnet. Der Leasinggeber behandelt die Vereinbarung wie ein Finanzierungsgeschäft[26] und aktiviert anstelle des Objektes eine Forderung in Höhe der ausstehenden Zahlungen.[27]

Im Gegensatz zu IAS 17 n.F. wurde in der Vorversion als ein Kennzeichen des *finance lease* insbesondere die Unkündbarkeit des Vertrages in der Grundmietzeit hervorgehoben.[28] Auch wenn die Unkündbarkeit des Vertrages in IAS 17 n.F. nicht mehr explizit als Merkmal genannt ist, werden doch vor allem unkündbare Verträge als *finance lease* zu qualifizieren sein; angesichts einer vertraglich vereinbarten Kündigungsmöglichkeit ohne weitere Verpflichtungen kann die Übertragung der Objektchancen und -risiken kaum so nachhaltig sein, daß der Leasingnehmer in eine eigentümerähnliche Stellung versetzt wird. Umgekehrt kann man aus Sicht des Leasinggebers auch argumentieren, daß erst die Unkündbarkeit die nachhaltige Übertragung von Chancen und Risiken auf den Leasingnehmer begründet und damit den Anspruch des Leasinggebers auf den Rückfluß seines eingesetzten Kapitals sowie einen Gewinnaufschlag sichert.[29]

Als unkündbar im Sinne des IAS 17 war und ist ein Leasingvertrag dann anzusehen, wenn eine Kündigung ausschließlich in einem der folgenden vier Fälle erfolgen kann:

- Es tritt ein unwahrscheinliches Ereignis ein.
- Der Leasinggeber stimmt der Kündigung zu.

---

26 Vgl. *Ludwig* (Leasingbilanzierung, 1991): S. 61.

27 Vgl. *IASC* (IAS 17, 1997): para. 12-24 und para. 28-40.

28 Vgl. *IASC* (IAS 17, 1994): para. 7.

29 Vgl. *Mellwig* (Leasingverträge, 1998): S. 4.

- Der Leasingnehmer schließt mit dem gleichen Leasinggeber einen neuen Leasingvertrag über ein gleiches oder zumindest ähnliches Objekt ab.
- Der Leasingnehmer verpflichtet sich für den Fall der Kündigung zur Leistung einer so hohen Abschlußzahlung, daß zu Beginn der Mietdauer eine Kündigung des Leasingverhältnisses nicht zu erwarten ist.[30]

Da die Qualifikation des Vertrags als *finance lease* oder *operating lease* entscheidend vom Ausmaß der übertragenen Chancen und Risiken abhängt, müssen diese beiden Merkmale näher präzisiert werden. IAS 17 versteht unter den maßgeblichen Chancen und Risiken jene, die normalerweise dem (zivilrechtlichen) Eigentümer des Objektes zustehen. Beispiele für die Objektchancen sind zum einen die profitable Nutzung während der wirtschaftlichen Nutzungsdauer des Objektes, zum anderen aber auch dessen Wertsteigerungen sowie ein möglicher Gewinn, der aus einer Veräußerung erzielt werden kann.[31] Als denkbare Risiken werden Verluste aus einer ungenügenden Kapazitätsauslastung, die technische Überalterung des Objektes sowie eine eingeschränkte Anpassungsfähigkeit an sich ändernde wirtschaftliche Rahmenbedingungen genannt.[32]

Zur Umsetzung der allgemeinen Abgrenzung wird im Einzelfall eine Prüfung notwendig, ob und in welchem Umfang Risiken und Chancen auf den Leasingnehmer übertragen werden. Damit soll den Umständen der jeweiligen Vereinbarung Rechnung getragen werden.[33] Zu diesem Zweck formulierte IAS 17 a.F. vier "Beispiele für Situationen"[34], in denen ein Leasingvertrag normalerweise als *finance lease* zu qualifizieren ist:[35]

---

30 Vgl. *IASC* (IAS 17, 1994): para. 3; *Coopers & Lybrand* (IAS, 1996): No. 17.06; *Jung* (US-amerikanische Rechnungslegung, 1977): S. 358.

31 Vgl. *IASC* (IAS 17, 1997): para. 5: "Rewards may be represented by the expectation of profitable operation over the asset's economic life and of gain from appreciation in value or realisation of a residual value."

32 Vgl. *IASC* (IAS 17, 1997): para. 5: "Risks include the possibilities of losses from idle capacity or technological obsolescence and of variations in return due to changing economic conditions."

33 Vgl. *Coopers & Lybrand* (IAS, 1996): No. 17.20.

34 Vgl. *IASC* (IAS 17, 1994): para. 8: "Examples of situations where a lease would normally be classified as a finance lease ..."

35 Die Formulierung der Kriterien entspricht weitgehend der des US-amerikanischen SFAS 13. Zur Erläuterung dieser Kriterien wird deshalb im folgenden

(1) Nach Ablauf der Nutzungsüberlassung wird der Leasingnehmer automatisch rechtlicher Eigentümer des Objektes.

(2) Der Leasingvertrag enthält eine günstige Kaufoption, mit deren Ausübung bereits zu Beginn der Vertragslaufzeit zu rechnen ist.

(3) Die Dauer des Leasingvertrages erstreckt sich über den überwiegenden Teil der Objektnutzungsdauer.

(4) Der Barwert der Mindestleasingraten entspricht im wesentlichen dem Zeitwert des Leasingobjektes zu Vertragsbeginn oder übersteigt diesen.[36]

Dieser Katalog wurde in IAS 17 n.F. - im Wortlaut z. T. leicht modifiziert - übernommen und um ein weiteres Beispiel erweitert:[37]

(5) Das Leasingobjekt ist derart spezialisiert, daß es ohne wesentliche Änderungen nur vom Leasingnehmer genutzt werden kann.

Darüber hinaus werden in IAS 17 n.F. drei "Indikatoren für Situationen" aufgeführt, die einzeln oder in Kombination ebenso zur Klassifikation eines Leasingvertrages als *finance lease* führen können:[38]

(6) Bei kündbaren Verträgen ist der Leasingnehmer zur Übernahme der dem Leasinggeber aus der Kündigung entstehenden Kosten verpflichtet.

(7) Gewinne oder Verluste aus Schwankungen des Restwertes fallen dem Leasingnehmer zu (beispielsweise durch eine Reduzierung der Leasingraten bei einem gestiegenen Restwert).

(8) Der Leasingnehmer kann den Vertrag zu einer deutlich unter der marktüblichen Miete liegenden Leasingrate verlängern.[39]

Es muß offen bleiben, ob mit der Aufteilung der Merkmale auf zwei Paragraphen eine Rangordnung der Kriterien formuliert wird. Auch wenn man die Formulierung "Beispiele für Situationen" stärker empfinden mag

---

(teilweise) auf Kommentierungen zurückgegriffen, die sich originär auf das SFAS 13 beziehen.

36 Die Klassifikation eines Leasingvertrages nach diesen vier Kriterien wurde im Anhang des IAS 17 a.F. als Flußdiagramm skizziert. Vgl. dazu Abb. 2 im Anhang.

37 Vgl. *IASC* (IAS 17, 1997): para. 8 (e).

38 Vgl. *IASC* (IAS 17, 1997): para. 9: "Indicators of situations which individually or in combination could also lead to a lease being classified as a finance lease ..."

39 Vgl. *IASC* (IAS 17, 1997): para. 9.

als den Begriff "Indikatoren für Situationen", läßt sich aus dem Wortlaut des Standards nicht eindeutig die Intention ableiten, eine unterschiedliche Gewichtung der Kriterien festschreiben zu wollen. Auch die dem Standard vorangestellte Einleitung (*Introduction*) gibt keinen Hinweis darauf, daß die Formulierungen unterschiedlich zu interpretieren sind, sondern spricht lediglich von *"additional classification indicators*", ohne deren Stellung näher zu qualifizieren. Ebenso bringt auch der Rückgriff auf den Vorgänger des IAS 17 n.F., der *Exposure Draft* E 56, keine neuen Erkenntnisse, da im E 56 alle acht Zurechnungskriterien unter einem Paragraphen zusammengefaßt wurden. Somit können alle Kriterien als gleichwertig eingestuft werden.[40]

Die Beurteilung des Vertrags hat wie schon bislang auch weiterhin unter Berücksichtigung seiner Substanz und nicht anhand seiner Form zu erfolgen (*substance over form*).[41] Damit ergibt sich aus den Kriterien / Beispielen "kein Automatismus der Klassifikation"[42]. Vielmehr ist die Würdigung des Vertrages sowie die damit verbundene Einstufung als *finance lease* oder *operating lease* stets am wirtschaftlichen Gehalt der Vereinbarung auszurichten, d.h. am Ausmaß der Übertragung der wesentlichen Chancen und Risiken, und nicht an formalen Kriterien. Den Indikatoren / Beispielen kommt lediglich der Charakter einer (im Einzelfall widerlegbaren) Vermutung zu; sie stellen somit Orientierungshilfen der Vertragsabgrenzung dar, denen die Entscheidung über die Klassifikation allerdings nicht zwingend folgen muß. So besteht durchaus die Möglichkeit, einen Vertrag auch dann als *finance lease* zu qualifizieren, wenn keine der genannten Bedingungen erfüllt ist; umgekehrt darf ein Vertrag nicht schon allein aufgrund des Vorliegens eines der genannten Merkmale als *finance lease* eingestuft werden. In jedem Fall hat die Klassifikation stets dem wirtschaftlichen Gehalt der Leasingvereinbarung (also dem Ausmaß der Übertragung der wesentlichen Chancen und Risiken) zu folgen.[43]

---

40 Vgl. *IASC* (E 56, 1997): para. 9: "Indicators of situations which individually or in combination could lead to a lease being classified as a finance lease ... ".

41 Vgl. *IASC* (IAS 17, 1994): para. 7 und Appendix; *Fuchs* (Leasingverhältnisse, 1996): S. 1833.

42 *Fuchs* (Leasingverhältnisse, 1996): S. 1833.

43 Vgl. *IASC* (IAS 17, 1994): Appendix: "The examples do not necessarily reflect all possible situations in which a lease may be classified as a finance lease, nor should a lease necessarily be classified as a finance lease by virtue of the route followed on this chart. The substance of the transaction determines the classification." Dies wird auch im Kommentar von *Coopers & Lybrand* deutlich heraus-

Allerdings wurde in der Praxis - wie auch vielfach in den einschlägigen Darstellungen und Kommentierungen zum IAS 17 a.F. - der lediglich exemplarische Charakter der Klassifikationsmerkmale ignoriert, wodurch diesen anstelle ihrer ursprünglichen Funktion - wohl aus Gründen der Praktikabilität - die Rolle definitiver "Kriterien für die Zurechnung eines Leasinggegenstandes"[44] zukam. Bisweilen verdrängten die vier Kriterien sogar die originäre Definition eines *finance lease*.[45]

Auch das IASC hatte zwischenzeitlich erkannt, daß die Kriterien heute de facto eine ihnen ursprünglich nicht zugedachte Bedeutung erlangt haben und bemängelte, daß eine Klassifikation, die ausschließlich auf die Indikatoren und nicht auf der wirtschaftlichen Substanz des Vertrags abstellt, vielfach zu Ergebnissen führt, die der Intention des Standards deutlich widersprechen.[46] Ein erster Schritt, der eine automatische Vertragsklassifikation anhand der Indikatoren zurückdrängt, wurde durch die Herausnahme des Klassifikationsschemas aus dem Anhang bereits vollzogen und damit begründet, daß nach Auffassung des IASC durch die Erweiterung der Zurechnungsregeln das Verfahren der Vertragsklassifikation wesentlich klarer geworden sei.[47]

Die Überprüfung, ob ein *finance lease* oder ein *operating lease* vorliegt, ist sowohl vom Leasinggeber als auch vom Leasingnehmer durchzufüh-

---

gestellt: "The examples in paragraph 8 are not all inclusive nor do they necessarily present tests to be met. Similarly, the flowchart for classification of a lease in the Appendix is also an example and is not meant to be definitive." *Coopers & Lybrand* (IAS, 1996): No. 17.20.

44 *KPMG* (IAS, 1995): S. 64; ähnlich auch bei *Mellwig / Weinstock* (Zurechnung, 1996): S. 2350; *Ludwig* (Leasingbilanzierung, 1991): S. 59; *Förschle / Kroner / Mandler* (Internationale Rechnungslegung, 1994): S. 130; *KPMG* (Gutachtliche Stellungnahme, 1992): S. 65; *Papst / Schmidt / Bacher* (Mobilien-Leasingverträge, 1990): S. 1198.

45 Vgl. *Coopers & Lybrand* (IAS, 1996): No. 17.04: "Leases that meet specified criteria are classified as finance leases."

46 Vgl. *McGregor* (New Approach, 1996): S. 9: "In most cases, the standards make clear that the quantitative criteria are to be used only as guidance: the determination of whether a particular lease arrangement is to be classified as a finance or operating lease is a matter of professional judgement. Although the judgement should be based on the substance of the arrangement ... in practice the quantitative criteria typically have been perceived as precise rules and applied as absolute thresholds. As a result, the intent of the standards can be thwarted by the propensity for lease arrangements to be packed so as to fail, even by only a small margin, the specific quantitative tests for classification as a finance lease." Hierzu auch *Weinstock* (Neuer Vorschlag, 1996): S. 796.

47 Vgl. *IASC* (IAS 17, 1997): Introduction, No. 10.

ren und soll im Regelfall zu übereinstimmenden Ergebnissen führen.[48] Da aber die acht Kriterien von Leasingnehmer und Leasinggeber (teilweise) sehr unterschiedlich ausgelegt werden können bzw. müssen, ist es durchaus möglich, daß beide Vertragsparteien hinsichtlich der Klassifikation eines Leasingvertrags zu unterschiedlichen Ergebnissen kommen.[49]

Die acht Orientierungshilfen zur Vertragsabgrenzung werden nachfolgend umfassend dargestellt, insbesondere sollen die z.T. weitgehend unbestimmten Begriffe geklärt werden.

2. Die Zurechnungskriterien im einzelnen

2.1 Eigentumsübergang (Transfer of Ownership Test)[50]

Wird durch den Leasingvertrag nach Ablauf der Mietdauer (*lease term*) das rechtliche Eigentum am Leasingobjekt auf den Leasingnehmer übertragen, so gehen alle Chancen und Risiken auf diesen über, und es liegt ein *finance lease* vor.[51] Dabei ist ausschließlich ein automatischer Eigentumsübergang zu prüfen, da die Gewährung einer Kaufoption durch das Kriterium (2) abgedeckt wird. Nach deutschem Recht ist ein Vertrag, der nach Ablauf einer bestimmten Mietdauer zum Eigentumsübergang führt, nicht als Leasingvertrag, sondern als Ratenkaufvertrag einzustufen, bei dem die "Leasing"-raten als Abzahlung des Kaufpreises aufzufassen sind.[52] Ein solcher Ratenkaufvertrag wäre allerdings nach IAS 17 bilanziell als Leasingvertrag zu behandeln.[53] Die Qualifika-

48 Vgl. *IASC* (IAS 17, 1997): para. 7. Das Bestreben, nach Möglichkeit symmetrische Ergebnisse bei der Klassifikation von Leasingverträgen zu erzielen, war seinerzeit ein Grund für die Einführung dieser Kriterien in das bereits 1976 verabschiedete US-amerikanische SFAS 13. Allerdings wurden die Erfolgsaussichten bereits damals als relativ gering eingeschätzt. Vgl. *Jung* (Rechnungslegung, 1979): S. 403 mit kritischen Anmerkungen zu einer asymmetrischen Klassifikation sowie zur Einführung des SFAS 13 insbesondere *Niehus* (Neuere Entwicklung, 1974): S. 489-493 sowie *Niehus* (Neuregelung, 1977): S. 1862-1865.

49 Vgl. *IASC* (IAS 17, 1997): para. 7: " ... the application of these definitions to the differing circumstances may sometimes result in the same lease being classified differently by lessor and lessee."

50 Vgl. zu dem Begriff *Kieso / Weygandt* (Intermediate Accounting, 1995): S. 1126.

51 Vgl. *IASC* (IAS 17, 1997): para. 8 (a).

52 Vgl. *Mellwig / Weinstock* (Zurechnung, 1996): S. 2352.

53 Vgl. *IASC* (IAS 17, 1997): para. 4.

tion eines Vertrages mit vereinbartem Eigentumsübergang bedarf keiner weiteren Erläuterung.[54]

2.2 Günstige Kaufoption (Bargain Purchase Option Test)[55]

Weiterhin ist ein *finance lease* anzunehmen, wenn dem Leasingnehmer eine günstige Kaufoption (*bargain purchase option*) eingeräumt wird, von deren Ausübung bereits zu Vertragsbeginn auszugehen ist. Dies wird regelmäßig dann der Fall sein, wenn der im Vertrag festgeschriebene Kaufpreis hinreichend weit unter dem Verkehrswert (*fair value*) im Zeitpunkt der Optionsausübung liegt.[56] Mit dem Begriff *fair value* wird der Preis bezeichnet, für den das Objekt unter symmetrisch informierten Vertragsparteien gehandelt werden würde.[57] Ein konkretes Verfahren für die Ermittlung dieses Wertes schreibt IAS 17 nicht vor. Während der gesuchte Preis bei neuwertigen Gegenständen regelmäßig den aufgewendeten Anschaffungs- oder Herstellungskosten entspricht und somit unmittelbar aus dem üblichen Marktverkaufspreis[58] abgeleitet wird,[59] kann er für gebrauchte Objekte (insbesondere für einen künftigen Zeitpunkt) nicht präzise ermittelt werden.[60] Einen Anhaltspunkt für die Ermittlung des Verkehrswertes können z.B. die Preise für ähnliche, gebrauchte Güter darstellen, sofern solche Preise existieren;[61] ansonsten hat die

---

54 Vgl. *Kieso / Weygandt* (Intermediate Accounting, 1995): S. 1126.

55 Vgl. zu dem Begriff *Kieso / Weygandt* (Intermediate Accounting, 1995): S. 1126.

56 Vgl. IASC (IAS 17, 1997): para. 8 (b): "... the option to purchase the asset at a price which is expected to be sufficiently lower than the fair value at the date the option becomes exercisable..."

57 Vgl. *IASC*, (IAS 17, 1997): para. 3: "Fair value is the amount for which an asset could be exchanged or a liability settled, between knowledgeable, willing parties in an arm's length transaction." Unter einer *arm's length transaction* wird ein Geschäft verstanden, bei dem die "parties involved are financially unconnected or where no advantageous or preferential terms are being offered." *Johannsen / Page* (Dictionary of Management, 1996): S. 19. Die Verwendung einer *arm's length transaction* unterstellt somit, daß beide Seiten einen aus ihrer Sicht bestmöglichen Preis aushandeln. Hierzu auch *Siegel / Shim* (Accounting Terms, 1995): S. 25; *Downes / Goodman* (Finance and Investment, 1991): S. 20.

58 Sofern Preisnachlässe wie Mengen- oder sonstige Rabatte gewährt werden, sollen diese bei der Ermittlung des *fair value* berücksichtigt werden. Vgl. *Arthur Andersen* (Leases, 1990): S. 19.

59 Vgl. zur Konzeption des *fair value* bei neuwertigen Gegenständen auch die Ausführungen zu Kriterium c).

60 Vgl. *Kieso / Weygandt* (Intermediate Accounting, 1995): S. 1126.

61 Vgl. *Coopers & Lybrand* (IAS, 1996): No. 17.14.

Wertfestlegung auf der Basis begründeter Schätzungen zu erfolgen, die von Vertrag zu Vertrag beibehalten werden sollen.[62]

Damit wird unterstellt, daß die Vereinbarung der günstigen Kaufoption (in wirtschaftlichen Betrachtungsweise) prinzipiell zum gleichen Ergebnis führt wie der automatische Eigentumsübergang: Während der automatische Eigentumsübergang einen rechtlichen Zwang zum Erwerb des Objektes beinhaltet, ist die günstige Kaufoption mit einem wirtschaftlichen Zwang zum Kauf gleichzusetzen.[63] Sofern also bei Vertragsbeginn von der Ausübung der Option mit hinreichender Sicherheit ausgegangen werden kann, also gemäß wirtschaftlicher Betrachtungsweise der Übergang aller Chancen und Risiken aus dem Objekt auf den Leasingnehmer vermutet werden darf, liegt ein *finance lease* vor.

Bei der bloßen Vereinbarung einer Kaufmöglichkeit hingegen, deren Ausübung nicht vorausgesetzt werden kann, liegt zu Beginn der Mietdauer keine Übertragung wesentlicher Risiken und Chancen vor; vielmehr führt die Kaufoption dazu, daß der Leasingnehmer sich zwar die Objektchancen sichert, die Objektrisiken dagegen beim Leasinggeber verbleiben: Der Leasingnehmer wird die Möglichkeit zum Kauf nur dann nutzen, wenn er entweder die Möglichkeit zum produktiven Einsatz sieht oder zumindest die Aussicht auf eine lukrative Verwertung der Substanz besteht. Ist der betriebliche Einsatz dagegen aufgrund von wirtschaftlichen oder technischen Veränderungen nicht sinnvoll und auch die Aussicht auf die Substanzverwertung nicht profitabel genug, besteht keine Veranlassung zum Kauf; folglich verbleiben diese Risiken beim Leasinggeber.

Die Wahrscheinlichkeit der Optionsausübung richtet sich nach IAS 17 ausschließlich nach der Höhe des Kaufpreises:[64] Eine Optionsausübung darf zu Vertragsbeginn dann vermutet werden, wenn ein sehr niedriger - deutlich unter dem Zeitwert liegender - Kaufpreis vereinbart wurde. Je höher der Kaufpreis liegt, desto niedriger ist die Wahrscheinlichkeit, daß die Option ausgeübt wird, da der steigende Kaufpreis die Vorteile der Objektübernahme aufzehrt.[65] Eine Grenze für den kritischen Kaufpreis,

---

62 Vgl. *Coopers & Lybrand* (IAS, 1996): No. 17.16: "The process of determining fair value of leased assets is one of estimation, not precision. ... The lessee and lessor must use a reasonable approach to estimating fair value that can be applied consistently from lease to lease."

63 Vgl. *Mellwig* (Leasingverträge, 1998): S. 4.

64 Vgl. *IASC* (IAS 17, 1997): para. 8 (b).

65 Vgl. *Mellwig* (Leasingverträge, 1998): S. 5.

ab dessen Unterschreitung von einer Optionsausübung ausgegangen werden muß, fixiert IAS 17 nicht.

2.3 Verhältnis der Mietzeit zur Nutzungsdauer *(Economic Life Test)*[66]

Ein *finance lease* ist auch dann zu vermuten, wenn - unabhängig von der Übertragung des Eigentums - die Mietdauer (*lease term*) den überwiegenden Teil[67] der wirtschaftlichen Nutzungsdauer des Objektes (*major part of the economic life of the asset*) umfaßt ("Mietzeittest"). Anders als im US-amerikanischen SFAS 13[68] wird der "überwiegende Teil" in IAS 17 nicht konkretisiert; es wird keine quantitative, sondern lediglich eine qualitative Zeitschranke formuliert, die dem Ersteller des Jahresabschlusses bzw. dem Wirtschaftsprüfer einen gewissen Ermessensspielraum läßt.[69] Allerdings ist davon auszugehen, daß keine völlige Übereinstimmung von Mietdauer und wirtschaftlicher Nutzungsdauer vorliegen muß; grundsätzlich kann ein kürzerer, ggf. deutlich unter der Nutzungsdauer liegender Zeitraum ausreichen, um den Miettest als erfüllt anzusehen. Dies wird deutlich, wenn man auf die originäre Definition des *finance lease* rekurriert:

Danach sollen dem Leasingnehmer (neben den Objektrisiken) im wesentlichen alle (Ertrags-)Chancen am Objekt zugehen. Implizit greift die Beschreibung des *finance lease* auf die Definition des *asset* zurück:[70] Unter einem *asset*[71] versteht das IASC eine Ressource, die einen künftigen ökonomischen Nutzen verspricht[72] und als Ergebnis vergangener Ereignisse[73] der Kontrolle eines Unternehmens unterliegt.[74] Unterstellt

---

66 Vgl. zu dem Begriff *Kieso / Weygandt* (Intermediate Accounting, 1995): S. 1126.

67 Vgl. *IdW* (IAS, 1995): S. 111.

68 Sofern nach SFAS 13 der *lease term* mindestens 75% des *useful life* beträgt, gilt der *economic life test* als erfüllt und der Vertrag wird als *capital* bzw. *finance lease* qualifiziert. Die Verwendung dieser 75%-Grenze stößt auch beim IASC auf Zustimmung. Vgl. *McGregor* (New Approach, 1996): S. 9.

69 Vgl. *Fuchs* (Leasingverhältnisse, 1996): S. 1834.

70 Vgl. zum Zusammenhang zwischen der *asset*-Definition und der persönlichen Zurechnung *McGregor* (New Approach, 1996): S. 15; *Mellwig / Weinstock* (Zurechung, 1996): S. 2348-2350; *Weinstock* (Neuer Vorschlag, 1996): S. 797.

71 Vgl. *IASC* (Framework, 1989): para. 49a.

72 Vgl. *IASC* (Framework, 1989): para. 53-55.

73 Vgl. *IASC* (Framework, 1989): para. 58.

74 Vgl. *IASC* (Framework, 1989): para. 57.

man, daß vornehmlich in den ersten Jahren Erträge durch den Einsatz des Objekts erwirtschaftet werden und die noch verbleibenden Erträge aus der Restnutzung nur gering sind, kann die Annahme gerechtfertigt sein, bereits bei einer deutlich unter der wirtschaftlichen Nutzungsdauer liegenden Grundmietzeit von einer Übertragung der wesentlichen Chancen und Risiken auszugehen und einen *finance lease* anzunehmen.[75]

Der Mietzeittest ähnelt konzeptionell der in den deutschen Leasingerlassen verwendeten "90%-Grenze", ist allerdings in der Praxis ungleich schwieriger umzusetzen, da die den deutschen Pendants "Grundmietzeit" und "betriebsgewöhnliche Nutzungsdauer" entsprechenden Begriffe *lease term* und *useful life* weitaus weniger scharf definiert sind.[76]

Für die Umsetzung des Mietzeittests ist zunächst die Grundmietzeit *(lease term)* zu bestimmen. Diese beinhaltet sowohl die vertraglich vereinbarte, unkündbare Mietdauer *(primary, initial* oder *original* lease *term)* als auch die Dauer der im Vertrag enthaltenen Verlängerungsoption(en), sofern deren Ausübung bei Vertragsabschluß wahrscheinlich ist.[77] IAS 17 enthält keine weitergehenden konkreten Regelungen, wann eine Verlängerungsoption in den *lease term* einzubeziehen ist. In den Kommentierungen findet man folgende Vertragsgestaltungen, die auf eine wahrscheinliche Verlängerung des Leasingvertrages schließen lassen:

- So soll die Ausübung einer Verlängerungsoption dann unterstellt werden, wenn die Leasingraten im Verlängerungszeitraum *(renewal rentals)* unter marktüblichen Mieten *(fair rentals)*[78] zum Zeitpunkt der Optionsausübung *(bargain renewal option)* liegen.[79] Der Unterschied zwischen den Raten im Verlängerungszeitraum und der erwarteten, künftigen Marktmiete sollte so erheblich sein, daß von der Verlängerung mit einer gewissen Sicherheit ausgegangen werden kann.[80]

---

75 Vgl. *Coopers & Lybrand* (IAS, 1996): No. 17.20.

76 Vgl. *Köhlertz* (Leasingbilanzierung, 1989): S. 36.

77 Vgl. *IASC* (IAS 17, 1997): para. 3: "The lease term is the non-cancellable period for which the lessee has contracted to lease the asset together with any further terms for which the lessee has the option to continue to lease the asset, with or without further payment, which option at the inception of the lease it is reasonably certain that the lessee will exercise."

78 Unter *fair rental* wird in diesem Zusammenhang die Miete verstanden, die der Leasingnehmer für ein entsprechendes Gut unter vergleichbaren Bedingungen zu zahlen hätte. Vgl. *Arthur Andersen* (Leases, 1990): S. 25.

79 Vgl. *Coopers & Lybrand* (IAS, 1996): No. 17.06.

80 Vgl. *Kieso / Weygandt* (Intermediate Accounting, 1995): S. 1126.

Allerdings ist nicht ausschließlich auf die absolute Höhe der Leasingraten abzustellen; es ist auch zu berücksichtigen, daß im Verlängerungszeitraum der Gebrauch des Leasinggegenstandes (z.B. wegen technischer Überalterung) eventuell nur noch eingeschränkt möglich ist oder aber aufgrund höherer Reparaturanfälligkeit zu höheren Kosten führt und die Leasingraten aus diesen oder ähnlichen Gründen ohnehin niedriger angesetzt werden müssen als während der ursprünglich vereinbarten Mietdauer.[81] Eine niedrigere Anschlußmiete muß deshalb nicht automatisch als günstige Verlängerungsoption qualifiziert werden.

- Von der Verlängerung eines Vertrages soll auch dann auszugehen sein, wenn dies die Voraussetzung für die Ausübung einer Kaufoption im Anschluß an den Verlängerungszeitraum darstellt, die Verlängerung des Vertrages zum Erwerb des Objektes also zwingend notwendig ist.[82] Zunächst ist also die Kaufoption daraufhin zu untersuchen, ob sie aus Sicht des Leasingnehmers als günstig im Sinne von IAS 17 einzustufen ist.[83] Sofern dies der Fall ist, ist die Verlängerungsoption gemeinsam mit der daran anschließenden Kaufoption auf ihre Vorteilhaftigkeit hin zu beurteilen. Ist der Optionspreis hingegen nicht günstig bemessen, dann spielt die Kaufoption für die Frage, ob von einer Verlängerung des Vertrages auszugehen ist, keine Rolle.
- Die Ausübung der Verlängerungsoption zu Beginn der Grundmietzeit ist auch dann als wahrscheinlich anzusehen, wenn der Verzicht auf die Optionsausübung nur bei Zahlung einer hohen Strafe möglich ist.[84]

Die Beurteilung, ob die Ausübung einer Verlängerungsoption als wahrscheinlich anzusehen ist oder nicht, soll allerdings nicht ausschließlich anhand der vorstehend dargestellten Kriterien erfolgen. Darüber hinaus sollen auch so subjektive Aspekte wie das geschäftliche Umfeld des

---

81 Vgl. *Arthur Andersen* (Leases, 1990): S. 25.

82 Vgl. *Arthur Andersen* (Leases, 1990): S. 26; *Coopers & Lybrand* (IAS, 1996): No. 17.06.

83 *IASC* (IAS 17, 1997): para. 8 (b). Vgl. zur Frage, ob eine Optionsausübung als wahrscheinlich im Sinne von IAS 17 anzusehen ist, 3. Kapitel, Abschnitt III.2 und III.3 der vorliegenden Arbeit.

84 Vgl. *Coopers & Lybrand* (IAS, 1996): No. 17.06: "option periods for which failure to renew the lease imposes a penalty on the lessee in an amount such that, at the inception of the lease, renewal appears to be reasonably assured."

Leasingnehmers angemessene Berücksichtigung finden; so soll beispielsweise die uneingeschränkte Erlaubnis, das Leasingobjekt unterzuvermieten (*sublease*), die Wahrscheinlichkeit einer Vertragsverlängerung erhöhen.[85] Dahinter steckt offensichtlich der Gedanke, daß der Leasingnehmer durch die Möglichkeit der Untervermietung das Risiko verringert, das Leasingobjekt im eigenen Unternehmen nicht mehr oder nur noch eingeschränkt nutzen zu können.

Diese Forderung, neben der Höhe der Leasingraten im Verlängerungszeitraum auch weitere, unternehmensspezifische Kriterien zur Beurteilung der Wahrscheinlichkeit einer Vertragsverlängerung heranzuziehen, kann im Einzelfall dazu führen, die Fortführung des Vertrages auch dann zu unterstellen, wenn diese aufgrund der vereinbarten Ratenzahlungen nicht zwingend erscheint. Dieser Fall liegt dann vor, wenn die Nichtausübung der Verlängerungsoption mit gravierenden wirtschaftlichen Nachteilen für den Leasingnehmer verbunden ist, die in den Kommentierungen als "wirtschaftliche Strafe" (*"economic penalty"*) bezeichnet werden.[86] Die Beurteilung, ob ein solcher wirtschaftlicher Zwang zur Optionsausübung vorliegt, kann freilich nur nach Maßgabe des Einzelfalls erfolgen.[87] Sofern die zur Würdigung der wirtschaftlichen Lage des Leasingnehmers notwendigen Informationen für den Leasinggeber nicht verfügbar sind, sollte dieser (dem Vorsichtsprinzip folgend) die Vertragsverlängerung grundsätzlich skeptisch beurteilen und in solchen Fällen nur dann von einer Verlängerung ausgehen, in denen die Leasingraten im Verlängerungszeitraum deutlich unter der Marktmiete liegen.[88] Verfügt der Leasinggeber hingegen über Informationen zur wirtschaftlichen Lage des Leasingnehmers, findet man in der Literatur eine Reihe von Beispielen zur Beurteilung wirtschaftlicher Zwänge:

- Gegenstand des Leasingvertrags ist eine spezielle Maschine, auf der ein bestimmtes (sehr profitables und somit für den Leasingnehmer

---

[85] Vgl. *Arthur Andersen* (Leases, 1990): S. 26.

[86] Vgl. *Arthur Andersen* (Leases, 1990): S. 26 mit dem Hinweis, daß der Begriff *penalty* weit auszulegen ist, weil unter bestimmten Umständen die Nichtausübung einer Verlängerungsoption "would result in an economic penalty as a result of factors external to the lease ... ." *Arthur Andersen* (Leases, 1990): S. 26 sowie die Beispiele auf S. 50.

[87] Vgl. *Arthur Andersen* (Leases, 1990): S. 50: "Whether an economic penalty is of such significance that renewal ... of the leased property at the end of the lease, when viewed at the inception of the lease, appears to be reasonably assured, is a question of facts and circumstances."

[88] Vgl. *Arthur Andersen* (Leases, 1990): S. 24.

bedeutsames) Produkt hergestellt wird. Verfügt der Leasingnehmer über keine weitere Maschine dieser Art und ist der Kauf einer gleichartigen Maschine nicht sinnvoll, weil das hergestellte Produkt nur noch über einen vergleichsweise kurzen Zeitraum produziert werden soll, so ist mit der Verlängerung des Vertrags mit einiger Wahrscheinlichkeit zu rechnen, sofern sich die Grundmietzeit nicht ohnehin über die Nutzungsdauer des Objektes erstreckt.[89]

- Von der Ausübung einer Mietverlängerungsoption wäre auch im Fall eines Leasingvertrags über eine Pipeline auszugehen, wenn nach Ablauf der Mietdauer die Rohstoffreserven noch nicht erschöpft sind und der Bau einer anderen Leitung aus technischen Gründen nicht möglich ist.[90]
- Eine Vertragsverlängerung soll auch bei folgender Konstellation unterstellt werden: Ein Einzelhändler least hundert Ladengeschäfte von einem einzigen Leasinggeber. Nach Ablauf der Grundmietzeit hat der Leasingnehmer das Recht, entweder alle Verträge zu verlängern oder alle Verträge auslaufen zu lassen, wodurch im letztgenannten Fall alle Geschäfte an den Leasinggeber zurückfielen.[91]

Zur Durchführung des Mietzeittests ist allerdings nicht nur die Mietdauer zu bestimmen, sondern auch die Nutzungsdauer des Leasingobjektes. IAS 17 n.F. fordert, die Mietdauer ins Verhältnis zum *economic life* des Leasingobjektes zu setzen, dagegen war nach IAS 17 a.F. das Verhältnis der Mitdauer zum *useful life* zu bestimmen.

Angesichts dieser sprachlichen Änderung ist zu prüfen, ob sich für den Mietzeittest auch inhaltliche Modifikationen ergeben. Als *useful life* wird eine Nutzungsdauer bezeichnet, die sich entweder nach der Dauer der voraussichtlichen Nutzung des (abnutzbaren) Objektes durch das Unternehmen bestimmt oder aber nach der Anzahl der von dem Objekt in dem Unternehmen zu erwartenden Leistungseinheiten.[92] Dieses Verständnis des *useful life* nach IAS 17 a.F. entspricht auch der Definition des IAS 16; danach bestimmt sich das *useful life* nach der konkreten Nutzenstiftung des Vermögensgegenstandes für ein bestimmtes Unterneh-

---

89 Das Beispiel wurde formuliert in Anlehnung an *Coopers & Lybrand* (IAS, 1996): No. 17.07.

90 Vgl. *Coopers & Lybrand* (IAS, 1996): No. 17.07.

91 Vgl. *Arthur Andersen* (Leases, 1990): S. 50 mit weiteren Beispielen.

92 Vgl. *IASC* (IAS 17, 1994): para. 3.

men.[93] Unterstellt man, daß die Nutzung eines Vermögensgegenstandes durch ein Unternehmen wirtschaftlichen Erwägungen folgt, so kann man das *useful life* auch als betriebsindividuelle wirtschaftliche Nutzungsdauer auffassen.

Auch das *economic life* wird als wirtschaftliche Nutzungsdauer bezeichnet.[94] Anders als das *useful life* stellt das *economic life* jedoch weniger auf die betriebsindividuelle Nutzungsdauer in einem konkreten Unternehmen ab, sondern ist als normierte Nutzungsdauer in einem eher technischen Sinne zu verstehen.[95] Während also beim *useful life* primär der Aspekt der betriebsindindividuellen Nutzung im Vordergrund steht, stellt das *economic life* eine normierte, kostenminimale technische Nutzungsdauer dar. Nutzt also ein bestimmtes Unternehmen Wirtschaftsgüter nur über einen kurzen Zeitraum und ersetzt dann die alten gegen neue Güter, liegt das *useful life* unter dem *economic life*.[96] Nach IAS 17 n.F. soll für die Durchführung des Mietzeittests ausschließlich das *economic life* maßgeblich sein.[97]

2.4 Barwerttest (*Recovery of Investment Test*)[98]

Das Vorliegen eines *finance lease* soll auch dann angenommen werden, wenn der Barwert der "Mindestleasingzahlungen"[99] (*minimum lease payments*) zu Vertragsbeginn dem Verkehrswert des Objektes (*fair*

---

93 Vgl. *IASC* (IAS 16, 1998): para. 44; *Oesterle* (IAS-Kommentar, 1997): Tz. 9.

94 Vgl. *Ballwieser* (IAS-Kommentar, 1997): vor Tz. 1.

95 Vgl. *Dietz* (Normierung, 1971): S. 143. Mit Recht weist *Dietz* jedoch darauf hin, daß eine "Anlage, technisch gesehen, im Grunde genommen durch fortwährende Anlagenunterhaltung ... unendlich lang genutzt werden kann." Daher sei eine technische Nutzungsdauer nur dann von Bedeutung, wenn sie als kostenminimale technische Nutzungsdauer aufgefaßt wird.

96 Vgl. *IASC* (IAS 16, 1998): para. 44: "The asset management policy of an enterprise may involve the disposal of assets after a specified time or after consumption of a certain proportion of the economic benefits embodied in the asset. Therefore, the useful life of an asset may be shorter than its economic life." Vgl. hierzu auch *Ballwieser* (IAS-Kommentar, 1997): Tz. 40.

97 Vgl. *IASC* (IAS 17, 1997): Introduction.

98 Vgl. zu dem Begriff *Kieso / Weygandt* (Intermediate Accounting, 1995): S. 1126.

99 Den Begriff "Mindestleasingzahlungen" verwenden u.a. *IdW* (IAS, 1995): S. 111; *Ludwig* (Leasingbilanzierung, 1991): S. 60. Weiterhin findet man in der Literatur auch die Übersetzung "Mindestzahlungen", vgl. *KPMG* (Gutachtliche Stellungnahme, 1992): S. 65 sowie "Mindestleasingraten", vgl. *Mellwig / Weinstock* (Zurechnung, 1996): 2350. Diese Bezeichnungen werden im folgenden synonym verwendet.

value) abzüglich erhaltener Investitionszulagen und Steuergutschriften entspricht oder diesen übersteigt. Zu beachten ist, daß der Begriff der Mindestleasingzahlungen für Leasinggeber und Leasingnehmer jeweils unterschiedlich definiert ist.

Aus Sicht des Leasingnehmers umfassen die Mindestleasingzahlungen alle Zahlungen des Leasingobjektes, die der Leasinggeber für die Nutzungsüberlassung vom Leasingnehmer während der Vertragslaufzeit[100] einfordern kann.[101] Dazu gehören:

- die vertraglich vereinbarten Leasingraten einschließlich etwaiger Leasingsonderzahlungen,
- Restwerte, die vom Leasingnehmer bzw. von einer diesem nahestehenden Partei[102] garantiert werden,
- der festgeschriebene Kaufpreis des Leasingobjektes, wenn der Leasingvertrag eine Vereinbarung über ein Andienungsrecht enthält,[103]
- der festgeschriebene Kaufpreis des Leasingobjektes, wenn der Leasingvertrag eine Vereinbarung über eine Kaufoption enthält, von deren Ausübung zu Vertragsbeginn auszugehen ist,[104]
- vereinbarte Strafen, die der Leasingnehmer im Falle der Nichtverlängerung des Leasingvertrags zu zahlen hat,[105] sofern von der Verlängerung nicht auszugehen ist.

---

[100] In diesem Sinne ist auch der Zeitpunkt der Vertragsbeendigung der Vertragslaufzeit zuzurechnen.

[101] Vgl. *IASC* (IAS 17, 1997): para. 3.

[102] Unter einer nahestehenden Partei (*related party*) versteht das IASC eine Person oder Unternehmung, die ein anderes Unternehmen entweder kontrollieren oder aber maßgeblichen Einfluß auf die Geschäftsführung der anderen Seite auszuüben kann. Vgl. zum *control*-Verhältnis *IASC* (IAS 24, 1994): para. 5; zum Begriff des maßgeblichen Einfluß (*significant influence*) *IASC* (IAS 28, 1994): para. 3; außerdem *IdW* (IAS, 1995): S. 228-231.

[103] Ein vertraglich vereinbartes Andienungsrecht wird einer Restwertgarantie durch den Leasingnehmer gleichgesetzt. Vgl. *Arthur Andersen* (Leases, 1990): S. 31.

[104] Vgl. *IASC* (IAS 17, 1997): para. 3. Zur Definition einer *bargain purchase option* vgl. die Ausführungen in Abschn. II.2.2 dieses Kapitels.

[105] Vgl. *Arthur Andersen* (Leases, 1990): S. 31. Allerdings muß berücksichtigt werden, daß entweder der *lease term* um die Dauer eines festgeschriebenen Verlängerungszeitraums erweitert wird <u>oder</u> die Strafe für die Nichtausübung der Verlängerungsoption in die *minimum lease payments* einzubeziehen ist: Entweder löst die Nichtverlängerung des Vertrags die Verpflichtung zur Zahlung der

Nicht in die Mindestleasingzahlungen eingerechnet[106] werden dagegen Entgelte, für die der Leasinggeber besondere Serviceleistungen wie Wartung, Instandhaltung oder Versicherung des Leasingobjektes zu erbringen hat,[107] sowie dem Leasingnehmer in Rechnung gestellte Steuerzahlungen, die durch den Besitz des Leasingobjektes anfallen,[108] wie beispielsweise Grundsteuern.

Umstritten war nach IAS 17 a.F. die Behandlung von bedingten Leasingraten[109] (*contingent rentals*). Unter bedingten Leasingraten versteht man Entgelte, die nicht zeitabhängig festgelegt werden, sondern von anderen Faktoren abhängen, beispielsweise der Nutzungsintensität des Objektes.[110] Zwar enthielt IAS 17 a.F. keine abschließende Regelung, allerdings wurden in der Höhe variable Mietzahlungen in Übereinstimmung mit dem US-amerikanischen SFAS 13[111] regelmäßig nicht in die Mindestleasingraten eingerechnet,[112] weil nicht mit Sicherheit davon ausgegangen werden konnte, daß der Leasingnehmer diese Zahlungen tatsächlich zu erbringen hatte;[113] da kein vertraglich fixierter Anspruch des Leasinggebers auf die variablen Ratenbestandteile bestand, fielen diese auch nicht unter die Definition der Mindestleasingzahlungen.[114] Allerdings verstieß eine Einbeziehung variabler Leasingraten auch nicht in jedem Fall gegen IAS 17 a.F.; sie wurde im Gegenteil sogar gefordert,

---

Strafe aus, oder die Laufzeit des Vertrags wird verlängert; im zweiten Fall erhöhen die im Verlängerungszeitraum zu entrichtenden Leasingraten die *minimum lease payments*.

106 Vgl. *IASC* (IAS 17, 1997): para. 3.

107 Vgl. *Arthur Andersen* (Leases, 1990): S. 30-31.

108 Vgl. *IASC* (IAS 17, 1997): para. 3; *Arthur Andersen* (Leases, 1990): S. 30.

109 Variable Leasingraten werden beispielsweise im Kfz-Leasing bei den sog. "Kilometerverträgen", bei Bürogeräten wie Fotokopierern oder auch beim Software-Leasing vereinbart.

110 Vgl. *IASC* (IAS 17, 1997): para. 3; *McGregor* (New Approach, 1996): S. 22; *Arthur Andersen* (Leases, 1990): S. 31.

111 Vgl. *FASB* (SFAS 13, 1976): para. 5n.

112 Vgl. *McGregor* (New Approach, 1996): S. 22; *Coopers & Lybrand* (IAS, 1996): No. 17.19; *Weinstock* (Neuer Vorschlag, 1996): S. 796.

113 Vgl. *Coopers & Lybrand* (IAS, 1996): No. 17.19: "Contingent rentals ... should generally not be included in minimum lease payments for purposes of lease classification because they may or may not have to be paid by the lessee."

114 Nach IAS 17 sind in die *minimum lease payments* alle Zahlungen einzubeziehen, "that the lessee is, or can be required, to make ..." Vgl. *IASC* (IAS 17, 1997): para. 3.

sofern die Zahlung wahrscheinlich war,[115] um mißbräuchliche Gestaltungen zu verhindern.

Die Neufassung von IAS 17 bezieht in dieser Frage eindeutig Stellung und schließt bedingte Leasingzahlungen von der Einrechnung in die Mindestleasingzahlungen aus.[116] Damit wird aber die Umgehung des Barwerttests auf einfachste Weise ermöglicht, wie das nachfolgende Beispiel zeigt:

> Werden beispielsweise in einer Leasingvereinbarung zwischen einem Leasinggeber und einem großen Automobilhersteller als Leasingnehmer bestimmte Leasingraten nur unter der Bedingung fällig, daß der Leasingnehmer in einem Jahr mindestens zehn Autos verkauft, wäre die Nichteinbeziehung dieser "abhängigen" Zahlungen in die Mindestleasingraten offensichtlich absurd, obwohl - rechtlich gesehen - der Leasinggeber nicht in jedem Fall einen Anspruch auf Zahlung der bedingten Leasingraten hätte.[117] Stellte man in dem vorliegenden Beispiel dagegen weniger auf die rechtliche Form als auf den wirtschaftlichen Gehalt der Vereinbarung ab, wären diese Ratenbestandteile mit Sicherheit in die Mindestleasingzahlungen einzubeziehen.[118]

Im Ergebnis wäre es deshalb sinnvoller gewesen, Regeln über die Einbeziehung bedingter Mieten in die Mindestzahlungen zu formulieren, als diese vollständig von der Einrechnung auszuschließen.[119]

Aus der Sicht des Leasinggebers umfassen die Mindestleasingzahlungen zusätzlich zu den bereits genannten Bestandteilen alle Restwertgarantien, die von einer mit dem Leasinggeber unverbundenen dritten

---

115 Vgl. *McGregor* (New Approach, 1996): S. 22; *Coopers & Lybrand* (IAS, 1996): No. 17.19.

116 Vgl. *IASC* (IAS 17, 1997): para. 3; *IASC* (IAS 17, 1997): Introduction.

117 Vgl. *Coopers & Lybrand* (IAS, 1996): No. 17.19.

118 Vgl. *IASC* (IAS 17, 1997): para. 8: "Whether a lease is a finance lease or an operating lease depends on the substance of the transaction rather than the form of the contract."

119 Vgl. *Coopers & Lybrand* (IAS, 1996): No. 17.19; *Arthur Andersen* (Leases, 1990): S. 45. Bereits 1994 untersuchte eine Arbeitsgruppe des IASC den Einfluß künftiger Ereignisse auf Ansatz und Bewertung von *assets* und *liabilities*. Dort wurde auch eine wesentliche Frage formuliert, der das IASC eine weitere Untersuchung widmen will: "In what circumstances, if any, should the presumed outcomes of specific future events that are probable to occur affect the measurement of assets and liabilities?" *Johnson* (Future Events, 1994): S. 14.

Partei übernommen werden, sofern diese von zweifelsfreier Bonität ist und für die Garantie tatsächlich einstehen kann.[120]

Während ein garantierter Restwert (*guaranteed residual value*) aus Sicht des Leasingnehmers also nur solche Beträge umfaßt, für die der Leasingnehmer selbst oder eine mit ihm verbundene Partei einstehen muß, ist die Restwertgarantie aus Sicht des Leasinggebers um alle Zusagen zu erweitern, die eine mit diesem unverbundene Partei übernommen hat.

Zur Berechnung des Barwertes (*present value*) der Mindestleasingraten ist von beiden Vertragsparteien[121] jene Diskontierungsrate zu verwenden, die der Leasinggeber der Kalkulation des Leasingvertrags zugrunde gelegt hat (*interest rate implicit in the lease*),[122] also der interne Zinsfuß, mit dem die Mindestleasingzahlungen des Leasinggebers sowie der nichtgarantierte Restwert zu diskontieren sind, um in der Summe dem Zeitwert des Leasingobjektes (abzüglich Investitionszulagen und Steuergutschriften) zu entsprechen.[123] In der Literatur findet man in diesem Zusammenhang auch den Begriff der *"discounting equation"*,[124] da der interne Zins des Leasinggebers über die folgende Gleichung ermittelt werden kann:[125]

Zeitwert des Leasing objektes	=	Barwert der Mindestleasing zahlungen	+	Barwert des nichtgarantierten Restwertes

Es ist jedoch offensichtlich, daß dieser Zins vom Leasingnehmer kaum bestimmt werden kann, da dieser keinen Einblick in die Kalkulation des Leasinggebers hat: Während der Zeitwert des Objektes dem Leasingnehmer entweder bekannt ist oder immerhin einigermaßen zuverlässig

120 Vgl. *IASC* (IAS 17, 1997): para. 3; *Arthur Andersen* (Leases, 1990): S. 31.

121 Vgl. *IASC* (IAS 17, 1997): para. 12: "In calculating the present value of the minimum lease payments the discount factor is the interest rate implicit in the lease, if this is practicable to determine; if not, the lessee's incremental borrowing rate should be used."

122 Vgl. *IASC* (IAS 17, 1997): para. 3.

123 Vgl. *IASC* (IAS 17, 1997): para. 3; *Kieso / Weygandt* (Intermediate Accounting, 1995): S. 1127.

124 *Loveday* (SSAP 21, 1991): S. 72.

125 Vgl. *Loveday* (SSAP 21, 1991): S. 72.

geschätzt werden kann, entzieht sich die Höhe sowohl der Mindestleasingzahlungen als auch des offenen Restwertes schon deshalb regelmäßig seiner Kenntnis, weil die *minimum lease payments* des Leasinggebers auch von Dritten garantierte Restwerte enthalten können.

Sofern sich der dem Leasingvertrag zugrunde liegende Zinssatz für den Leasingnehmer nicht "ohne besondere Schwierigkeiten bestimmen läßt"[126], soll dieser für die Abzinsung der Mindestleasingzahlungen auf seinen "Refinanzierungszinssatz"[127] (*lessee's incremental borrowing rate of interest*) zurückgreifen.[128] Als Refinanzierungszins soll der Zinssatz herangezogen werden, den der Leasingnehmer für einen anderen, ähnlichen Leasingvertrag aufzuwenden hätte. Sind die Kosten für einen vergleichbaren Leasingvertrag nicht zu ermitteln, wird statt dessen auf den Zins abgestellt, den der Leasingnehmer im Falle eines fremdfinanzierten Kaufes des Objektes bezahlen müßte.[129]

Der hinter dem Barwerttest stehende ökonomische Gedanke wird deutlich, wenn man die Kalkulation des Leasinggebers nachvollzieht:[130] Dieser muß zunächst festlegen, ob er die gesamten Anschaffungskosten des Leasingobjektes (Zeitwert des Objektes bei Vertragsbeginn) durch Ansprüche gegen den Leasingnehmer abdecken will, oder ob er das Ri-

---

126 *IdW* (IAS, 1995): S. 119.

127 *IdW* (IAS, 1995): S. 119. Diese Übersetzung verdeutlicht die Intention des IAS 17 m.E. besser als andere in der Literatur verwendete Begriffe, da bei der Ermittlung der *lessee's incremental borrowing rate* zunächst auf die Kosten eines vergleichbaren Leasingvertrags abgestellt wird und nur in dem Fall, in dem dieser Zins nicht ermittelt werden kann, die Kosten der zusätzlichen Kreditaufnahme verwendet werden. In der Literatur finden sich auch die Bezeichnungen "Grenzzinssatz der Kreditaufnahme", vgl. *Accounting Advisory Forum* (Leasingverträge, 1994): S. 12 sowie "Grenzausleihsatz", vgl. *Förschle / Kroner / Mandler* (Internationale Rechnungslegung, 1994): S. 130.

128 Vgl. *IASC* (IAS 17, 1997): para. 12. Hierin unterscheiden sich IAS 17 und SFAS 13 wesentlich: Nach dem US-amerikanischen Standard wird grundsätzlich die Verwendung der *incremental borrowing rate* gefordert; lediglich ausnahmsweise soll dann auf den Kalkulationszins des Leasinggebers zurückgegriffen werden, wenn dieser dem Leasingnehmer bekannt ist und außerdem unter dem *incremental borrowing rate* des Leasingnehmers liegt. Vgl. *FASB* (SFAS 13, 1976): para. 7d. Dagegen fordert IAS 17 auch vom Leasingnehmer grundsätzlich zunächst immer die Verwendung des dem Vertrag zugrunde liegenden Kalkulationszinsfußes; der Rückgriff auf den Refinanzierungssatz des Leasingnehmers ist somit nicht der Regelfall, sondern (zumindest in der Theorie) die Ausnahme.

129 Vgl. *Coopers & Lybrand* (IAS, 1996): No. 17.18.

130 Vgl. *Mellwig* (Leasingverträge, 1998): S. 6.

siko eingeht, nur einen Teil seiner Investition vertraglich abzusichern und den anderen Teil (offener bzw. nichtgarantierter Restwert) nach Ablauf des Leasingvertrages im Rahmen der Anschlußverwertung mit einem fremden Dritten zu erzielen. Kalkuliert der Leasinggeber ohne offenen Restwert, rechnet er die Anschaffungskosten über seinen internen Zins in eine Annuität um.[131] Entschließt sich der Leasinggeber hingegen zu einer Kalkulation mit offenem Restwert, muß er zunächst seinen Erlös aus der Anschlußverwertung schätzen. Der Barwert dieser Zahlung vermindert dann die Anschaffungskosten des Objektes, die noch durch den Vertrag zu decken sind.

Im ersten Fall - Vertrag ohne offenen Restwert - entspricht der Barwert der vom Leasingnehmer vertraglich zugesicherten Zahlungen (offensichtlich) den Anschaffungskosten des Objektes. Der Leasinggeber hat somit das Investitionsrisiko auf den Leasingnehmer übertragen, die noch ausstehenden Zahlungen sind ausschließlich mit einem Bonitätsrisiko behaftet. Im zweiten Fall trägt der Leasinggeber weiterhin das Investitionsrisiko in Höhe des offenen, nicht garantierten Restwertes.

Durch die Anwendung des Barwerttests wird nun geprüft, in welchem Ausmaß das Investitionsrisiko vom Leasinggeber auf den Leasingnehmer verlagert wird; so ist davon auszugehen, "daß bei annähernder Amortisation ein erheblicher Teil des Investitionsrisikos auf den Leasingnehmer übergegangen ist."[132] Je höher der amortisierte Anteil am gesamten Investitionsbetrag wird, desto ähnlicher wird der Leasingvertrag einem Kaufvertrag.[133] Bei (weitgehender) Übereinstimmung von investitionsrisikofreiem Barwert und Zeitwert des Objektes kann man folglich unter einer wirtschaftlicher Betrachtungsweise seitens des Leasinggebers erwägen, den Leasingvertrag wie einen Kaufvertrag zu behandeln, also nicht mehr den Gegenstand, sondern eine Forderung zu aktivieren.[134]

Diese Betrachtung läßt sich auch auf den Leasingnehmer übertragen: Je stärker der Barwert der Mindestleasingraten dem Zeitwert des Objektes

---

131 In der Praxis werden die Leasingraten üblicherweise nicht in Form von gleichförmigen Raten (Annuität) festgesetzt. Vielmehr werden regelmäßig zum Beginn und zum Ende der Laufzeit erhöhte Raten (Sonderzahlungen, Abschlußzahlungen) festgelegt.

132 *Küting / Hellen / Brakensiek* (Leasing, 1998): S. 1470.

133 Vgl. *Mellwig* (Leasingverträge, 1998): S. 6.

134 *Mellwig* (Leasingverträge, 1998): S. 6.

entspricht, desto größer ist das vom Leasingnehmer übernommene Investitionsrisiko und umso eher entspricht die Rolle des Leasingnehmers der eines Käufers. Als Konsequenz kann erwogen werden, den Vertrag nicht mehr als schwebendes Geschäft aufzufassen, sondern als fremdfinanzierten Kauf, der eine Aktivierung des Gegenstandes beim Leasingnehmer rechtfertigt.[135]

2.5 Spezial-Leasing

Von einem *finance lease* ist auch dann auszugehen, wenn das Leasingobjekt in einem Maße auf die Bedürfnisse des Leasingnehmers zugeschnitten ist, daß es von keinem anderen ohne wesentliche Änderungen in einer sinnvollen Weise genutzt werden kann.[136] Diese Vertragskonstellation - die deutschen Leasingerlasse sprechen von "Spezial-Leasing"[137] - ist in ihrer Beurteilung unstrittig: Wenn ausschließlich der Leasingnehmer das Leasingobjekt in einer wirtschaftlich sinnvollen Weise nutzen kann, verfügt dieser über alle Chancen daran. Folglich wird der Vertrag, sofern er nicht ohnehin die wirtschaftliche Nutzungsdauer des Objektes abdeckt, auch die Folgenutzung durch den Leasingnehmer festschreiben oder zumindest so günstige Konditionen für eine Folgenutzung anbieten, daß die Folgenutzung durch den Leasingnehmer bei typischem Geschehensablauf unterstellt werden kann.[138]

Wenngleich die Objektzuordnung beim Spezial-Leasing überzeugend klingen mag, hat die gesonderte Erwähnung dieses Falles dennoch lediglich klarstellenden Charakter - im Grunde ist sie jedoch entbehrlich. Die spezifische Anpassung des Objektes an die Bedürfnisse und Wünsche des Leasingnehmers wird sich ohnehin in einer Vertragsgestaltung widerspiegeln, die schon durch die Zurechnungshilfen nach IAS 17 a.F. erfaßt werden, da Spezial-Leasing ohne Vertragskonditionen, die eine Folgenutzung durch den Leasingnehmer ermöglichen, nicht denkbar ist. "Die Vertragsbeziehung wird regelmäßig so lange nicht gelöst werden,

---

135 Vgl. *Mellwig* (Leasingverträge, 1998): S. 6.

136 Vgl. IASC (IAS 17, 1997): para. 8 (e): "the leased assets are of so specialised nature such that only the lessee can use them without major modifications being made."

137 Vgl. *BMF* (VA-Erlaß für Mobilien, 1971).

138 Vgl. *Mellwig* (Leasingverträge, 1998): S. 7.

wie der Gegenstand vom Leasing-Nehmer noch genutzt werden kann."[139]

Ob jedoch - und dies stellt einen weiteren Kritikpunkt dar - das Vorliegen von Spezialleasing einfacher nachzuweisen ist als andere Kriterien, dürfte zweifelhaft sein. Die Erfahrung in Deutschland hat gezeigt, daß nur in Ausnahmefällen auf das Vorliegen von Spezialleasing geschlossen werden kann: "Jede Möglichkeit weiterer wirtschaftlicher Verwendung schließt die Annahme von Spezial-Leasing"[140] für die deutsche Finanzverwaltung aus, weshalb dieses Merkmal für die Objektzurechnung im Bereich des Mobilien-Leasing nahezu bedeutungslos geblieben ist.

2.6 Verlustübernahme bei Kündigung durch den Leasingnehmer

Weiterhin soll ein *finance lease* auch dann vorliegen, wenn der Leasingnehmer dem Leasinggeber im Kündigungsfall die Übernahme eines Verlustes garantiert.[141] Auch hier wird offensichtlich kein wirklich neues Kriterium geschaffen, sondern es werden lediglich alte Grundsätze neu formuliert.

Nach IAS 17 a.F.[142] war ein *finance lease* typischerweise nicht kündbar und sicherte dem Leasinggeber so die Amortisation des investierten Kapitals einschließlich einer Rendite.[143] Dies bedeutet allerdings nicht zwingend, daß jeder unkündbare Vertrag dem Leasinggeber die volle Amortisation verspricht und deshalb unter Rückgriff auf den Barwerttest als *finance lease* zu klassifizieren ist: Sofern der Leasinggeber den Vertrag auf der Grundlage eines offenen Restwertes kalkuliert hat, werden

---

139 *Runge / Bremser / Zöller* (Leasing, 1978): S. 294.

140 *Bordewin* (Leasing, 1989): S. 58. Danach hat die Finanzverwaltung das Vorliegen von Spezial-Leasing bei Sprinkler-Anlagen zunächst bejaht. Nachdem der BFH in einem später ergangenen Urteil allerdings entschied, daß Sprinkler-Anlagen keine Betriebsvorrichtungen, sondern unselbständige Gebäudebestandteile darstellen, kann eine vom Gebäude abweichende Zurechnung nicht mehr erfolgen. Vgl. *BMF* (Sprinkler-Anlagen, 1973). Spezial-Leasing wurde auch angenommen im Falle der vollständigen Einrichtung eines Selbstbedienungsladens. Dazu merkt *Bordewin* mit Recht an, daß die Frage einer anderen wirtschaftlich sinnvollen Nutzung stets auf das einzelne Wirtschaftsgut abzustellen habe, somit die Vermietung einer Vielzahl von Wirtschaftsgütern nicht zwingend zur Annahme von Spezial-Leasing führt. Vgl. *Bordewin* (Leasing, 1989): S. 57.

141 Vgl. IASC (IAS 17, 1997): para. 9 (a).

142 Vgl. dazu die Ausführungen im 3. Kapitel, Abschn. II.1. der vorliegenden Arbeit.

143 Vgl. IASC (IAS 17, 1994): para. 7.

die vereinbarten Mindestleasingzahlungen nur einen Teil der Anschaffungskosten amortisieren. Räumt der Leasinggeber dem Leasingnehmer ein vorzeitiges Kündigungsrecht ein,[144] bleibt sein Anspruch auf die vereinbarte Amortisation davon unberührt; der Leasinggeber wird durch die vorzeitige Vertragsbeendigung nicht schlechter (aber auch nicht besser) gestellt, da sein Anspruch gegen den Leasingnehmer im Falle der Kündigung nicht größer sein kann als bei Erfüllung des Vertrages über die vereinbarte Laufzeit. Dementsprechend wird der Barwerttest bei einem kündbaren Vertrag stets zum gleichen Ergebnis führen, unabhängig davon, ob man die Kündigungsvariante betrachtet oder aber die Fortführung des Vertrages bis zum vereinbarten Ablauf der Grundmietzeit unterstellt.

Folglich kann man einen kündbaren Vertrag, der für den Fall der Kündigung die Vertragsparteien so stellt, als wäre der Vertrag nicht gekündigt worden, bei wirtschaftlicher Betrachtungsweise wie einen nicht kündbaren Vertrag behandeln. Demnach kann die Kündigungsklausel vernachlässigt werden, und die Klassifikation des Vertrages richtet sich ausschließlich nach den schon behandelten Orientierungshilfen.

Eine Vertragsvereinbarung, die den Verlustausgleich durch den Leasingnehmer im Falle der vorzeitigen Vertragsbeendigung vorsieht, ist für die Klassifikation des Vertrages stets unmaßgeblich, wie das nachfolgende Beispiel verdeutlicht:

> Es wird ein Leasingvertrag über eine Maschine abgeschlossen, deren Anschaffungskosten TDM 140 betragen. Die Grundmietzeit wird auf vier Jahre festgeschrieben, es existieren keine Vereinbarungen über einen automatischen Eigentumsübergang und über Verlängerungs- oder Kaufoptionen. Die betriebsindividuelle Nutzungsdauer des Objektes beträgt sechs Jahre. Die Leasingraten sind jeweils am Jahresende (nachschüssig) zu zahlen und betragen DM 34.467. Der Leasinggeber geht bei seiner Kalkulation davon aus, daß er nach Ablauf der Mietdauer das Objekt am Markt für einen Preis von DM 40.000 veräußern kann; dieser Restwert wird dem Leasinggeber von einer unabhängigen Bank garantiert. Der Kalkulationszins des Leasinggebers beträgt 9%. Der Leasingnehmer hat das Recht, jeweils am Ende des

144 Ein kurzfristiges Kündigungsrecht wird dem Leasingnehmer regelmäßig beim Kfz-Leasing eingeräumt, da andernfalls die formularmäßige Übertragung von Sach- und Preisgefahr nicht rechtswirksam wird. Vgl. *Reinking* (Auto-Leasing, 1994): S. 186. Häufig wird dies beim Kfz-Leasing in den AGB so umgesetzt, daß der Leasingvertrag bei einem Unfall mit Totalschaden automatisch endet.

ersten, zweiten und dritten Jahres den Vertrag zu kündigen. Für den Fall der vorzeitigen Kündigung werden folgende Abschlußzahlungen vereinbart:

Abschlußzahlung erfolgt	Abschlußzahlung
zum Ende des 1. Jahres	87.246 DM
zum Ende des 2. Jahres	60.631 DM
zum Ende des 3. Jahres	31.621 DM

Klassifiziert man diesen Vertrag (zunächst ohne Berücksichtigung der Kündigungsmöglichkeit) aus Sicht des Leasingnehmers nach dem Barwerttest, ergibt sich ein Barwert der Mindestleasingzahlungen von DM 111.663. Da dieser Wert unter den Anschaffungskosten des Leasingobjektes liegt, wird der Vertrag als *operating lease* qualifiziert.

Der Barwert der Mindestleasingraten ändert sich auch durch die Einbeziehung der Kündigungsmöglichkeit nicht, da zu jedem möglichen Kündigungszeitpunkt eine Abschlußzahlung in Höhe des Barwertes der noch ausstehenden Leasingraten zu leisten ist; der Barwert der gesamten vom Leasingnehmer zu erbringenden Zahlungsreihe verändert sich somit nicht. Damit bleibt aber auch das Ausmaß des vom Leasingnehmer übernommenen Investitionsrisikos gleich; die Klassifikation des Vertrages anhand der Einräumung einer Kündigungsmöglichkeit ist folglich nicht notwendig.

Im Ergebnis bleibt daher festzuhalten, daß durch den Indikator "Übernahme von Kündigungsverlusten durch den Leasingnehmer" nicht festgestellt werden kann, in welchem Maße die Übertragung von Objektchancen und –risiken stattfindet. Deshalb ist eine Klassifikation von Leasingverträgen anhand dieses Indikators nicht möglich.

2.7 Zuordnung von Verwertungsgewinnen oder -verlusten zum Leasingnehmer

Von einem *finance lease* ist weiterhin auszugehen, wenn dem Leasingnehmer die Gewinne oder Verluste, die aus Änderungen des Restwertes des Leasingobjekt entstehen, zugewiesen werden. Die Zuordnung von Verwertungsgewinnen und -verlusten kann beispielsweise durch die Anpassung der Leasingraten erfolgen.[145] Neu ist dieses Merkmal indes nicht: Überträgt der Leasinggeber alle Chancen und Risiken, die er nach

[145] Vgl. *IASC* (IAS 17, 1997): para. 9 (b).

Ablauf der Grundmietzeit aus der Anschluß- bzw. Abschlußverwertung des Gegenstandes noch haben könnte, auf den Leasingnehmer, so kann es sich nur um einen *finance lease* handeln, da der Leasingnehmer bereits die Chancen und Risiken am Objekt während der Grundmietzeit übernimmt.

Problematisch an dieser Zurechnungshilfe ist allenfalls ihre Formulierung: Folgt man dem Wortlaut[146], so könnte der Eindruck entstehen, ein Vertrag sei schon dann als *finance lease* zu qualifizieren, wenn entweder der Gewinn (die Restwertchance) oder der Verlust (das Restwertrisiko) auf den Leasingnehmer übertragen wird. Dies kann allerdings nicht gemeint sein; eine so verstandene Auslegung des Kriteriums steht im Widerspruch zur Definition des *finance lease*[147], der die Übertragung von Chancen und Risiken gleichermaßen verlangt.

2.8 Mietverlängerungsoption zu einer unter der Marktmiete liegenden Anschlußmiete

Indikator für einen *finance lease* soll auch eine Option auf Verlängerung des Leasingvertrages zu besonders günstigen Konditionen sein, also zu Leasingraten, die deutlich unter der Marktmiete liegen.[148] Es ist unstrittig, daß nach IAS 17 a.F. und n.F. die Vertragslaufzeit neben der unkündbaren Grundmietzeit alle weiteren Zeiträume umfaßt, auf die der Leasingnehmer eine Option hat, sofern die Ausübung der Option als wahrscheinlich anzusehen ist. Zwar hängt die Ausübung der Option auch von anderen Faktoren als der Höhe der Anschlußmiete ab, allerdings sieht IAS 17 darin das wichtigste Merkmal, um auf die Wahrscheinlichkeit der Optionsausübung zu schließen: Liegen die Mietraten in einem möglichen Verlängerungszeitraum so deutlich unter vergleichbaren Marktmieten, daß die Verlängerung des Vertrages unterstellt werden kann, ist der Verlängerungszeitraum beim Vergleich von Mietdauer und Nutzungsdauer des Objektes (Mietzeittest) zu berücksichtigen,[149] da für eine Qualifikation des Vertrages nicht die "vertraglich vereinbarte, son-

[146] Vgl. *IASC* (IAS 17, 1997): para. 9 (b): "gains or losses from the fluctuation in the fair value of the residual fall to the lessee ...".

[147] Vgl. *IASC* (IAS 17, 1997): para. 3: "A finance lease is a lease that transfers substantially all the risks and rewards incident to ownership of an asset".

[148] Vgl. *IASC* (IAS 17, 1997): para. 9 (c): "the lessee has the ability to continue the lease for a secondary period at a rent which is substantially lower than market rent."

[149] Vgl. dazu ausführlich 3. Kapitel, Abschn. II.2 und III.3 der vorliegenden Arbeit.

dern ... die wirtschaftlich wahrscheinliche Laufzeit des Leasingverhältnisses" herangezogen wird.[150]

Ebenso wie der Indikator "Verlustübernahme bei Kündigung durch den Leasingnehmer" ist auch die gesonderte Auflistung des Falles einer günstigen Mietverlängerungsoption durch den neugefaßten Standard als Zurechnungskriterium entbehrlich und hat nicht einmal klarstellenden Charakter.

> Wird beispielsweise bei einer zehnjährigen Nutzungsdauer des Objektes ein Leasingvertrag über eine Grundmietzeit von fünf Jahren abgeschlossen, so kann die Vereinbarung einer Verlängerungsoption über höchstens zwei Jahre ungeachtet der Wahrscheinlichkeit der Inanspruchnahme nicht zu einer Einstufung des Vertrages als *finance lease* führen, wenn ein (ansonsten identischer) Vertrag mit einer bereits bei Vertragsbeginn vereinbarten Grundmietzeit über sieben Jahre als *operating lease* zu qualifizieren wäre.

Insofern kann dieses Merkmal nur eine Hilfe für die Beurteilung des Verhältnisses von Mietdauer zur Nutzungsdauer sein, für die Klassifikation des Vertrages bleibt dieser Indikator hingegen bedeutungslos.

2.9 Zwischenergebnis

Das IASC hat im Zusammenhang mit der Veröffentlichung des IAS 17 n.F. der Hoffnung Ausdruck verliehen, den Prozeß der Vertragsklassifikation vereinfacht zu haben.[151] Die vorstehende Darstellung der neuen Indikatoren hat dagegen gezeigt, daß diese kaum als wirklich neue Kriterien bezeichnet werden können:[152] Als eigenständiger Indikator für die Klassifikation ist allenfalls der Fall des Spezial-Leasing zu sehen, der jedoch - von wenigen Ausnahmen im Bereich des Immobilien-Leasing abgesehen - im Regelfall nur Klassifikationsergebnisse bestätigen wird, die bereits von anderen Kriterien festgestellt wurden. Die Übernahme von Verwertungsgewinnen bzw. -verlusten stellt kein eigenes Kriterium dar, sondern ist lediglich als Wiederholung der Generalnorm des IAS 17 zu sehen. Die beiden letzten Orientierungshilfen, die Verlustübernahme bei Kündigung durch den Leasingnehmer sowie die Einräumung einer gün-

---

[150] *Kirsch* (IAS-Kommentar, 1997): Tz. 9.

[151] Vgl. *IASC* (IAS 17, 1997): Introduction.

[152] Vgl. zustimmend *Findeisen* (Bilanzierung von Leasingverträgen, 1997): S. 343; *Küting / Hellen / Brakensiek* (Leasing, 1998): S. 1469; *Mellwig* (Leasingverträge, 1998): S. 8.

stigen Verlängerungsoption, kommen hingegen für eine Vertragsklassifikation nicht in Frage, da sie bei isolierter Anwendung zu Ergebnissen führen können, die der Intention des Standards zuwiderlaufen. Somit sind die für die Vertragsklassifikation letztlich relevanten Merkmale durch IAS 17 n.F. nicht verändert worden.

III. Die Besonderheiten der Klassifikation von Immobilien-Leasingverträgen nach IAS 17

Leasingverträge über Grundstücke und Gebäude werden grundsätzlich nach den gleichen Regeln wie andere Leasingverträge (über mobile Vermögensgegenstände) in *finance leases* und *operating leases* unterschieden.[153]

Sofern der Vertrag über ein unbebautes Grundstück abgeschlossen wird[154] und nach Ablauf der Mietdauer keine Übertragung des Eigentums auf den Leasingnehmer zu erwarten ist, wird ein Vertrag immer als *operating lease* einzustufen sein, da aufgrund der regelmäßig unbegrenzten Nutzungsdauer des Grundstücks die wesentlichen Chancen und Risiken nicht auf den Leasingnehmer übertragen werden können.[155] Die zeitlich beschränkte Nutzung des Leasingobjektes wird bei einer unbegrenzten wirtschaftlichen Nutzungsdauer also immer dazu führen, daß der Vertrag als *operating lease* qualifiziert wird; ein *finance lease* kann deshalb nur dann vorliegen, wenn das Eigentum sicher - im Falle des automatischen Eigentumsübergangs - oder mit einer hinreichend großen

[153] Die Darstellung der Behandlung von Immobilien-Leasingverträgen wird im Text des eigentlichen Standard überhaupt nicht angesprochen, sondern lediglich unter einer Textziffer des *background material and implementation guidance* erläutert. Dies verdeutlicht die Auffassung des IASC, daß es sich beim Immobilien-Leasing nicht um einen "Spezialfall" der entgeltlichen Nutzungsüberlassung handelt - so z.B. *Fuchs* (Leasingverhältnisse, 1996): S. 1834 -, sondern im Gegenteil um eine Vertragsform, bei der ein Übergang von Risiken und Chancen vergleichsweise leicht festzustellen ist. Vgl. *IdW* (IAS, 1995): S. 111-112.

[154] Nach deutschem Verständnis handelt es sich bei einer Vereinbarung über die Nutzung mit Fruchtziehung um einen Pachtvertrag nach § 581 I BGB. Vgl. *Brox* (Schuldrecht, 1995): Rz. 210.

[155] Vgl. *IASC* (IAS 17, 1997): para 11: "However, a characteristic of land is that it normally has an indefinite economic life and, if title is not expected to pass to the lessee by the end of the lease term, the lessee does not receive substantially all of the risks and rewards incident to ownership." Vgl. auch *IASC* (IAS 17, 1994): para. 9: "Such a lease is therefore properly classified as an operating lease." *Förschle / Kroner / Mandler* (Internationale Rechnungslegung, 1994): S. 131; *Fuchs* (Leasingverhältnisse, 1996): S. 1834.

Wahrscheinlichkeit - durch Vereinbarung einer günstigen Kaufoption - auf den Leasingnehmer übergeht.

In IAS 17 wird auch für Gebäude die Annahme zugrunde gelegt, daß deren wirtschaftliche Nutzungsdauer sich regelmäßig über den Zeitpunkt der Vertragsbeendigung hinaus erstreckt. Analog zur Behandlung von Verträgen über unbebaute Grundstücke sollen deshalb auch Leasingverträge über Gebäude im Regelfall *operating leases* darstellen, sofern kein automatischer Eigentumsübergang oder eine günstige Kaufoption[156] vereinbart wird.

Als weiteres Indiz für das Vorliegen eines *operating lease* wurde - allerdings nach IAS 17 a.F. - die Vereinbarung regelmäßiger Anpassungen der Mietzahlungen an die Marktmieten gesehen. Danach sollte das Vorliegen einer Indexierung der Zahlungen im Normalfall zu einem Verbleib wesentlicher Chancen und Risiken beim Vermieter führen[157], da bei diesem durch die Möglichkeit der Ratenanpassung die Chance einer Wertsteigerung des Gebäudes verbleibt.[158] Der Auffassung ist zuzustimmen, auch wenn in IAS 17 n.F. die Anpassung der Raten an Marktmieten nicht mehr genannt wird. Allerdings ist die Vereinbarung der Mietanpassung lediglich als Indiz für ein *operating lease* anzusehen, im Zweifelsfall hat sie hinter den Orientierungshilfen zur Vertragsklassifikation zurückzustehen.

So dürfte auch die Schlußfolgerung fragwürdig sein, daß eine Klassifikation von Miet- oder Leasingverträgen über Gebäude als *finance leases* regelmäßig dann nicht in Frage kommt, wenn "... eine Eigentumsübertragung nicht beabsichtigt ist oder die Miete regelmäßig den Marktwerten angepaßt wird".[159] Diese Aussage des IAS 17 a.F.[160] basiert auf der Annahme, daß die erwartete wirtschaftliche Nutzungsdauer des Gebäudes

---

156 Vgl. *Coopers & Lybrand* (IAS, 1996): No. 17.22.

157 Noch deutlicher wurde dieser Gedanke in IAS 17 a.F. formuliert: "If title is not expected to pass or if rents are regularly adjusted to market rates, the lessor retains a significant part of the risks and rewards incident to ownership and such leases are therefore normally classified as operating leases." Vgl. *IASC* (IAS 17, 1994): para. 10.

158 Dadurch berücksichtigt IAS 17, daß Immobilien im Zeitablauf trotz der Nutzung im Wert steigen können, während Mobilien im Regelfall im Zeitablauf an Wert verlieren.

159 *Fuchs* (Leasingverhältnisse, 1996): S. 1834; ähnlich auch *Förschle / Kroner / Mandler* (Internationale Rechnungslegung, 1994): S. 131.

160 Vgl. *IASC* (IAS 17, 1994): para. 11.

deutlich über die Vertragsdauer hinausgeht,[161] denn anders als bei Grundstücken ist die Nutzungsdauer von Gebäuden zwar regelmäßig sehr lang, jedoch nicht unbegrenzt. Somit können auch bei einer zeitlich beschränkten Nutzung durch den Leasingnehmer die wesentlichen Chancen und Risiken auf diesen übertragen werden, da auch die wirtschaftliche Nutzungsdauer des Gebäudes zeitlich limitiert ist. Stimmen Nutzungsdauer des Gebäudes und Grundmietzeit überein, ist ein solcher Vertrag unabhängig vom Fehlen einer Vereinbarung über den späteren Eigentumsübergang oder die Indexierung der Mietzahlungen gemäß den Klassifikationsmerkmalen[162] als *finance lease* einzustufen.[163]

IAS 17 enthält keine Ausführungen zur Behandlung von Verträgen über bebaute Grundstücke, die eine gemeinsame Nutzung von Grundstück und Gebäude umfassen.[164] Viele Vertragsgestaltungen werden hinsichtlich der Einordnung keine Schwierigkeiten bereiten: Zum einen wäre die Klassifikation eines Vertrags als *finance lease* stets dann unproblematisch, wenn der automatische Eigentumsübergang nach Ablauf der Nutzungsüberlassung vereinbart oder eine günstige Kaufoption[165] vertraglich festgeschrieben wäre. Zum anderen wäre ein Vertrag zweifelsfrei als *operating lease* einzustufen, wenn keine Vereinbarungen über eine mögliche Eigentumsübertragung getroffen würden und die vereinbarte Grundmietzeit deutlich unter der wirtschaftlichen Nutzungsdauer des Gebäudes läge.

---

161 Vgl. *IASC* (IAS 17, 1994): para. 10: "Many buildings that are leased have a useful life that is expected to extend well beyond the end of the lease term."

162 Vgl. *IASC* (IAS 17, 1997): para. 9. Dort wird beim Mietzeittest explizit darauf hingewiesen, daß Vereinbarungen über einen späteren Eigentumsübergang für die Objektzurechnung zum Leasingnehmer nicht notwendig sind.

163 Vgl. zustimmend *Coopers & Lybrand* (IAS, 1996): No. 17.22, die eine Klassifikation des Vertrags als *finance lease* darüber hinaus auch für den Fall befürworten, daß der Barwert der *minimum lease payments* im wesentlichen die Kosten des Leasinggebers deckt. Diese Auffassung ist jedoch problematisch: Die Erfüllung eines oder auch mehrerer Klassifikationsmerkmale zieht die Einstufung des Vertrags als *finance lease* nicht automatisch nach sich. Vgl. *IASC* (IAS 17, 1994): Appendix. Läge beispielsweise die Grundmietzeit deutlich unter der Nutzungsdauer des Gebäudes, verblieben sowohl erhebliche Nutzungsmöglichkeiten als auch die Chance der Wertsteigerung beim Leasinggeber. Nach IAS 17 wäre somit die Einstufung des Vertrags als *finance lease* nicht gerechtfertigt.

164 Vgl. *Coopers & Lybrand* (IAS, 1996): No. 17.23.

165 Als günstig im Sinne von IAS 17 ist eine Option jedoch nur dann einzustufen, wenn die Ausübung dieser Option als relativ sicher unterstellt werden kann. Vgl. hierzu die Ausführungen im 3. Kapitel, Abschnitt II.2 und II.3 der vorliegenden Arbeit.

Unklar bleibt die Behandlung solcher Verträge, die zwar keine Vereinbarung über den späteren Eigentumsübergang vorsehen, deren Grundmietzeit jedoch (zumindest annähernd) mit der geschätzten Nutzungsdauer des Gebäudes übereinstimmt. Für diesen Fall scheint nur die folgende Lösung sinnvoll zu sein:

Grundstück und Gebäude werden als separate Vertragsbestandteile aufgefaßt und jeweils einzeln klassifiziert. Bei einem Vertrag ohne Vereinbarungen über einen möglichen Übergang des Eigentums wird der Teil des Vertrages über das Grundstück in jedem Fall als *operating lease* einzustufen sein; dagegen ist der auf das Gebäude entfallende Vertragsteil einer gesonderten Überprüfung zu unterziehen und ggf. als *finance lease* zu klassifizieren. Als Folge einer getrennten Behandlung der Vertragsbestandteile wären die Zahlungen im Verhältnis der Zeitwerte von Grundstück und Gebäude zu Vertragsbeginn entsprechend aufzuteilen.[166]

Sofern die einschlägigen Kommentare dieses Problem überhaupt diskutieren, wird diese Vorgehensweise mit der Begründung präferiert, daß eine Aufteilung des Vertrages am ehesten der Intention des IAS 17 zu entsprechen scheint.[167]

Folgt man dieser Auffassung, dann vereinfacht sich die Klassifikation von Verträgen über Gebäude und / oder Grundstücke wie folgt:

- Ein Vertrag über die Nutzung eines unbebauten Grundstücks ist immer als *operating lease* einzustufen, sofern das Eigentum am Grundstück nicht automatisch auf den Leasingnehmer übergeht oder diesem eine günstige Kaufoption eingeräumt wird.
- Ein Vertrag über die Nutzung eines Gebäudes ohne die Überlassung von Grund und Boden richtet sich nach den allgemeinen Klassifikationsmerkmalen des IAS 17.
- Bei einem Vertrag über die Nutzung eines bebauten Grundstücks, der den Eigentumsübergang weder festschreibt noch erwarten läßt, ist

166 Man könnte gegen diesen Vorschlag einwenden, daß ein Leasingvertrag normalerweise keine Angaben über die Zeitwerte von Grundstück und Gebäude enthält. Denkbar wäre jedoch der Rückgriff auf die Grund-und-Boden-Werte der Finanzverwaltung, die eine Aufteilung des Vertrages ermöglichen.

167 Vgl. *Coopers & Lybrand* (IAS, 1996): No. 17.23 und 17.24: "Although it is not expressly indicated in IAS 17, it would seem that it is preferable, and in keeping with the sense of the standard, to separate such leases into the land and building components."

der Mietzeittest für das Gebäude durchzuführen. Sofern die Grundmietzeit den überwiegenden Teil der Nutzungsdauer abdeckt, ist der Vertrag zu separieren (und nach den beiden vorstehend beschriebenen Verfahrensweisen zu behandeln), ansonsten wird der Vertrag einheitlich als *operating lease* behandelt.

IV. Beispiel einer bei Leasinggeber und Leasingnehmer nicht übereinstimmenden Klassifikation von Leasingverträgen

Wenngleich die Klassifikation unter Verwendung konsistenter Definitionen und Annahmen erfolgen soll,[168] kann es mitunter dazu kommen, daß Leasinggeber und Leasingnehmer einen Vertrag unterschiedlich klassifizieren.[169] IAS 17 führt dies auf die Anwendung der Definitionen unter verschiedenen Rahmenbedingungen bei den Vertragsparteien zurück.[170] Im nachfolgenden Beispiel wird dargestellt, wie es zu einer solchen asymmetrischen Klassifikationen kommen kann:

Es wird ein Leasingvertrag über eine Mobilie abgeschlossen, der durch folgende Daten gekennzeichnet sei:

---

168 Vgl. *IASC* (IAS 17, 1997): para. 7.

169 Vgl. *Hayn* (Internationale Rechnungslegung, 1998): S. 453-454, der vor allem in der unterschiedlichen Zusammensetzung der Mindestleasingraten sowie in der Wahl unterschiedlicher Zinssätze die Gründe für abweichende Klassifikationen sieht.

170 Vgl. *IASC* (IAS 17, 1997): para. 7: "The application of these definitions to the differing circumstances of the two parties may sometimes result in the same lease being classified differently by lessor and lessee."

Zusammenstellung der Beispielsdaten	
Anschaffungskosten des Objektes	140.000 DM
Kosten des Vertragsabschlusses	1.800 DM
Kalkulationszins des Leasinggebers	9%
Leasingraten (zahlbar am Jahresende)	34.467 DM
Barwert der Leasingraten	111.663 DM
Durch Bank garantierter Restwert	40.000 DM
Economic life des Objektes	6 Jahre
unkündbare Grundmietzeit	4 Jahre
Verlängerungs- oder Kaufoptionen	keine

Ferner existieren keine Vereinbarungen über einen automatischen Eigentumsübergang und über Verlängerungs- oder Kaufoptionen. Der Leasinggeber geht bei seiner Kalkulation davon aus, daß er nach Ablauf der Mietdauer das Objekt am Markt für einen Preis von TDM 40 veräußern kann; dieser Restwert wird dem Leasinggeber von einer unabhängigen Bank garantiert.

Da der Vertrag den (automatischen) Übergang des Eigentums am Leasingobjekt nicht vorsieht und keine Kaufoption beinhaltet, wird der Vertrag nach den beiden ersten Zurechnungskriterien als *operating lease* eingestuft.

Das Verhältnis der Grundmietzeit (vier Jahre) zur wirtschaftlichen Nutzungsdauer (sechs Jahre) des Leasingobjektes beträgt 67%. Damit erstreckt sich die Grundmietzeit zwar über den überwiegenden Teil der Nutzungsdauer, allerdings verbleiben dem Leasinggeber immerhin noch zwei Jahre zur Nutzung des Objektes und darüber hinaus alle Wertsteigerungschancen sowie mögliche Veräußerungserlöse; somit behält der Leasinggeber wesentliche Chancen und Risiken am Objekt. (Zum gleichen Ergebnis führt auch die Anwendung des SFAS 13, das die Zurechnung des Objektes zum Leasingnehmer konkret ab einem Verhältnis von 75% fordert.) Auch nach dem Mietzeittest liegt kein *finance lease* vor.

Beim Barwerttest ist zwischen Leasinggeber und Leasingnehmer zu unterscheiden. In die Mindestleasingzahlungen des Leasingnehmers gehen die vier (n) Leasingraten (LR) in Höhe von jeweils DM 34.467 ein, nicht aber die Restwertgarantie, die weder vom Leasingnehmer noch von einer mit diesem verbundenen dritten Partei übernommen wird. Zur Diskontierung der

Leasingraten verwendet der Leasingnehmer den ihm bekannten Kalkulationszins des Leasinggebers von 9% (i) und errechnet unter Verwendung des Rentenbarwertfaktors (RBF) einen Barwert (KW_0) seiner Mindestleasingzahlungen von

$$KW_0 = LR * RBF(i,n) =$$

$$34.467 * 3{,}239720 = \underline{\underline{111.663{,}43}}$$

In die Mindestleasingzahlungen des Leasinggebers dagegen fließt neben den vom Leasingnehmer zu entrichtenden Leasingraten zusätzlich der von einer dritten Partei garantierte Restwert (GRW) in Höhe von DM 40.000 ein. Der Barwert der Mindestleasingzahlungen aus Sicht des Leasinggebers beträgt somit

$$KW_0 = LR * RBF(i,n) + GRW / (1+i)^n =$$

$$34.467 * 3{,}239720 + 28.337{,}01 = \underline{\underline{140.000{,}44}}$$

Die Berechnung des Barwertes der Mindestleasingraten aus Sicht des Leasinggebers führt zu einem wenig überraschenden Ergebnis, da lediglich die Kalkulation des Vertrages "getestet" wird. Für den Leasinggeber wird der Barwerttest zur Klassifikation des Vertrages offensichtlich entbehrlich.

Während aus Sicht des Leasingnehmers im vorliegenden Beispiel auch der Barwerttest einen *operating lease* anzeigt,[171] führt die Übereinstimmung des Barwertes der Mindestleasingzahlungen mit dem Zeitwert des Objektes beim Leasinggeber zum Ergebnis, daß es sich um einen *finance lease* handelt. Dies führt zu dem Ergebnis, daß das Leasingobjekt weder in der Bilanz des Leasinggebers noch in der des Leasingnehmers ausgewiesen wird.[172]

---

171 Übernimmt dagegen der Leasingnehmer die Restwertgarantie, beträgt der Barwert seiner Mindestleasingzahlungen ebenfalls TDM 140, und auch aus Sicht des Leasingnehmers wäre der Barwerttest erfüllt und die Vereinbarung als *finance lease* zu qualifizieren.

172 Denkbar sind auch Vertragsgestaltungen, die der Leasinggeber als *operating lease* und der Leasingnehmer als *finance lease* einstuft. Eine solche Klassifikation (beispielsweise aufgrund unterschiedlicher Annahmen über die Nutzungsdauer des Objektes) führt dazu, daß das Leasingobjekt sowohl beim Leasinggeber als auch beim Leasingnehmer aktiviert wird.

V. Exkurs: Die Klassifikation typischer deutscher Leasingverträge nach IAS

1. Vorbemerkung

Eine bloße Darstellung der Bilanzierungsvorschriften für Leasingverträge nach IAS bleibt für den Anwender ohne Wert, solange nicht die Klassifikation der typischen deutschen Vertragsgestaltungen feststeht. In der Literatur ist die Frage der Vertragsklassifikation noch nicht abschließend geklärt. So wird einerseits die Auffassung vertreten, daß "in der Tendenz Leasingverträge ... nach IAS häufiger als Finanzierungsleasing eingeordnet [werden] als nach deutschem Recht"[173], dadurch werde "in den meisten Fällen ... eine Umklassierung von Verträgen mit den daraus folgenden veränderten Verbuchungen und Ausweisen erforderlich sein"[174]. Andererseits wird dem entgegengehalten, daß die der deutschen Gestaltungspraxis entsprechenden Leasingverträge auch im IAS-Abschluß nicht anders als im deutschen Jahresabschluß zu behandeln seien, da es sich ausnahmslos um *operating leases* im Sinne des IAS 17 handle.[175]

Zwei Aspekte erschweren die Vertragsklassifikation aus deutscher Sicht: *Erstens* werden eine Reihe von Vertragsgestaltungen, die typisch für die deutsche Leasingpraxis sind, in IAS 17 nicht explizit erwähnt und auch durch die Zurechnungshilfen nicht abgedeckt.[176] *Zweitens* bietet IAS 17 dem Anwender erhebliche Spielräume in der Auslegung und läßt die aus den deutschen Leasingerlassen[177] bekannte Regelungsschärfe bisweilen vermissen. Deshalb sollen in diesem Kapitel für die wichtigsten deut-

---

173 *Biener* (Bilanzsteuerrecht, 1997): S. 353. Auch das *IdW* (IAS, 1995): S. 113 geht offensichtlich von unterschiedlichen Ergebnissen bei der Objektzurechnung aus und fordert, "alle Leasingverträge auf die Zurechnung der Leasingobjekte nach den IAS zu überprüfen bzw. Neuberechnungen vorzunehmen".

174 *Risse* (IAS, 1996): S. 170, gleicher Auffassung *Grewe* (Grundfragen, 1990): S. 167.

175 Vgl. *GEFIU* (Leasingverträge, 1995): S. 337. Die Ausführungen der *GEFIU* beziehen sich auf den Vorschlag des AAF zur Behandlung von Leasingverträgen in der Rechnungslegung. Da der Forumsvorschlag jedoch weitgehend IAS 17 entspricht, kann die Argumentation der *GEFIU* auch auf IAS 17 übertragen werden.

176 So beispielsweise Verträge mit Andienungsrecht oder Mindererlösausgleich bei gleichzeitiger Mehrerlösbeteiligung.

177 Für die Objektzurechnung relevant sind folgende vier Leasingerlasse: *BMF* (VA-Erlaß für Mobilien, 1971); *BMWF* (VA-Erlaß für Immobilien, 1972); *BMF* (TA-Erlaß für Mobilien, 1975); *BMF* (TA-Erlaß für Immobilien, 1991).

schen Vertragsgestaltungen ihre Einordnung als *finance* oder *operating lease* untersucht werden.

2. Mobilien-Leasing

2.1 Grundlagen der deutschen Objektzurechnung

Die Darstellung von Leasingverträgen im Jahresabschluß war in Deutschland bereits seit Beginn der sechziger Jahre heftig umstritten.[178] Im Mittelpunkt der Diskussionen standen im wesentlichen die Frage der Objektzurechnung sowie daran anknüpfend die Darstellung von Ansprüchen und Verpflichtungen aus abgeschlossenen Verträgen im Jahresabschluß, mithin also jene Probleme, die auch die aktuelle internationale Diskussion um die Bilanzierung von Leasingverträgen beherrschen.

Lösungsansätze dieser Problemfelder wurden Anfang der siebziger Jahre parallel vom Handels- und Steuerrecht gesucht. Allerdings stieß die vom IdW erarbeitete Stellungnahme HFA 1/1973 auf so erhebliche Kritik, daß relativ bald die Anwendung ausgesetzt wurde. Nach dem Versuch der Überarbeitung wurde die HFA-Stellungnahme schließlich 1990 ganz aufgehoben.[179] Insoweit ist die handelsrechtliche Zuordnung bis heute nicht abschließend geklärt und folgt ausschließlich den Zurechnungsregelungen des Steuerrechts.[180]

In verschiedenen Urteilen[181] hatte der Bundesfinanzhof ausgeführt, daß die Objektzurechnung gemäß wirtschaftlicher Betrachtungsweise vorzunehmen sei, d.h. in Auslegung des § 11 Nr. 4 StAnpG, der mit dem Veranlagungszeitraum 1977 durch § 39 Abs. 1, Abs. 2 Nr. 1 AO abgelöst wurde.[182] Im sog. "Leasing-Urteil" vom 26. Januar 1970[183] wurden erst-

---

178 Vgl. *Mutze* (Wirtschaftliches Eigentum, 1963); *Meilicke* (Leasing, 1964); *Grass* (Leasing, 1967); *Hutzler* (Wirtschaftliches Eigentum, 1970); *Döllerer* (Leasing, 1971); *Knapp* (Leasing-Erlaß, 1971); *Knapp* (Leasing, 1972); *Forster* (Stellungnahme, 1973); *IdW* (HFA 1/73, 1973); *Flume* (Leasing-Verhältnisse, 1973); *Leffson* (Leasingverträge, 1976); *Baetge / Ballwieser* (Ansatz und Ausweis, 1978); *Schulz* (Wirtschaftliches Eigentum, 1986).

179 Vgl. *Gelhausen / Gelhausen* (Leasingverträge, 1995): Tz. 29; *Bordewin* (Leasing, 1989): S. 36.

180 Vgl. *Gelhausen / Gelhausen* (Leasingverträge, 1995):

181 Vgl. BStBl II 1970, S. 264; BStBl II 1971, S. 133.

182 Die Einführung des § 39 AO führte nicht zu einer Änderung der Rechtslage. Insofern behielten sowohl die bis dahin ergangenen Urteile des BFH wie auch die vor der Einführung verabschiedeten Leasingerlasse der Finanzverwaltung ihre bisherige Bedeutung. Vgl. *Bordewin* (Leasing, 1989): S. 32.

183 Vgl. BFH IV R 144/66 vom 26. Januar 1970.

mals für eine Reihe gängiger Vertragstypen allgemeine Regelungen festgeschrieben. Die Finanzverwaltung, die ursprünglich schon 1966 in Erlassen Stellung zur Zurechnung von Leasingobjekten beziehen wollte (und dies bis zur Entscheidung des beim BFH anhängigen Falles zurückgestellt hatte), formulierte nach der Vorgabe der im Urteil festgelegten Grundlagen in insgesamt vier Erlassen[184] detaillierte Regelungen für die Objektzurechnung und legte damit für die seinerzeit gängigen Vertragsvarianten eindeutige Zurechnungsregeln fest.

Der den Erlassen zugrunde liegende Gedanke wird besonders verständlich von *Döllerer* beschrieben. Danach soll (vom rechtlichen Eigentum abweichendes) wirtschaftliches Eigentum dann vorliegen, "wenn jemandem tatsächlich das gehört, was den wirtschaftlichen Gehalt des rechtlichen Eigentums ausmacht. Wirtschaftlicher Eigentümer ist daher, wer die Substanz und den Ertrag der Sache tatsächlich hat. ... Der wirtschaftliche Eigentümer muß die Substanz und den Ertrag ... vollständig ... und auf die Dauer haben. ... Zum Haben der Substanz gehört die Chance der Wertsteigerung ebenso wie das Risiko der Wertminderung und des Verlustes der Sache."[185]

Nach *Döllerer* richtet sich die Objektzurechnung somit nach zwei Kriterien:

- Wer verfügt über die Erträge aus der Nutzung während der wirtschaftlichen Nutzungsdauer des Objektes?
- Wer trägt die Chancen bzw. die Risiken aus Wertänderungen des Objektes, die bei der Anschlußverwertung des Objektes realisiert werden?

Diese grundsätzliche Zurechnungskonzeption wird von den Leasingerlassen aufgegriffen und für verschiedene Vertragsgestaltungen in klar definierte Regelungen umgesetzt:

In Anlehnung an die *Döllerer*-Definition wird zunächst die Verfügung über die Erträge geprüft, die während der Nutzungsdauer des Objektes erzielt werden. Zu diesem Zweck wird auf das Verhältnis von Grundmietzeit und betriebsgewöhnlicher Nutzungsdauer abgestellt. Eine Zurechnung zum Leasinggeber ist danach nur möglich, wenn die Grundmietzeit min-

---

[184] Für die Objektzurechnung relevant sind folgende vier Leasingerlasse: *BMF* (VA-Erlaß für Mobilien, 1971); *BMWF* (VA-Erlaß für Immobilien, 1972); *BMF* (TA-Erlaß für Mobilien, 1975); *BMF* (TA-Erlaß für Immobilien, 1991).

[185] *Döllerer* (Leasing, 1971): S. 536.

destens 40% und höchstens 90% der betriebsgewöhnlichen Nutzungsdauer des Objektes (laut amtlicher AfA-Tabelle) beträgt.[186] Die 90%-Grenze markiert die Grenze zum Übergang des wirtschaftlichen Eigentums; übersteigt die Grundmietzeit diese Grenze, wird unterstellt, daß Grundmietzeit und betriebsgewöhnliche Nutzungsdauer (zumindest annähernd) zusammenfallen und damit der Leasinggeber vom Ertrag des Objektes nachhaltig ausgeschlossen wird.[187] Eine Prüfung, ob und in welchem Ausmaß der Leasinggeber noch Chancen und Risiken an der Substanz trägt, entfällt; es greift die Vermutung, daß die Substanz soweit verbraucht ist, daß der Leasinggeber keinen wirtschaftlich gehaltvollen Herausgabeanspruch mehr besitzt.[188]

Die Untergrenze von 40% erklärt sich aus der Vermutung, daß ein Leasingnehmer angesichts einer so kurzen Grundmietzeit nur dann für die volle Amortisation des Objektes einsteht, wenn ihm in einer "stillschweigenden Kaufoption"[189] die Übernahme des Objektes zu sehr günstigen Konditionen zugesichert ist; diese Vertragsgestaltung rechtfertigt die Annahme eines verdeckten Ratenkaufvertrages.[190] Aus diesem Grund ist davon auszugehen, daß nicht der Leasinggeber, sondern der Leasingnehmer wirtschaftlicher Eigentümer des Gegenstandes ist. Die Wahrung der beiden Zeitschranken stellt jedoch kein hinreichendes Kriterium für die Zurechnung des Leasingobjektes dar.

Eine abschließende Beurteilung, wem die Erträge aus der Nutzung des Leasingobjektes zustehen, erfordert eine Untersuchung der Vertragskonditionen zum Ende der Grundmietzeit dahingehend, welche Vertragspartei über Chancen und Risiken aus der Substanz des Objektes verfügt. Sieht die Vertragsgestaltung eine Weiternutzung durch den Leasingnehmer vor, von der bei typischem Geschehensablauf auszugehen ist, so gehen alle Chancen und Risiken aus dem Objekt auf den Leasingnehmer über. Entsprechendes soll auch dann gelten, "wenn bei einer

---

186 Die betriebsgewöhnliche Nutzungsdauer ergibt sich aus den amtlichen AfA-Tabellen der Finanzverwaltung. Vgl. *Schirduan* (Finanzierungs-Leasing, 1994): S. 105.

187 Vgl. *Bordewin* (Leasing, 1989): S. 48. Vgl. kritisch zur 90%-Grenze *Knapp* (Leasing-Erlaß, 1971): S. 688; *Döllerer* (Leasing, 1971): S. 537; *Flume* (Leasing-Verhältnisse, 1973): S. 1664.

188 Vgl. *Küting / Hellen / Brakensiek* (Leasing, 1998): S. 1467.

189 *Schirduan* (Finanzierungs-Leasing, 1994): S. 110.

190 Vgl. *Bordewin* (Leasing, 1989): S. 49; *Schirduan* (Finanzierungs-Leasing, 1994): S. 110.

Anschlußverwertung des Objektes dem Leasingnehmer sowohl potentielle Mehr- als auch potentielle Mindererlöse zugewiesen werden."[191] Für eine Reihe von in der Praxis häufig vorkommenden Vertragsgestaltungen werden in den Leasingerlassen konkrete Regelungen festgeschrieben, anhand derer der Übergang der wesentlichen Objektchancen und -risiken auf den Leasingnehmer überprüft werden kann. Wenngleich die Details der in den Erlassen festgeschriebenen Abgrenzungen z.T. heftiger Kritik ausgesetzt waren, sind die Erlasse vor allem unter dem Gesichtspunkt zu würdigen, "daß im Interesse aller Beteiligten Rechtsklarheit und Rechtssicherheit geschaffen wurde. Das ist nun einmal ohne Typisierung nicht möglich."[192]

Die an nachprüfbaren Vertragsmerkmalen ausgerichtete Objektzurechnung hat es der Praxis ermöglicht, die Vertragsgestaltungen in einer Form vorzunehmen, die im Regelfall zu einer Bilanzierung beim Leasinggeber führt. Dies sowie die Rechtssicherheit, die durch die Verabschiedung der Erlasse erreicht wurde, haben wesentlich zur Expansion des Leasinggeschäftes in Deutschland beigetragen.[193]

Da die zunächst rein steuerlichen Regelungen der Objektzurechnung heute auch für die sich ebenfalls am wirtschaftlichen Eigentum orientierende handelsrechtliche Bilanzierung akzeptiert werden,[194] läßt sich zunächst festhalten, daß die Zurechnung des Leasingobjektes sowohl nach IAS 17 als auch nach deutschem Handels- und Steuerrecht in einer konzeptionell ähnlichen Weise erfolgt: Hier wie dort dominiert die wirtschaftliche Betrachtungsweise das Bilanzrecht und macht die Zuordnung von Vermögensgegenständen davon abhängig, ob bzw. in welchem Umfang Objektchancen und -risiken beim Leasinggeber verbleiben oder auf den Leasingnehmer übergehen.[195] Insoweit könnte man erwarten, daß die Qualifikation von Verträgen, die nach den Regelungen der deutschen Leasingerlasse zu einer Objektzurechnung zum Leasinggeber führen, auch nach IAS 17 zu einer Bilanzierung beim Leasinggeber führen

---

[191] *Mellwig* (Leasingverträge, 1998): S. 8.

[192] *Bordewin* (Leasing, 1989): S. 49.

[193] Vgl. *Dietz* (Motor für Investitionen, 1981): S. 3: "Der eigentliche Durchbruch des Leasing erfolgte vor rund 10 Jahren, als anfangs bestehende steuerrechtliche Unsicherheiten beseitigt ... wurden."

[194] Vgl. *Budde / Karig* (Beck, 1995): Anm. 26 zu § 246; *IdW* (WP-Handbuch, 1996): Tz. E 25; *Bordewin* (Leasing, 1989): S. 36; *Schirduan* (Finanzierungs-Leasing, 1994): S. 112.

[195] Vgl. zustimmend *Grewe* (Grundfragen, 1990): S. 167.

werden.[196] Diese Auffassung wird auch von Vertretern der deutschen Leasingwirtschaft stets betont, wie eine Kommentierung zum *Exposure Draft* E 56 verdeutlicht: "Damit besteht auch zukünftig ... für die deutsche Leasingwirtschaft unverändert die Möglichkeit, bewährte Leasingverträge ihren Kunden anzubieten, die die Bilanzierung des Leasinggutes unverändert dem Leasinggeber zurechnen. Änderungen oder Abweichungen zu der noch bestehenden IAS-rule Nr. 17 gibt es insbesondere in den Offenlegungspflichten im Anhang des Jahresabschlusses."[197] Nicht selten wird allerdings auch die Auffassung vertreten, daß IAS 17 "häufiger zur Bilanzierung beim Leasingnehmer führt."[198]

Nachfolgend soll untersucht werden, ob tatsächlich davon ausgegangen werden kann, daß erlaßkonforme deutsche Leasingverträge[199] stets als *operating leases* im Sinne von IAS 17 qualifiziert werden können.

2.2 Die Objektzurechnung bei erlaßkonformen VAV nach IAS 17

Vertrag ohne Kauf- oder Mietverlängerungsoption: Der erlaßkonforme Vollamortisationsvertrag ist durch eine (unkündbare) Grundmietzeit im Bereich von 40% bis 90% der betriebsgewöhnlichen Nutzungsdauer gekennzeichnet. Die Leasingraten amortisieren bereits während der Grundmietzeit das vom Leasinggeber eingesetzte Kapital sowie alle weiteren Kosten einschließlich eines Gewinnaufschlages. In seiner einfachsten Form enthält der Vollamortisationsvertrag keine Kaufoption und keine Mietverlängerungsoption. Beim erlaßkonformen Vollamortisationsvertrag wird eine Grundmietzeit bis zu maximal 90% der betriebsgewöhnlichen Nutzungsdauer, der Abschreibungsdauer nach den steuerlichen AfA-Tabellen, vereinbart. Da diese steuerlichen Nutzungsdauern regelmäßig deutlich unterhalb der tatsächlichen wirtschaftlichen Nutzungsdauer fixiert sind, dürfte der Mietzeittest nach IAS 17 auch dann nicht zu einer Objektzurechnung zum Leasingnehmer führen, wenn man

---

[196] Vgl. *GEFIU* (Leasingverträge, 1995): S. 337, die darauf verweisen, daß es sich bei erlaßkonformen deutschen Leasingverträgen ausnahmslos um *operating leases* im Sinne des IAS 17 handele.

[197] *Feinen* (Leasing in der EU, 1997): S. 18.

[198] *Grewe* (Grundfragen, 1990): S. 167; *Risse* (IAS, 1996): S. 170; *Biener* (Bilanzsteuerrecht, 1997): S. 353.

[199] Die Praxis bezeichnet als erlaßkonform solche Leasingverträge, deren Grundstruktur den in den Erlassen geregelten Details entspricht und bei denen die Erlaßregelungen eine Zurechnung zum Leasinggeber herbeiführen. Diese Sprachregelung wird im weiteren übernommen.

den Anteil der Grundmietzeit an der wirtschaftlichen Nutzungsdauer nach SFAS 13 auf 75% beschränkt. Da keine Kaufoption vereinbart ist und Leasingverträge nach deutschem Verständnis niemals einen automatischen Eigentumsübergang beinhalten, wird die Zurechnung des Objektes auf Grundlage des Barwerttests erfolgen. Zur Verdeutlichung soll auf das bereits bekannte - geringfügig modifizierte - Beispiel zurückgegriffen werden:

Zusammenstellung der Beispielsdaten	
Anschaffungskosten des Objektes	140.000 DM
Kalkulationszins des Leasinggebers	9%
Leasingraten (zahlbar am Jahresende)	34.467 DM
bei Vertragsbeginn fällige Sonderzahlung	28.337 DM
Economic life des Objektes	6 Jahre
unkündbare Grundmietzeit	4 Jahre
Verlängerungs- oder Kaufoptionen	Keine

Bei Kenntnis des internen Zinses des Leasinggebers führt die Diskontierung der Mindestleasingzahlungen unter Verwendung des Rentenbarwertfaktors (RBF) zu den Anschaffungskosten des Objektes; sowohl aus Sicht des Leasinggebers als auch aus Sicht des Leasingnehmers führt der Barwerttest zum (richtigen) Ergebnis, daß ein *finance lease* vorliegt.

$$KW_0 = LR * RBF(i,n) + SoZ / (1+i)^n =$$

$$\underline{\underline{140.000,44}} = 111.663,43 + 28.337,01$$

In der Praxis ist der zur Durchführung des Barwerttests benötigte interne Zins normalerweise allerdings nicht bekannt. Zu dessen Ermittlung soll nochmals auf die bereits bekannte Gleichung zurückgegriffen werden:

Zeitwert des Leasing-objektes	=	Barwert der Mindestleasing zahlungen	+	Barwert des nichtgarantierten Restwertes

Offenbar wird der Barwert der Mindestleasingzahlungen nie dem Zeitwert des Leasingobjektes entsprechen, solange ein ins Gewicht fallender Restwert des Objektes nach Ablauf der Grundmietzeit existiert. Da aber zumindest noch 10% der betriebsgewöhnlichen Nutzungsdauer für eine Folgenutzung verbleiben, wird es in vielen Fällen möglich sein, einen wirtschaftlich relevanten Restwert des Objektes zum Ende der Grundmietzeit aufzuzeigen, um so eine Objektzurechnung zum Leasinggeber zu rechtfertigen.

Unter dieser Voraussetzung aber, daß ein wirtschaftlich relevanter Restwert nach der Grundmietzeit besteht, kann der Barwerttest bei einem Vollamortisationsvertrag ohne Option niemals zu einem *finance lease* führen.

Praktische Bedeutung gewinnt der Barwerttest jedoch dann, wenn der Restwert des Objektes wegen Geringfügigkeit vernachlässigt werden kann.[200] In diesem Fall kann sich der Barwert der Mindestleasingzahlungen dem Zeitwert des Objektes annähern. Zwar geht IAS 17 - anders als der US-amerikanische[201] oder der britische[202] Leasing-Standard - nicht von einem verbindlichen 90%-Barwerttest aus.[203] Allerdings läßt der Wortlaut des IAS 17 wohl auch nicht die Auslegung zu, ein *finance lease* könne erst ab einem 100%-Anteil des Barwertes der Mindestleasingzahlungen unterstellt werden.[204] Aufgrund der Formulierung des Barwerttests muß bereits ein Barwert der Leasingzahlungen zu einem *finance lease* führen, der zwar unter dem Zeitwert des Leasingobjektes liegt, diesem aber im wesentlichen entspricht. Ob ein Barwert der Mindestleasingzahlungen von 90% dem Zeitwert im wesentlichen entspricht, kann bezweifelt werden, da die konkrete 90%-Grenze des SFAS 13 bzw. des SSAP 21 offensichtlich bewußt nicht in IAS 17 übernommen wurden. Daher besteht eine Grauzone für Barwerte, die mehr als 90%, aber weniger als 100% des Zeitwertes des Leasingobjektes ausmachen, und mit Recht weist *Mellwig* darauf hin, daß eine willkürliche Grenzziehung –

200 Dieser Fall dürfte *in praxi* eher selten vorkommen: Angesichts der vergleichsweise kurzen steuerlichen Nutzungsdauern wird ein Leasingobjekt, das Gegenstand eines erlaßkonformen Vertrages ist, regelmäßig einen nicht zu vernachlässigenden Restwert aufweisen.

201 Vgl. *FASB* (SFAS 13, 1976): para. 7d.

202 Vgl. *ASC* (SSAP 21, 1984): para. 15.

203 Vgl. a.A. *Küting / Hellen / Brakensiek* (Leasing, 1998): S. 1469, die - entgegen dem Wortlaut des IAS 17 - die US-amerikanische 90%-Grenze als verbindlich für IAS 17 ansehen.

204 Vgl. IASC (IAS 17, 1997): para. 8d, der die Formulierung "*substantially all of the fair value*" verwendet.

beispielsweise bei 95% -[205] durch den Wortlaut des IAS 17 nicht gedeckt ist.[206]

Vertrag mit Kaufoption: Eine übliche Variante des Vollamortisationsvertrages sieht vor, dem Leasingnehmer für das Ende der Grundmietzeit eine Option zum Kauf des Leasingobjektes zu gewähren. Sofern der Kaufpreis (mindestens) dem linearen Restbuchwert respektive dem niedrigeren gemeinen Wert im Zeitpunkt der Veräußerung entspricht, unterstellt der Erlaß keinen wirtschaftlichen Zwang zur Ausübung der Kaufoption, somit bleibt es bei einer Zurechnung zum Leasinggeber. Diese Regelung beruht auf der Vermutung, daß für den Fall eines niedrigeren Optionspreises während der Grundmietzeit bereits mit den Leasingraten verdeckte Anzahlungen auf den Kaufpreis geleistet wurden und von den Vertragsparteien von vornherein ein Kauf vereinbart war.[207]

Die Orientierung am Leasingerlaß kann dazu führen, daß bei einer sehr kurzen betriebsgewöhnlichen Nutzungsdauer der lineare Restbuchwert den Zeitwert des Objektes ggf. deutlich unterschreitet. Dies ist um so wahrscheinlicher, als die betriebsgewöhnliche Nutzungsdauer (gem. AfA-Tabelle) regelmäßig recht großzügig unterhalb der tatsächlichen wirtschaftlichen Nutzungsdauer festgelegt ist. Trotzdem dürfte ein so bemessener Kaufpreis nicht unterhalb des kritischen Optionspreises nach IAS 17 liegen,[208] der so niedrig sein soll, daß auf die Optionsausübung bereits zu Vertragsbeginn eindeutig geschlossen werden kann. Diese Formulierung im IAS 17 kann im wesentlichen nur auf Vereinbarungen zutreffen, bei denen der Kaufpreis einer bloßen Anerkennungsgebühr gleichkommt. Da dies bei einer erlaßkonformen Kaufoption nie der Fall sein wird,[209] sollte die vage Formulierung des IAS 17 stets eine Argumentation ermöglichen, die eine Objektzurechnung zum Leasinggeber rechtfertigt.

---

205 Vgl. *Findeisen* (Bilanzierung von Leasingverträgen, 1997): S. 842.

206 Vgl. *Mellwig* (Leasingverträge, 1998): S. 9. Damit entfällt jedoch nicht die Notwendigkeit der Einführung einer solchen Grenze. Eine für den Anwender verbindliche Quantifizierung sollte jedoch der Festlegung durch das IASC oder durch die jeweiligen nationalen Gremien vorbehalten bleiben.

207 Vgl. *Bordewin* (Leasing, 1989): S. 51.

208 Vgl. *IASC* (IAS 17, 1997): para. 8 (b): "the lessee has the option to purchase the asset at a price which is expected to be sufficiently lower than the fair value at the date the option becomes exercisable such that, at the inception of the lease, it is reasonably certain that the option will be exercised".

209 Vgl. *Bordewin* (Leasing, 1989): S. 52.

Vertrag mit Mietverlängerungsoption: Bei Verträgen mit Mietverlängerungsoptionen (bzw. automatischen Verlängerungen) ist der Verlängerungszeitraum in den Mietzeittest einzubeziehen, sofern die Verlängerung zu Beginn des Vertrages als wahrscheinlich erscheint. Die Ausübung einer Verlängerungsoption wird im Vollamortisationserlaß davon abhängig gemacht, ob die Miete im Anschlußzeitraum eine echte Gegenleistung für die weitergehende Gebrauchsüberlassung des Objektes darstellt; anderenfalls wird - analog zur Beurteilung einer günstigen Kaufoption - vermutet, daß die Leasingraten in der Grundmietzeit bereits Vorauszahlungen für die spätere Weiternutzung umfassen.[210] Eine Gegenleistung liegt nach dem Vollamortisationserlaß dann vor, wenn die Leasingraten im Verlängerungszeitraum auf der Basis des linearen Restbuchwertes oder des niedrigeren gemeinen Wertes den Wertverzehr im Verlängerungszeitraum decken.[211] Eine so bemessene Leasingrate im Anschlußzeitraum wird immerhin so hoch sein, daß nicht mit hinreichender Sicherheit bereits zu Beginn des Leasingvertrages - wie in IAS 17 gefordert - auf die Optionsausübung geschlossen werden kann;[212] folglich ist der Verlängerungszeitraum nicht in die Mietdauer einzubeziehen.

Als Ergebnis bleibt abschließend festzuhalten, daß erlaßkonforme Vollamortisationsverträge der deutschen Leasingpraxis im Regelfall als *operating leases* im Sinne von IAS 17 ausgelegt werden können.

2.3 Die Objektzurechnung bei erlaßkonformen TAV nach IAS 17

Auch beim erlaßkonformen Teilamortisationsvertrag liegt die unkündbare Grundmietzeit zwischen 40% bis 90% der betriebsgewöhnlichen Nutzungsdauer. Anders als beim Vollamortisationsvertrag wird die vollständige Deckung der Gesamtinvestitionskosten einschließlich eines Gewinnaufschlages innerhalb der Grundmietzeit nur zum Teil erzielt; daher der Name des Vertragstyps. Die Vollamortisation wird erst nach Ablauf der Grundmietzeit durch verschiedene Gestaltungen der Anschluß-

210 Vgl. *Bordewin* (Leasing, 1989): S. 54.

211 Vgl. *BMF* (VA-Erlaß für Mobilien, 1971).

212 Vgl. *IASC* (IAS 17, 1997): para. 3 i.V.m. para. 8 (c): "The lease term is the non-cancellable period ... together with any further terms for which the lessee has the option to continue to lease the asset, with or without further payment, which option at the inception of the lease it is reasonably certain that the lessee will exercise." Vgl. auch *IASC* (IAS 17, 1997): para. 9 (c).

verwertung sichergestellt. Die Finanzverwaltung unterscheidet folgende Modelle des Teilamortisationsvertrages:

Vertrag mit Andienungsrecht des Leasinggebers: Nach Ablauf der Grundmietzeit hat der Leasinggeber eine Verkaufsoption; er hat das Recht, den Gegenstand dem Leasingnehmer zu einem vereinbarten Preis (dem noch offenen kalkulierten Restwert) anzudienen.[213] Bei der Bemessung des Restwertes, der bereits zum Zeitpunkt des Vertragsabschlusses festgelegt wird, orientiert man sich in der Regel an dem Verkehrswert des Gegenstandes, der am Ende der Grundmietzeit zu erwarteten ist. Liegt der Marktpreis des Leasingobjektes am Ende der Grundmietzeit über dem Andienungspreis, so kann der Leasinggeber diese Differenz durch Verkauf an einen Dritten realisieren oder einen Anschlußmietvertrag abschließen.

Da der Mietzeittest nicht zu einer Klassifikation als *finance lease* führt und auch keine Kaufoption vereinbart wurde, orientiert sich die Vertragsqualifikation wiederum ausschließlich am Barwerttest. Anders als beim Vollamortisationsvertrag läßt sich dieser Test bei einem Teilamortisationsvertrag mit Andienungsrecht vergleichsweise einfach durchführen: Durch die Andienungsklausel behält sich der Leasinggeber die Chancen auf eine Wertsteigerung zurück, wälzt jedoch das Risiko, daß der Marktpreis nach Ablauf der Grundmietzeit unter dem kalkulierten (noch nicht amortisierten) Restwert liegt, auf den Leasingnehmer ab. Auch ohne Kenntnis des internen Kalkulationszinses des Leasinggebers wird man mit Recht vermuten können, daß die Summe aus dem Barwert der Leasingraten und dem Barwert des Andienungsrechtes den Anschaffungskosten des Objektes entspricht, da ansonsten das Andienungsrecht für den Leasinggeber wertlos wäre. Damit führt der Barwerttest bei Leasinggeber und Leasingnehmer übereinstimmend zu einem *finance lease*. Dieses Ergebnis scheint zunächst sachgerecht, da das Investitionsrisiko vollständig auf den Leasingnehmer verlagert wird und der Leasingvertrag dem Leasinggeber volle Amortisation der Kosten sichert.[214]

---

213 Die Entscheidung, ob das Andienungsrecht ausgeübt wird oder nicht, hängt nicht nur von der Höhe des anderweitig zu erzielenden Veräußerungserlöses ab. Häufig wird der Leasinggeber dem Leasingnehmer den Gegenstand auch zu einem Preis überlassen, der unter dem am Markt erzielbaren Preis liegt, um den Kunden damit längerfristig zu binden.

214 Vgl. *IASC* (IAS 17, 1994): para. 7: "Such a lease is normally non-cancellable and secures for the lessor the recovery of the lessor's capital outlay plus a return for the funds invested."

Allerdings läßt sich gegen diese Qualifikation mit Recht einwenden, daß zwar die Risiken, nicht aber die Objektchancen auf den Leasingnehmer übertragen werden. Dies soll an einem Beispiel verdeutlicht werden:

Zusammenstellung der Beispielsdaten	
Anschaffungskosten des Objektes	140.000 DM
Kalkulationszins des Leasinggebers	9%
Leasingraten (zahlbar am Jahresende)	34.467 DM
Barwert der Leasingraten	111.663 DM
Vereinbarter Andienungspreis	40.000 DM
Erwarteter Restwert	60.000 DM
Economic life des Objektes	6 Jahre
unkündbare Grundmietzeit	4 Jahre
Verlängerungs- oder Kaufoptionen	keine

Es wird angenommen, der Leasinggeber lasse sich durch einen sehr niedrig angesetzten Andienungspreis von TDM 40 durch den Leasingnehmer nur das Risiko eines extrem unwahrscheinlichen Preisverfalls absichern, geht aber davon aus, daß er bei normalem Geschehensablauf nicht andienen, sondern das Objekt anderweitig zu mindestens TDM 60 verwerten wird. Nach Ablauf der Grundmietzeit sind zwei Szenarien denkbar: Entweder veräußert der Leasinggeber das Objekt zum festgeschriebenen Preis von TDM 40 an den Leasingnehmer, oder er realisiert durch Veräußerung an einen Dritten die kalkulierten TDM 60.

Auch in diesem Fall wird der Vertrag gemäß obiger Beurteilung als *finance lease* klassifiziert, obgleich der Leasinggeber in Szenario 2 die Chance zurückbehält, wesentliche Ertragselemente außerhalb des Leasingvertrages zu erwirtschaften. Der Grund liegt darin, daß - unabhängig von der Wahrscheinlichkeit des Eintretens der Szenarien - nach IAS 17 ausschließlich Szenario 1 in die Klassifikation eingeht und zur Ermittlung des internen Zinsfußes nur die Zahlungen Berücksichtigung finden, die fest vereinbart sind oder die der Leasinggeber vom Leasingnehmer einfordern kann.

Wird hingegen dem Leasingnehmer eine Kaufoption eingeräumt, so wird der Optionspreis nur dann in die Mindestleasingzahlungen einbezogen, wenn die Optionsausübung als so wahrscheinlich angenommen wird, daß mit ihrer

> Ausübung bei Vertragsbeginn gerechnet werden kann. Hat hingegen der Leasinggeber eine Verkaufsoption in Form eines Andienungsrechtes, so bleibt die Wahrscheinlichkeit der Optionsausübung unberücksichtigt. Der Barwerttest führt bei der Beurteilung eines Teilamortisationsvertrages mit Andienungsrecht des Leasinggebers erst dann zu einem sinnvollen Ergebnis, wenn er auf die Wahrscheinlichkeit der Optionsausübung abstellt, da ansonsten die Chancen einer anderweitigen Anschlußverwertung aus der Betrachtung ausgeblendet werden. Nur dann, wenn die Ausübung als wahrscheinlich eingestuft wird, ist zur Ermittlung der internen Diskontierungsrate des Leasinggebers ausschließlich auf die Mindestleasingzahlungen abzustellen, mit der Folge, daß der Vertrag als *finance lease* qualifiziert wird. Ist dagegen die Optionsausübung nicht hinreichend wahrscheinlich, so sind auch die alternativen Ertragschancen des Leasinggebers bei der Ermittlung des internen Zinses in Form eines nicht garantierten Restwertes zu berücksichtigen; der Barwert der Mindestleasingzahlungen wird dem Zeitwert des Objektes zu Vertragsbeginn nicht entsprechen, und der Leasingvertrag ist als *operating lease* einzustufen.[215]

Da IAS 17 jedoch keine Überprüfung der Wahrscheinlichkeit einer Optionsausübung vorsieht, wird bei Verträgen mit Andienungsrecht der Barwerttest stets erfüllt sein. Unter Verweis auf die Generalnorm des IAS 17[216] wird es allerdings regelmäßig möglich sein, wegen der beim Leasinggeber verbliebenen Restwertchancen die Qualifikation des Vertrages als *finance lease* zu vermeiden.[217]

Vertrag mit Mehrerlösbeteiligung und Restwertgarantie des Leasingnehmers: Diese Vertragsform unterscheidet sich für Zwecke der Klassifikation nur unwesentlich vom Vertrag mit Andienungsrecht. Der Leasingnehmer trägt auch bei dieser Variante das Risiko eines gesunkenen Restwertes, anders als beim Andienungsrecht muß er das Objekt jedoch nicht erwerben, sondern die Differenz aus der Restamortisation und dem Veräußerungserlös durch Zuzahlung ausgleichen.

---

215 Vgl. *Mellwig* (Leasingverträge, 1998): S. 10.

216 Vgl. *IASC* (IAS 17, 1997): para. 3.

217 Wird allerdings mit einem unangemessen hohen Andienungspreis kalkuliert, der einen voraussichtlich am Markt zu erzielenden Erlös deutlich übersteigt, bleibt für den Leasinggeber nur die Möglichkeit der Andienung; in diesem Fall bestehen keine anderweitigen Restwertchancen, und der Vertrag wäre als *finance lease* zu qualifizieren.

Ähnlich wie beim Vertrag mit Andienungsrecht führt der Barwerttest auch bei dieser Vertragsform zu einem *finance lease*, da die vom Leasingnehmer übernommene Restwertgarantie in die Mindestleasingraten eingeht. Allerdings wird auch in diesem Fall die Restwertchance vernachlässigt, die jedoch - anders als beim Vertrag mit Andienungsrecht - nur noch teilweise beim Leasinggeber verbleibt, denn der über den kalkulierten Restwert hinausgehende Veräußerungserlös steht in diesem Fall nicht mehr dem Leasinggeber in voller Höhe zu, sondern wird zwischen den Vertragsparteien aufgeteilt. Da der Leasinggeber bereits das Investitionsrisiko vollständig auf den Leasingnehmer abgewälzt hat, muß der Leasinggeber zumindest einen wesentlichen Teil der Restwertchancen zurückbehalten. Der Teilamortisationserlaß der deutschen Finanzverwaltung unterstellt, daß ein Anteil von mindestens 25% am Mehrerlös als wirtschaftlich noch ins Gewicht fallender Anteil an der Restwertchance zu werten ist.[218] Ob dies nach IAS 17 ausreicht, um den Übergang der wesentlichen Chancen und Risiken zu verneinen, kann dem Wortlaut des Standards nicht entnommen werden; jedoch findet man auch keinen Hinweis, daß der Sachverhalt nach den Grundsätzen der IAS-Rechnungslegung anders zu beurteilen ist. Insofern kann auch beim Vertrag mit Mehrerlösbeteiligung eine Objektzurechnung zum Leasinggeber unterstellt werden.

Kündbarer Vertrag mit Anrechnung des Veräußerungserlöses: Bei einem kündbaren Vertrag hat der Leasingnehmer das Recht, nach einer unkündbaren Grundmietzeit, die im Normalfall 40% der betriebsgewöhnlichen Nutzungsdauer beträgt, den Vertrag zu kündigen. Der Leasinggeber übernimmt die Restverwertung des Objektes und rechnet 90% des Veräußerungserlöses auf den offenen Restwert an; reicht der Veräußerungserlös zur Amortisation nicht aus, wird eine Abschlußzahlung des Leasingnehmers fällig. Sofern durch die Veräußerung ein Mehrerlös entsteht, fließt dieser in vollem Umfang dem Leasinggeber zu.

Die Folgen des Barwerttests (sowie die Argumente gegen eine Qualifikation als *finance lease*) entsprechen denen beim Vertrag mit Andienungsrecht.

218 Vgl. *BMF* (TA-Erlaß für Mobilien, 1975).

2.4 Die Objektzurechnung bei nicht-erlaßkonformen Verträgen nach IAS 17

Nach den vorstehend erläuterten Kriterien sind alle sonstigen Vertragsgestaltungen hinsichtlich der Zurechnung des Objektes zu würdigen.[219] Nachfolgend soll die Objektzurechnung für zwei in der Praxis häufig vorkommende Vertragsformen besprochen werden:

Leasingvertrag mit offenem Restwert: Bei einem Vertrag mit offenem Restwert (der nicht durch eine der üblichen Varianten des Teilamortisationsvertrages durch den Leasingnehmer gesichert wird) decken die Leasingraten in der Grundmietzeit nur einen Teil der Investitionskosten ab; die vollständige Deckung muß der Leasinggeber aus der Restverwertung erzielen. Da Chancen und Risiken dieser Restverwertung vollständig und ausschließlich beim Leasinggeber liegen, kann es sich auch nach den Regelungen von IAS 17 nur um einen *operating lease* handeln.

Implizit wurde diese Vertragsvariante bereits im Zusammenhang mit Vollamortisationsverträgen besprochen; sowohl beim "echten" Vollamortisationsvertrag als auch beim Vertrag mit offenem Restwert kann nicht überprüft werden, ob und in welcher Höhe ein nicht garantierter Restwert in die Kalkulation des Leasinggebers eingeht. Deshalb wird der Barwerttest bei beiden Vertragsformen zum gleichen Ergebnis führen und diese als *operating leases* klassifizieren.

Leasingvertrag mit Kilometerabrechnung: Besonders oft findet man Leasingverträge mit Übernahme des Restwertrisikos durch den Leasinggeber im Kfz-Leasing. Die im herstellerabhängigen Kfz-Leasing am häufigsten praktizierte Vertragsform ist der Vertrag mit Kilometerabrechnung.[220] Bei Vertragsabschluß wird die Kilometerleistung festgelegt, die durch die Leasingraten abgegolten wird; Mehr- oder Minderfahrleistungen werden nach Ablauf der Grundmietzeit gesondert vergütet. Nach Ablauf der Grundmietzeit hat der Leasingnehmer das Recht, das Fahrzeug ohne jede Abschlußverpflichtung zurückgeben zu können. Das Restwertrisiko wird vollständig durch den Leasinggeber getragen, der somit über Chancen und Risiken an dem Fahrzeug gleichermaßen verfügt. Die Qualifikation des Vertrages als *operating lease* steht deshalb außer Zweifel.

---

219 Vgl. *Bordewin* (Leasing, 1989): S. 71.

220 Vgl. *Reinking* (Auto-Leasing, 1994): S. 44.

3. Immobilien-Leasing

3.1 Grundlagen der deutschen Objektzurechnung

Die deutsche Finanzverwaltung geht davon aus, daß die Zurechnung beim Immobilien-Leasing grundsätzlich denselben Kriterien folgt wie beim Mobilien-Leasing[221] und unterscheidet auch beim Immobilien-Leasing in Voll- und Teilamortisationsverträge.[222] Allerdings kommt die im Vollamortisationserlaß für Immobilien "geregelte Form des Immobilien-Leasing ... in der Praxis kaum vor"[223], da ein Leasingnehmer im Normalfall nicht dazu bereit sein wird, als Gegenleistung für die Nutzung über lediglich 90% der betriebsgewöhnlichen Nutzungsdauer die vollen Investitionskosten zu tragen.[224]

Aus diesem Grund hat die Finanzverwaltung 1991 ein Schreiben zur Behandlung von Teilamortisationsverträgen erlassen.[225] Zu beachten ist, daß der Teilamortisationserlaß für die Zurechnung in Grund und Boden sowie Gebäude unterscheidet, die konkreten Voraussetzungen dann aber nur für Gebäude prüft; die Zurechnung von Grund und Boden folgt stets der Zuordnung des Gebäudes.[226] Nachfolgend werden die drei im Erlaß beschriebenen Vetragsformen auf ihre Klassifikation nach IAS 17 hin untersucht.

3.2 Die Objektzurechnung bei erlaßkonformen TAV nach IAS 17

Verträge über Spezial-Leasing: Wie beim Mobilien-Leasing kann auch beim Immobilien-Leasing eine Objektzurechnung zum Leasingnehmer wegen Spezial-Leasing in Betracht kommen. Beim Immobilien-Leasing kommt es nicht allein auf die besondere Ausrichtung des Objektes an den Bedürfnissen des Leasingnehmers an; zusätzlich ist zu prüfen, inwieweit das Leasingobjekt "in seiner konkreten Beschaffenheit und

221 Vgl. *Runge / Bremser / Zöller* (Leasing, 1978): S. 285.

222 Vgl. *BMWF* (VA-Erlaß für Immobilien, 1972); *BMF* (TA-Erlaß für Immobilien, 1991).

223 Vgl. *Bordewin* (Leasing, 1989): S. 66.

224 Vgl. *Schulz* (Wirtschaftliches Eigentum, 1986): S. 2174, der aufzeigt, daß ein kaufwilliger Leasingnehmer bei Abschluß eines erlaßkonformen Vollamortisationsvertrages mindestens 140% der Anschaffungskosten zu tragen hätte, wenn er nach Ablauf der Grundmietzeit das Objekt erwerben will.

225 Vgl. *BMF* (TA-Erlaß für Immobilien, 1991).

226 Vgl. *BMF* (TA-Erlaß für Immobilien, 1991): Nr. II.3.

Lage"[227] von einem anderen Leasingnehmer genutzt werden kann. So kann beispielsweise auch deshalb auf Spezial-Leasing geschlossen werden, weil sich der Standort des Leasingobjektes auf dem Fabrikgelände des Leasingnehmers befindet.[228]

Abgesehen von solch seltenen Konstellationen dürfte aber auch im Bereich des Immobilien-Leasing der Nachweis von Spezial-Leasing die Ausnahme bleiben, da selbst bei Gebäuden besonderen Zuschnitts wie Krankenhäusern, Schulen o.ä. die Übernahme durch einen Nachmieter im Regelfall nicht ausgeschlossen ist.[229]

Da IAS 17 keinen Hinweis enthält, daß Spezial-Leasing anders auszulegen ist als nach den deutschen Leasingerlassen, dürfte in diesem Fall eine übereinstimmende Zurechnung des Objektes vorliegen.[230] Ebenso wie beim Mobilien-Leasing wird sich aber die Besonderheit des Leasingobjektes auch beim Immobilien-Leasing in der konkreten Vertragsgestaltung - beispielsweise durch eine günstige Kaufoption - niederschlagen, die dann ebenfalls durch andere Orientierungshilfen der Vertragsabgrenzung erfaßt werden; durch das Merkmal Spezial-Leasing wird deshalb kein Vertrag als *finance lease* qualifiziert, der nicht schon durch ein anderes Merkmal ebenso klassifiziert wurde.

Vertrag mit Kaufoption: Das Objekt wird dem Leasinggeber zugerechnet, wenn die regelmäßig unkündbare Grundmietzeit nicht mehr als 90% der betriebsgewöhnlichen Nutzungsdauer von 25 oder 50 Jahren beträgt und der vorgesehene Kaufpreis nicht den linearen Restbuchwert[231] übersteigt. Neben diesen - bereits aus dem Vollamortisationserlaß bekannten - Zurechnungskriterien schreibt der Teilamortisationserlaß bei Verträgen, die eine Mietverlängerungs- oder Kaufoption beinhalten, eine Reihe von Verpflichtungen fest, die dem Leasingnehmer nicht auferlegt werden dürfen:

---

227 *Bordewin* (Leasing, 1989): S. 73.

228 Vgl. *Runge / Bremser / Zöller* (Leasing, 1978): S. 295.

229 Vgl. *Bordewin* (Leasing, 1989): S. 74.

230 Vgl. *IdW* (IAS, 1995): S. 113: "Bei Spezial-Leasing bestehen keine Unterschiede."

231 Gemeint ist die Summe aus dem linearen Restbuchwert des Gebäudes und dem Buchwert von Grund und Boden. Zu berücksichtigen ist weiterhin stets der niedrigere gemeine Wert des bebauten Grundstücks. Vgl. *Bordewin* (Leasing, 1989): S. 62.

- Der Leasingnehmer trägt die Gefahr des zufälligen Untergangs des Objektes.
- Der Leasingnehmer ist bei (vollständiger oder teilweiser) Zerstörung des Objektes, die nicht von ihm zu vertreten ist, zum Wiederaufbau auf eigene Kosten verpflichtet.
- Der Leasingnehmer hat seinen Verpflichtungen zur weiteren Zahlung der Leasingraten auch dann nachzukommen, wenn die Nutzung des Objektes aufgrund eines Umstands ausgeschlossen ist, der nicht von ihm zu vertreten ist.
- Kommt es aus Gründen, die der Leasingnehmer nicht zu vertreten hat, zu einer vorzeitigen Vertragsbeendigung, hat der Leasingnehmer dem Leasinggeber die bislang nicht gedeckten Kosten zu erstatten.
- Der Leasinggeber wird durch den Leasingnehmer von sämtlichen Ansprüchen Dritter freigestellt.
- Bei Abschluß eines Erbbauvertrags ist der Leasingnehmer nach Ablauf der Grundmietzeit unter wirtschaftlichen Gesichtspunkten zum Erwerb des Objektes gezwungen.

Der Hintergrund dieser Regelung ist darin zu sehen, daß der Leasinggeber wegen der regelmäßig eintretenen Wertsteigerung bei Immobilien kein Risiko der Wertminderung trägt. Da bei Vereinbarung einer Kaufoption die Chance der Wertsteigerung an den Leasingnehmer abgetreten wird, müssen die Objektrisiken beim Leasinggeber verbleiben, damit dieser nicht Chancen und Risiken gleichermaßen abwälzt und so eine Zurechnung des Objektes zum Leasingnehmer riskiert.

Die durch die Übernahme der Objektrisiken entstehenden Kosten trägt in der Grundmietzeit vertragsgemäß der Leasinggeber; wegen seiner knappen Kalkulation schlägt er diese (ggf. verzinsten) Kosten allerdings dem Optionspreis zu. Dies ist zu berücksichtigen, wenn die Wahrscheinlichkeit der Optionsausübung beurteilt wird.[232]

Die regelmäßig recht kurze Mietdauer - 90% von 25 Jahren bzw. 90% von 50 Jahren - führt dazu, daß der Mietzeittest regelmäßig nicht erfüllt sein wird. Deshalb kann ein Teilamortisationsvertrag mit Kaufoption lediglich aufgrund einer besonders günstigen Optionsvereinbarung oder aufgrund des Barwerttests als *finance lease* eingestuft werden. Da die Zahlungsverpflichtungen des Leasingnehmers keine Restwertgarantien

---

232 Vgl. *Mellwig* (Leasingverträge, 1998): S. 11.

(in Form von Andienungsrechten oder Ausgleichszahlungen für Mindererlöse) vorsehen, wird der Barwerttest - wie bei einem Vollamortisationsvertrag oder einem Vertrag mit offenem Restwert - auf einen *operating lease* hindeuten. Somit bleibt ausschließlich zu prüfen, ob die vereinbarte Kaufoption als so günstig einzustufen ist, daß bereits bei Vertragsbeginn ihre Ausübung unterstellt werden kann.

Eine Kaufoption zum linearen Restbuchwert könnte vor dem Hintergrund der Wertentwicklungen von Immobilien als günstige Kaufoption angesehen werden.[233] Dem mag man jedoch entgegenhalten, daß die vereinbarten Mietdauern immerhin so lang sind, daß weder verläßliche Prognosen über die künftige Wertentwicklung[234] noch über die künftigen Ansprüche des Mieters hinsichtlich Größe, Lage, Beschaffenheit, Gestaltung und Ausstattung der Immobilie möglich sind. Ob angesichts derart gravierender Unsicherheiten u.U. Jahrzehnte vor dem möglichen Erwerb die Ausübung der Kaufoption generell unterstellt werden kann, scheint doch zumindest zweifelhaft. Vom Erwerb der Immobilie kann daher zwingend nur in solchen Fällen ausgegangen werden, in denen der Kaufpreis lediglich eine Anerkennungsgebühr darstellt. Dies ist bei einem Kaufpreis in Höhe des linearen Restbuchwertes allerdings nicht der Fall, somit ist stets die Klassifikation eines erlaßkonformen Immobilien-Leasingvertrages mit Kaufoption als *operating lease* möglich.

Vertrag mit Mietverlängerungsoption: Bei einem erlaßkonformen Teilamortisationsvertrag mit Mietverlängerungsoption liegt die unkündbare Grundmietzeit unter 90% der betriebsgewöhnlichen Nutzungsdauer; die Miete im Verlängerungszeitraum beträgt mindestens 75% der Miete, die für ein nach Art, Lage und Ausstattung vergleichbares Grundstück gezahlt wird. Sofern der Verlängerungszeitraum nicht in die Mietdauer einzubeziehen ist, kann der Vertrag eindeutig als *operating lease* eingestuft werden.

Wenn die vorstehend beschriebenen Unsicherheiten hinsichtlich der Weiternutzung der Immobilie nach Ablauf der Grundmietzeit dazu führen, daß selbst für den Fall einer vergleichsweise günstigen Kaufoption der Erwerb der Immobilie nicht zwingend unterstellt werden kann, müssen diese Argumente ebenso für die Beurteilung einer Vertragsverlängerung

---

233 Vgl. kritisch *Runge / Bremser / Zöller* (Leasing, 1978): S. 303, die darauf verweisen, daß auch bei dieser Vertragsgestaltung das Risiko der Wertminderung beim Leasinggeber verbleibt.

234 Vgl. *Bordewin* (Leasing, 1989): S. 72.

maßgeblich sein. Demzufolge kann eine Mietverlängerung nur dann unterstellt werden, wenn die Miete vernachlässigbar gering ist. Da eine Miete, die mindestens 75% einer entsprechenden Vergleichsmiete beträgt, diese Bedingung kaum erfüllt, wird eine generelle Unterstellung der Mietverlängerung zu Beginn des Vertrages stets zu verneinen sein; daher kann der Teilamortisationsvertrag mit Verlängerungsoption *als operating lease* qualifiziert werden.

4. Zwischenergebnis

Die Ergebnisse der Klassifikation typischer deutscher Mobilien- und Immobilien-Leasingverträge nach IAS 17 lassen sich kurz wie folgt zusammenfassen:

Im Bereich des Mobilien-Leasing fallen Vollamortisationsverträge regelmäßig unter die Definition des *finance lease* nach IAS 17. Die vollständige Kostendeckung beim Leasinggeber bereits in der Grundmietzeit ist jedoch durch den Barwerttest kaum nachzuweisen: Die vergleichsweise kurzen Nutzungsdauern deutscher Leasingverträge erlauben regelmäßig eine Restverwertung des Objektes; solange darüber hinaus eine Anschlußverwertung möglich ist, wird der Barwerttest im Regelfall nicht auf einen *finance lease* hindeuten. Da weiterhin bei erlaßkonformer Ausgestaltung von Kaufoption und Mietverlängerungsoption die Ausübung dieser Optionen zu Beginn des Vertrages nicht mit der nach IAS 17 geforderten Sicherheit unterstellt werden kann, sind alle Vollamortisationsverträge über Mobilien als *operating leases* zu qualifizieren.

Bei Teilamortisationsverträgen mit Andienungsrecht oder Mehrerlösbeteiligung sowie bei kündbaren Verträgen wird zwar der Barwerttest stets auf einen *finance lease* schließen lassen, da bei der Klassifikation des Vertrages anderweitige Verwertungschancen des Leasinggebers nicht in die Betrachtung einbezogen werden. Die Verlagerung des Investitionsrisikos auf den Leasingnehmer bei gleichzeitigem Verbleib der Restwertchancen kann zur Qualifikation eines *finance lease* allerdings nicht ausreichen; unter Verweis auf die Restwertchance und die übergeordnete Generalnorm des IAS 17 müssen solche Verträge folglich als *operating lease* eingestuft werden.

Im Bereich des Immobilien-Leasing sind in Deutschland Teilamortisationsverträge vorherrschend. Wegen der im Vergleich zur Nutzungsdauer vergleichsweise kurzen Grundmietzeit wird der Mietzeittest regelmäßig die Argumentation für einen *operating lease* erlauben. Zum gleichen Resultat führt auch der Barwerttest, da bei diesen Vertragsformen keine Amortisation innerhalb der Grundmietzeit angestrebt wird und der Leasingnehmer keine Restwertgarantien übernimmt. Problematisch könnten allenfalls die regelmäßig gewährten Kauf- und Verlängerungsoptionen werden. Nach IAS 17 hat die Ausübung der Option bei Vertragsbeginn jedoch weitgehend sicher zu sein; diese geforderte Wahrscheinlichkeit der Optionsausübung werden deutsche Verträge regelmäßig nicht erfüllen, da sowohl der Kaufpreis als auch Mieten im Verlängerungszeitraum echte Gegenleistungen für die Gebrauchsüberlassung darstellen. Trotzdem bleibt festzuhalten, daß der Teilamortisationsvertrag über Immobilien die Vertragsform zu sein scheint, "bei der die Bilanzierung des Objektes beim Leasinggeber durch die Zurechnungsgrundsätze des IASC am wenigsten gesichert erscheint."[235]

Bei Verträgen, die nicht den in den Erlassen beschrieben Vorgaben folgen, erfolgt die Beurteilung anhand einer Einzelfallbetrachtung. Da sich aber auch die Gestaltung dieser Verträge, beispielsweise bei der Bemessung der Grundmietzeit, an den Vorgaben der Erlasse orientiert, sollte es regelmäßig möglich sein, auch diese Vertragsgestaltungen als *operating leases* zu qualifizieren.

VI. Die Bilanzierung von *operating leases*

1. Die Bilanzierung beim Leasinggeber

1.1 Die Darstellung in Bilanz und GuV

Der Leasinggeber aktiviert das Leasingobjekt in seiner Bilanz als Sachanlagevermögen.[236] Die Zugangsbewertung des Objektes erfolgt zu Anschaffungs- oder Herstellungskosten (*costs*),[237] die den deutschen Begriffen inhaltlich (weitgehend) entsprechen.[238]

Die Folgebewertung soll der planmäßigen Abschreibung anderer identischer oder ähnlicher Vermögensgegenstände entsprechen und hat sich

---

235 *Mellwig* (Leasingverträge, 1998): S. 12.

236 Vgl. *IASC* (IAS 17, 1997): para. 41; *IASC* (IAS 1, 1997): Appendix; *IASC* (IAS 5, 1994): para. 11; *IASC* (IAS 16, 1998): para. 35.

237 Vgl. *IASC* (IAS 16, 1998): para. 15-20.

238 Vgl. *IdW* (IAS, 1995): S. 52-56. Wie nach deutschem Recht sind auch nach IAS 16 alle "costs of bringing the asset to working condition for its intended use" zu aktivieren. *IASC* (IAS 16, 1998): para. 15.

an den Abschreibungsregelungen des IAS 4 zu orientieren.[239] Durch die Abschreibung werden die Anschaffungskosten des Vermögensgegenstandes systematisch über die Rechnungslegungsperioden verteilt, über die sich die Nutzungsdauer (*useful life*)[240] dieses Vermögensgegenstandes erstreckt.[241] Die Nutzungsdauer soll unter Beachtung wirtschaftlicher, technischer und rechtlicher Bestimmungsfaktoren festgelegt werden[242] und Erfahrungen mit ähnlichen Vermögensgegenständen berücksichtigen.[243] Die festgelegten Nutzungsdauern sind regelmäßig zu überprüfen und gegebenenfalls an veränderte Umstände anzupassen.[244]

Zulässige Abschreibungsverfahren sind die lineare Abschreibung (*straight-line method*), die degressive Abschreibung (*diminishing balance method*) sowie die Abschreibung nach Maßgabe der Inanspruchnahme (*sum-of-the-unit method*).[245] Die Abschreibung soll nicht den Wertverzehr des Vermögensgegenstandes zum Ausdruck bringen, sondern als Aufwand den Erträgen (*benefits*) gegengerechnet werden, die durch den Einsatz des Vermögensgegenstandes im Unternehmen erwirtschaftet werden. Sofern die tatsächliche zeitliche Verteilung der Erträge nicht mit hinreichender Sicherheit bestimmt werden kann, ist im Zweifel nach der linearen Methode abzuschreiben.[246]

---

239 Vgl. *IASC* (IAS 17, 1997): para. 45; vgl. auch *IASC* (IAS 4, 1994) sowie *IASC* (IAS 16, 1998).

240 Vgl. zum Begriff des *useful life IASC* (IAS 17, 1997): para. 3; *IASC* (IAS 4, 1994): para. 7 sowie Abschn. II.2.3 des vorliegenden Kapitels.

241 Vgl. *IASC* (IAS 4, 1994): para. 4: "Depreciation is the allocation of the depreciable amount of an asset over its estimated useful life." Die Abschreibung "should be allocated on a systematic basis to each accounting period during the useful life of the asset." *IASC* (IAS 4, 1994): para. 5. Nach Auffassung des IASC stellen Abschreibungen primär Aufwandsverteilung dar und dienen nur sekundär der Bewertung der Vermögensgegenstände. Deshalb dürfen Abschreibungen auch dann nicht unterbleiben, wenn sie durch Wertsteigerungen eines Vermögensgegenstandes ausgeglichen werden. Vgl. *IASC* (IAS 4, 1994): para. 6. So auch *Siegel / Shim* (Accounting Terms, 1995): S. 124, die *depreciation* als "spreading out of the original cost over the estimated life of the fixed assets such as plant and equipment" definieren.

242 Vgl. *IASC* (IAS 4, 1994): para. 7; *Oesterle* (IAS-Kommentar, 1997): Tz. 34.

243 Vgl. *IASC* (IAS 4, 1994): para. 6; *IASC* (IAS 16, 1998): para. 49-51.

244 Vgl. *IASC* (IAS 4, 1994): para. 8; *IASC* (IAS 16, 1998): para. 49-51.

245 Vgl. *IASC* (IAS 16, 1998): para. 47.

246 Vgl. *Oesterle* (IAS-Kommentar, 1997): Tz. 25. Danach ist die lineare Abschreibung als Standardmethode anzusehen.

Da eine direkte Zurechnung von Erträgen auf einzelne Wirtschaftsgüter regelmäßig ausgeschlossen sein wird[247], entfällt die Möglichkeit einer Verteilung der Abschreibungsbeträge nach Maßgabe der Nutzenstiftung des Wirtschaftsgutes. Vereinfachungshalber kann daher unterstellt werden, daß sich die Nutzenstiftung nach der Nutzung des Vermögensgegenstandes durch das Unternehmen richtet. Ist die betriebliche Inanspruchnahme des Gegenstandes bekannt, und wird diese durch das lineare Abschreibungsverfahren nicht angemessen zum Ausdruck gebracht, so ist eine der beiden anderen Abschreibungsmethoden zu wählen.[248]

Häufig wird bei materiellen Vermögensgegenständen die degressive Abschreibungsmethode angemessen sein. Diese soll insbesondere dann zu sachgerechten Ergebnissen führen, wenn im Zeitablauf zunehmende Instandhaltungskosten zu erwarten sind. Die zunehmenden Aufwendungen für die Instandhaltung werden durch sinkende Abschreibungen kompensiert, so daß im Ergebnis der Gesamtaufwand weitgehend konstant bleibt und - eine gleichbleibende Leistungsabgabe des Vermögensgegenstandes vorausgesetzt - der Vermögensgegenstand einen gleichbleibenden Erfolgsbeitrag stiftet.[249]

Ein einmal gewähltes Abschreibungsverfahren soll grundsätzlich[250] beibehalten werden, ein Wechsel ist dann zulässig, wenn sich die Struktur der erwarteten Nutzenabgabe ändert.[251]

Die eingehenden Leasingraten sollen - unabhängig von den vereinbarten Zahlungsmodalitäten - zu einem im Zeitablauf linearen Ertragsstrom führen, "sofern nicht ein anderes Verfahren der zeitlichen Verteilung der durch die Nutzungsüberlassung erwirtschafteten Erträge besser entspricht."[252] Eine andere als die lineare Verteilung kommt beispielsweise dann in Frage, wenn das Leasingobjekt nicht linear, sondern degressiv

---

247 Vgl. *Dietz* (Normierung, 1971): S. 136. Nach *Dietz* entfällt das Zurechnungsproblem nur im "Einmaschinenunternehmen ohne Nachfolgeanlage", beispielsweise bei einem Taxifahrer mit lediglich einem Taxi.

248 Vgl. *Oesterle* (IAS-Kommentar, 1997): Tz. 25.

249 Vgl. *Oesterle* (IAS-Kommentar, 1997): Tz. 26.

250 Der Wechsel von der degressiven zur linearen Abschreibung ist freilich erlaubt, um die Vollabschreibung des Vermögensgegenstandes zu erreichen.

251 Vgl. *IASC* (IAS 16, 1998): para. 47 und para. 52.

252 *IdW* (IAS, 1995): S. 115; *IASC* (IAS 17, 1997): para. 42.

abgeschrieben wird; in diesem Fall soll die Ertragsperiodisierung der Aufwandsverrechnung folgen.[253]

Kosten, die dem Leasinggeber vor oder bei Abschluß des Leasingvertrages entstehen (*initial costs*), dürfen entweder sofort als Aufwand verbucht oder abgegrenzt werden. Der im zweiten Fall entstehende aktive Rechnungsabgrenzungsposten ist über die Grundmietzeit aufzulösen. Die Auflösung des RAP hat der Ertragsperiodisierung zu folgen.[254]

Die bilanzielle Behandlung eines *operating lease* beim Leasinggeber wird anhand des nachstehenden Beispiels verdeutlicht:

Zusammenstellung der Beispielsdaten	
Anschaffungskosten des Objektes	140.000 DM
Kosten des Vertragsabschlusses	1.800 DM
Kalkulationszins des Leasinggebers	9%
Leasingraten (zahlbar am Jahresende)	34.467 DM
Economic Life des Objektes	6 Jahre
unkündbare Grundmietzeit	4 Jahre
Verlängerungs- oder Kaufoptionen	keine

Die Vereinbarung wird von beiden Vertragsparteien korrespondierend als *operating lease* klassifiziert. Der Leasinggeber wählt das degressive Abschreibungsverfahren mit einem Abschreibungssatz von 30% und schreibt das Leasingobjekt über sechs Jahre ab; der Wechsel auf das lineare Verfahren erfolgt im vierten Jahr.

Da der Leasinggeber die degressive Abschreibung gewählt hat, soll auch die zeitliche Verteilung seiner Finanzerträge diesem Verlauf folgen. Außerdem entscheidet der Leasinggeber, die direkten Kosten des Vertragsabschlusses nicht sofort als Aufwand zu verrechnen, sondern aktiv abzugrenzen und über die Vertragslaufzeit zu verrechnen.

---

253 Vgl. *Kirsch* (IAS-Kommentar, 1997): Tz. 57.

254 Vgl. *IASC* (IAS 17, 1997): para. 44.

	1	2	3	4
Datum	Objekt	Abschreibung	Leasingrate	Ertrag
01.01.X1	140.000,00	-	-	
31.12.X1	98.000,00	42.000,00	34.467,00	53.621,95
31.12.X2	68.600,00	29.400,00	34.467,00	37.535,37
31.12.X3	48.020,00	20.580,00	34.467,00	26.274,76
31.12.X4	32.013,33	16.006,67	34.467,00	20.435,92
31.12.X5	16.006,67	16.006,67		
31.12.X6	0,00	16.006,67		
		140.000,00	137.868,00	137.868,00

	5	6	7	8
Datum	Abgrenzung	RAP direkte Kosten	Auflösung direkte Kosten	Ergebnis
01.01.X1	-	1.800,00	-	-
31.12.X1	-19.154,95	1.099,91	700,09	10.921,87
31.12.X2	-3.068,37	609,85	490,06	7.645,31
31.12.X3	8.192,24	266,81	343,04	5.351,71
31.12.X4	14.031,08	0,00	266,81	4.162,44
31.12.X5				
31.12.X6				
	0,00		1.800,00	28.081,33

Zum besseren Verständnis sei das erste Jahr kurz beschrieben: Der Leasinggeber verrechnet als Abschreibung im Jahr X1 TDM 42, nämlich 30% der Anschaffungskosten von TDM 140. Damit ergibt sich zum Ende des ersten Jahres ein Restbuchwert in Höhe von TDM 98. Obwohl eine lineare Zahlung der Leasingraten vereinbart wurde, ist der Ertrag aus dem Leasinggeschäft degressiv zu vereinnahmen. Die Summe aller Leasingraten beträgt DM 137.868, der Anteil der Abschreibungen im ersten Jahr an den gesamten (während der Grundmietzeit verrechneten) Abschreibungen beträgt 38,89%.

Aus diesem Grund werden im ersten Jahr Erträge in Höhe von DM 53.621,95 (=38,89% von DM 137.868) verbucht. Da allerdings die gezahlte Leasingrate nur DM 34.467,00 beträgt, wird die Differenz in Höhe von DM 19.154,95 aktiv abgegrenzt. Die für den Vertragsabschluß aufgewendeten direkten Kosten werden nach dem gleichen Prinzip über die Grundmietzeit verteilt; dadurch wird der Rechnungsabgrenzungsposten über die Vertragslaufzeit aufgelöst.

In der Spalte (9) sind die Periodenergebnisse während der Grundmietzeit dargestellt; diese entsprechen der Summe der Leasingraten abzüglich der in den ersten vier Jahren verrechneten Abschreibungen und der direkten Kosten.

1.2 Angaben im Anhang

Der Leasinggeber hat im Anhang für das Leasingvermögen einen Bruttoanlagespiegel darzustellen; dabei sollen ähnliche Wirtschaftsgüter in Gruppen zusammengefaßt werden.[255] Aus dem Bruttoanlagespiegel müssen hervorgehen:[256]

- die kumulierten Anschaffungskosten der Vermögensgegenstände,
- die kumulierten planmäßigen Abschreibungen und
- die kumulierten außerplanmäßigen Wertminderungen (*impairments*)
- zum Bilanzstichtag. Außerdem sind
- die als Aufwand im Geschäftsjahr verrechneten Abschreibungen,
- die als Aufwand im Geschäftsjahr verrechneten außerplanmäßigen Abschreibungen sowie
- die als Ertrag im Geschäftsjahr verrechneten Zuschreibungen

darzulegen.

Im Anhang sind weiterhin die künftigen Mindestleasingzahlungen gemäß folgender zeitlicher Aufgliederung anzugeben:[257]

- künftige Zahlungen, die innerhalb eines Jahres (einschließlich) fällig werden,

---

[255] Die Zusammenfassung ähnlicher Wirtschaftsgüter sollte dem Beispiel des IAS 16 folgen. Vgl. *IASC* (IAS 16, 1998): para. 35.

[256] Vgl. *IASC* (IAS 17, 1997): para. 48 (a).

[257] Vgl. *IASC* (IAS 17, 1997): para. 48 (b).

- künftige Zahlungen, die nach einem und höchstens fünf Jahren fällig werden,
- künftige Zahlungen, die nach mehr als fünf Jahren fällig werden.

Weiterhin ist die Höhe der Erträge darzustellen, die aus bedingten Leasingraten (*contingent rentals*) erzielt wurden.[258] Außerdem verlangt IAS 17 eine allgemeine Beschreibung der für den Leasinggeber typischen Leasingvereinbarungen.[259]

2. Die Bilanzierung beim Leasingnehmer

2.1 Die Darstellung in Bilanz und GuV

Ein *operating lease* findet keinen Niederschlag in der Bilanz des Leasingnehmers; wie bei einem Mietvertrag sind die Leasingraten als Aufwand in der GuV zu erfassen.[260] Der Teil der Leasingraten, der auf die Nutzungsüberlassung (und nicht auf sonstige, zusätzliche Leistungen wie Versicherung oder Instandhaltung) entfällt;[261] soll - unabhängig von der tatsächlichen Zahlungsstruktur - grundsätzlich als linearer Aufwandsstrom über die Grundmietzeit verrechnet werden. Sofern nachgewiesen werden kann, daß die Leistungsabgabe des Leasingobjektes nicht linear verläuft, hat der Leasingnehmer die Aufwandsperiodisierung an die Leistungsabgabe anzupassen,[262] um die Aufwendungen und Erträge aus dem Leasingvertrag gleichmäßig gegeneinander aufzurechnen.[263]

2.2 Angaben im Anhang

Nach IAS 17 a.F. bestand für den Leasingnehmer hinsichtlich seiner *operating leases* keine Offenlegungspflicht im Anhang. Lediglich in wesentlichen Fällen waren Finanzierungsbeschränkungen, Verlängerungs- oder Kaufoptionen, variable Leasingraten sowie ungewisse Sachverhalte - beispielsweise nicht festgelegte Abschlußzahlungen am Ende der Grundmietzeit[264] - offenzulegen.[265]

---

[258] Vgl. *IASC* (IAS 17, 1997): para. 48 (c).

[259] Vgl. *IASC* (IAS 17, 1997): para. 48 (d).

[260] Vgl. *IASC* (IAS 17, 1997): para. 25.

[261] Vgl. *IASC* (IAS 17, 1997): para. 26.

[262] Vgl. *IASC* (IAS 17, 1997): para. 25-26.

[263] Vgl. *Kirsch* (IAS-Kommentar, 1997): Tz. 59.

[264] Vgl. *IASC* (IAS 17, 1994): para. 27.

Nach IAS 17 n.F. hat der Leasingnehmer - analog zum Leasinggeber - im Anhang nun die künftigen Mindestleasingzahlungen gemäß folgender zeitlicher Aufgliederung anzugeben:[266]

- künftige Zahlungen, die innerhalb eines Jahres (einschließlich) fällig werden,
- künftige Zahlungen, die nach einem und höchstens fünf Jahren fällig werden,
- künftige Zahlungen, die nach mehr als fünf Jahren fällig werden.

Weiterhin hat der Leasingnehmer die künftigen Mindestleasingzahlungen offenzulegen, die er aus dem Abschluß unkündbarer Untermietverträge (*sublease*) erwartet.[267]

Darüber hinaus sind alle Leasingzahlungen sowie Zahlungen aus Untermietverträgen anzugeben, die im Geschäftsjahr über die GuV verrechnet wurden. Gefordert wird ein getrennter Ausweis der Mindestleasingraten, der bedingten Raten sowie der Zahlungen aus Untermietverhältnissen.[268]

Ferner verlangt IAS 17 vom Leasingnehmer eine allgemeine Beschreibung der für ihn typischen Vereinbarungen über *operating leases*, die mindestens folgende Angaben enthalten muß:[269]

- die Grundlage, auf der bedingte Leasingraten vereinbart wurden,
- vereinbarte Kauf- und Verlängerungsoptionen sowie die Konditionen, zu denen die Optionen ausgeübt werden können,
- Vereinbarungen über Erhöhungen der Leasingraten sowie
- Vereinbarungen über den Abschluß weiterer Leasingverträge.

---

265 Vgl. *IASC* (IAS 17, 1994): para. 26.

266 Vgl. *IASC* (IAS 17, 1997): para. 27 (a).

267 Vgl. *IASC* (IAS 17, 1997): para. 27 (b).

268 Vgl. *IASC* (IAS 17, 1997): para. 27 (c).

269 Vgl. *IASC* (IAS 17, 1997): para. 27 (d).

VII. Die Bilanzierung von *finance leases*

1. Die Bilanzierung beim Leasinggeber

1.1 Die Darstellung in Bilanz und GuV

Mit Abschluß des Leasingvertrages darf der Leasinggeber das Leasingobjekt nicht mehr im Anlagevermögen unter dem Bilanzposten *property, plant and equipment*[270] ausweisen, sondern hat statt dessen eine Forderung in Höhe der Nettoinvestition (*net investment in the lease*) zu aktivieren.[271] Unter der Nettoinvestition versteht man die Summe aus dem Barwert der Mindestleasingraten aus Sicht des Leasinggebers[272] sowie dem Barwert eines nichtgarantierten Restwertes;[273] somit stellt die Nettoinvestition den Barwert aller garantierten und nichtgarantierten Zahlungen dar, die der Leasinggeber in seine Vertragskalkulation einbezogen hat.[274] Die (nicht diskontierte) Summe aus den Mindestleasingraten und einem nichtgarantierten Restwert wird als Bruttoinvestition (*gross investment in the lease*) bezeichnet, die Differenz zwischen der Bruttoinvestition und der Nettoinvestition stellt den nichtrealisierten Zinsertrag (*unearned finance income*) dar.[275]

Exkurs: Für bestimmte - in Deutschland kaum anzutreffende Leasingverträge (sog. *Leverage-Leasing*)[276] - erlaubte IAS 17 a.F. eine alternative Form der Ertragsperiodisierung, die auf Basis der Zahlungs-

---

270 Vgl. *IASC* (IAS 5, 1994): para. 11; *IASC* (IAS 16, 1998): para. 6.

271 Vgl. *IASC* (IAS 17, 1994): para. 28; *IdW* (IAS, 1995): S. 117; *Mellwig / Weinstock* (Zurechnung, 1996): S. 2351.

272 Alle Zahlungen, die der Leasinggeber vom Leasingnehmer erhält oder einfordern kann sowie alle dem Leasinggeber garantierten Restwerte.

273 Vgl. *Fuchs* (Leasingverhältnisse, 1996): S. 1835; *KPMG* (IAS, 1995): S. 64.

274 Vgl. zustimmend *IdW* (IAS, 1995): S. 117. Diese einsichtigere Definition des *net investment in the lease* wird in dieser Form allerdings vom IASC nicht verwendet.

275 Vgl. *IASC* (IAS 17, 1997): para. 3. Folglich kann das *net investment in the lease* auch als Differenz aus dem *gross investment* und dem *unearned finance income* dargestellt werden.

276 Vgl. *IASC* (IAS 17, 1994): para. 35 und para. 37. Darunter versteht man eine insbesondere in den USA verbreitete Sonderform des Leasing, die dadurch gekennzeichnet ist, daß der Leasinggeber als rechtlicher Eigentümer des Leasingobjektes einen Großteil der Objektkosten fremdfinanziert und der Leasingnehmer verpflichtet wird, einen Teil der Leasingraten direkt an den Darlehensgeber abzuführen. Aus der leasingtypischen Dreieckbeziehung zwischen Leasinggeber, Leasingnehmer und Lieferant wird auf diese Weise ein Vier-Parteien-Leasing. Vgl. *Lüem* (Leveraged Leasing, 1980): S. 17-19.

ströme vorgenommen wurde.[277] Da dieses Verfahren zu anderen Periodenergebnissen führt als die Ertragsverrechnung auf Basis der Nettoinvestition (*net investment*), wurde diese Alternative mit der neuen Fassung von IAS 17 abgeschafft[278] und soll an dieser Stelle nicht vertiefend behandelt werden.

Durch die beschriebene Abbildung des Leasinggeschäfts im Jahresabschluß des Leasinggebers wird deutlich, daß bei einem *finance lease* nicht mehr die Nutzungsüberlassung des Objekts, sondern die Kapitalbereitstellung und der Finanzierungseffekt im Vordergrund stehen, da die wesentlichen Objektchancen und -risiken auf den Leasingnehmer übergegangen sind.[279] Entsprechend werden die Leasingraten auch nicht als Mieterträge aufgefaßt, sondern in Zins- und Tilgungsanteil für das durch den Leasinggeber gewährte Darlehen aufgeteilt.[280] Die Zinserträge sind grundsätzlich so zu erfassen, daß sich eine im Zeitablauf konstante Rendite auf die noch ausstehende Nettoinvestition ergibt.[281]

Die bilanzielle Behandlung eines *finance lease* beim Leasinggeber soll nachfolgend verdeutlicht werden. Es wird davon ausgegangen, daß der Leasingnehmer den Restwert garantiert und zu 75% an einem eventuell anfallenden Mehrerlös beteiligt wird (Teilamortisationsvertrag mit Mehrerlösbeteiligung). Beide Vertragsparteien klassifizieren die Vereinbarung korrespondierend als *finance lease*. Die Daten des Beispiels werden in nachstehender Tabelle noch einmal kurz zusammengefaßt:

277 Vgl. *IASC* (IAS 17, 1994): para. 36; *Pabst / Schmidt / Bacher* (Mobilien-Leasingverträge, 1990): S. 1198; *KPMG* (IAS, 1995): S. 65.

278 Vgl. *IASC* (IAS 17, 1997): Introduction.

279 Vgl. *IASC* (IAS 17, 1997): para. 29; *Pabst / Schmidt / Bacher* (Mobilien-Leasingverträge, 1990): S. 1198.

280 Vgl. *IASC* (IAS 17, 1997): para. 29.

281 Vgl. *IASC* (IAS 17, 1997): para. 30; *KPMG* (IAS, 1995): S. 65.

Zusammenstellung der Beispielsdaten	
Anschaffungskosten des Objektes	140.000 DM
Leasingraten (zahlbar am Jahresende)	34.467 DM
Kosten des Vertragsabschlusses	1.800 DM
garantierter Restwert	40.000 DM
Verlängerungs- oder Kaufoptionen	keine
Economic life des Objektes	6 Jahre
Unkündbare Grundmietzeit	4 Jahre
Kalkulationszins des Leasinggebers	9%

Der Leasinggeber aktiviert eine Forderung in Höhe der Nettoinvestition, die in diesem Beispiel dem Barwert der Mindestleasingraten entspricht, da der Leasinggeber mit einem garantierten Restwert kalkuliert. Die Wertentwicklung der Forderung sowie die Aufteilung der Leasingraten in Zins- und Tilgungsanteil ist aus der nachstehenden Tabelle ersichtlich:

	1	2	3	4
Datum	Leasingrate	Zins (9%)	Tilgungsanteil	Forderung
01.01.X1	-	-	-	140.000,00
31.12.X1	34.467,00	12.600,00	21.867,00	118.133,00
31.12.X2	34.467,00	10.631,97	23.835,03	94.297,97
31.12.X3	34.467,00	8.486,82	25.980,18	68.317,79
31.12.X4	34.467,00	6.148,60	28.318,40	39.999,39
	137.868,00	37.867,39	100.000,61	

Die Bruttoinvestition (*gross investment*) setzt sich in diesem Beispiel aus den vier Leasingraten sowie dem garantierten Restwert zusammen und beträgt DM 177.868. Die Nettoinvestition (*net investment*) errechnet sich durch Diskontierung der Mindestleasingzahlungen (zuzüglich etwaiger nichtgarantierter Restwerte) und beträgt

$$KW_0 = LR * RBF(i,n) + GRW / (1+i)^n =$$

$$111.663,43 + 28.337,01 = \underline{\underline{140.000,44.}}$$

Als Differenz zwischen der Brutto- und der Nettoinvestition errechnet sich der Zinsertrag in Höhe von DM 37.867,39, dessen Periodisierung über die Vertragslaufzeit in Spalte (2) dargestellt wird.

Häufig entstehen dem Leasinggeber Kosten, die in direktem Zusammenhang mit dem Abschluß des Leasingvertrags stehen (*initial costs*).[282] Zu diesen zählen insbesondere Anbahnungskosten,[283] Provisionen sowie Rechts- und Beratungskosten,[284] aber auch interne Kosten wie die Lohnkosten der Mitarbeiter, die den Vertrag entworfen haben.[285]

Hinsichtlich solcher Kosten besteht für den Leasinggeber ein Wahlrecht: Die Kosten können entweder sofort in voller Höhe als Aufwand verrechnet werden; es besteht aber auch die Möglichkeit der Abgrenzung, um die Kosten über die Laufzeit des Vertrages zu verteilen.[286] Zu diesem Zweck soll ein in der Höhe den direkten Kosten entsprechender Teil der nichtrealisierten Zinserträge als Ertrag verbucht werden; die Zinserträge der folgenden Perioden werden dann entsprechend um diesen Teil gekürzt.[287] Dadurch ergibt sich eine neue Struktur der Zinserträge, die in der nachfolgenden Tabelle dargestellt wird:

282 Alle Formen von Vertriebskosten wie beispielsweise das Schalten von Anzeigen oder das Werben um potentielle Kunden zählen jedoch nicht zu den *initial costs*. Diese Kosten müssen im Zeitpunkt ihrer Entstehung immer als Aufwand erfaßt werden. Vgl. *Coopers & Lybrand* (IAS, 1996): No. 17.34.

283 Vgl. *Pabst / Schmidt / Bacher* (Mobilien-Leasingverträge, 1990): S. 1198.

284 Vgl. *KPMG* (IAS, 1995): S. 65; *Fuchs* (Leasingverhältnisse, 1996): S. 1835.

285 Solche Kosten sollen nach Maßgabe der aufgewendeten Zeit für alle erfolgreichen Leasingverträge ermittelt werden. Vgl. *Coopers & Lybrand* (IAS, 1996): No. 17.34.

286 Vgl. *IASC* (IAS 17, 1997): para. 33; *KPMG* (IAS, 1995): S. 65.

287 Vgl. *IASC* (IAS 17, 1997): para. 33; *Kirsch* (IAS-Kommentar, 1997): Tz. 41.

	1	2	3	4
Datum	Leasingrate	Zins (9%)	Finanzertrag	direkte Kosten
01.01.X1	-	-	1.800,00	1.800,00
31.12.X1	34.467,00	12.001,07		
31.12.X2	34.467,00	10.126,59		
31.12.X3	34.467,00	8.083,40		
31.12.X4	34.467,00	5.856,33		
	137.868,00	36.067,39	1.800,00	

Den direkten Kosten von DM 1.800 wird ein betragsgleicher Teil des Finanzertrags gegenübergestellt. Dadurch vermindern sich die Zinserträge in den folgenden Perioden; die Summe der Zinserträge in Höhe von DM 37.867,39 bleibt jedoch unverändert.

Sofern die Kalkulation des Leasinggebers nichtgarantierte Restwerte einschließt, die in den bilanzierten Forderungen enthalten sind, ist die Werthaltigkeit dieser Restwerte aus Vorsichtsgründen regelmäßig zu überprüfen. Liegt der tatsächliche Restwert (dauerhaft) unter dem ursprünglich geschätzten Betrag liegt, so ist in dem Jahr, in dem dies festgestellt wird, der Restwert erfolgswirksam abzuschreiben,[288] um so eine Korrektur der bereits vereinnahmten Erlöse vorzunehmen.[289]

Zur Verdeutlichung soll wiederum auf das Beispiel zurückgegriffen werden, das nun dahingehend modifiziert wird, daß der bislang durch den Leasingnehmer abgesicherte Restwert offen (d.h. nichtgarantiert) bleibt. Es wird unterstellt, daß die Nutzungsdauer des Objektes nur unwesentlich über vier Jahren liegt; damit wird der Vertrag als *finance lease* qualifiziert. Direkte Kosten fallen nicht an.

Die Nettoinvestition des Leasinggebers beträgt wie zuvor TDM 140, setzt sich nun allerdings aus dem Barwert der Mindestleasingzahlungen und dem

---

288 Vgl. *IASC* (IAS 17, 1997): para. 32; *Coopers & Lybrand* (IAS, 1996): No. 17.32.

289 Vgl. *IASC* (IAS 17, 1997): para. 32: "Estimated unguaranteed residual values used in computing the lessor's gross investment in a lease are reviewed regularly. If there has been a reduction in the estimated unguaranteed residual value, the income allocation over the lease term is revised and any reduction in respect of amounts already accrued is recognised immediately."

Barwert des offenen Restwertes zusammen. Die Ausgangslage kann wiederum durch die folgende Tabelle dargestellt werden.

	1	2	3	4
Datum	Leasingrate	Zins (9%)	Tilgungsanteil	Forderung
01.01.X1	-	-	-	140.000,00
31.12.X1	34.467,00	12.600,00	21.867,00	118.133,00
31.12.X2	34.467,00	10.631,97	23.835,03	94.297,97
31.12.X3	34.467,00	8.486,82	25.980,18	68.317,79
31.12.X4	34.467,00	6.148,60	28.318,40	39.999,39
	137.868,00	37.867,39	100.000,61	

Nun wird unterstellt, daß im Verlauf der Periode X3 eine Restwertänderung eintritt; der offene Restwert soll nicht mehr TDM 40, sondern nur noch TDM 20 betragen. Dadurch sinkt beim Leasinggeber der Bruttoinvestitionswert, der anstelle von DM 177.868 nur noch DM 157.868 beträgt. Da der Nettoinvestitionswert in Höhe von TDM 140 den Anschaffungskosten des Objektes weiterhin entspricht, verringert sich ebenfalls der Kalkulationszins des Leasinggebers auf 4,62%.

Da die Änderung des Restwertes so zu behandeln ist, als sei der veränderte Restwert bereits bei Vertragsbeginn bekannt gewesen, soll zunächst der komplette Vertragsablauf unter Berücksichtigung der neuen Daten dargestellt werden:

	1	2	3	4
Datum	Leasingrate	Zins (4,62%)	Tilgungsanteil	Forderung
01.01.X1	-	-	-	140.000,00
31.12.X1	34.467,00	6.467,71	27.999,29	112.000,71
31.12.X2	34.467,00	5.174,20	29.292,80	82.707,91
31.12.X3	34.467,00	3.820,94	30.646,06	52.061,85
31.12.X4	34.467,00	2.405,15	32.061,85	20.000,00
	137.868,00	17.868,00	120.000,00	

Zum Ende des dritten Jahres wird der Leasinggeber gemäß dieser Darstellung nur einen Zinsertrag in Höhe von DM 3.820,94 realisieren und nicht, wie ursprünglich geplant, DM 8.486,82. Außerdem sind die Zinserträge der beiden ersten Jahre zu korrigieren; anstelle der vereinnahmten DM 23.231,97 hätte der Leasinggeber lediglich DM 11.641,91 einnehmen dürfen. Die Differenz von DM 11.590,06 wird im dritten Jahr durch eine Abschreibung auf die Forderung berücksichtigt. Damit wird die im Jahresabschluß zum Ende des Jahres X2 ausgewiesene Forderung in Höhe von DM 94.297,97 um DM 11.590,06 auf DM 82.707,91 reduziert.

1.2 Besonderheiten des Hersteller- und Händlerleasing

Neben den allgemeinen Regelungen für die Behandlung von Leasingverträgen im Jahresabschluß des Leasinggebers existieren spezielle Vorschriften für solche Leasingverhältnisse, bei denen ein Hersteller oder Händler als Leasinggeber auftritt (Hersteller- und Händlerleasing).[290] Auch bei solchen Verträgen ist zunächst nach den allgemeinen Zurechnungsregeln zu klären, ob ein *operating lease* oder ein *finance lease* vorliegt. Bei einem *operating lease* folgt die Bilanzierung den allgemeinen Grundsätzen für diese Vertragsform; aus der Tatsache, daß ein Hersteller oder Händler als Leasinggeber fungiert, ergeben sich keine Änderungen.

Bei Abschluß eines *finance lease* ist dagegen zu beachten, daß der Leasinggeber zwei unterschiedliche Arten von Ertrag verzeichnet:

290 Vgl. *IASC* (IAS 17, 1997): para. 34-38.

- Zum einen den in den Leasingraten enthaltenen Zinsertrag,[291]
- zum anderen auch den Gewinn oder Verlust, den ein Hersteller oder Händler als Differenz aus den Umsatzerlösen (abzüglich aller Mengen- und Handelsrabatte) und dem Wareneinsatz erzielt.[292]

Die Umsatzerlöse (*sales revenues*) entsprechen entweder dem normalen Verkaufspreis (*fair value*)[293] des Leasingobjektes oder, sofern niedriger, der Summe aus dem Barwert der Mindestleasingzahlungen und dem diskontierten nichtgarantierten Restwert.[294] Als Wareneinsatz (*cost of sale*) sollen die Anschaffungs- oder Herstellungskosten bzw. der Buchwert des Leasingobjektes erfaßt werden,[295] wenn der Buchwert mit den Anschaffungs- oder Herstellungskosten nicht übereinstimmt.

Zur Abzinsung der Mindestleasingzahlungen ist ein handelsüblicher Zinssatz zu verwenden, auch wenn Händler oder Hersteller oftmals aus absatzpolitischen Gründen z.T. deutlich günstigere Zinssätze offerieren. Die Diskontierung der Mindestleasingzahlungen mit einem solchen niedrigeren Zinssatz kann - bei gleichem Wareneinsatz - zu einem zu hohen Verkaufserlös führen, in diesem Fall würde der Leasinggeber einen zu hohen Gewinnanteil bereits bei Beginn des Leasingvertrages realisieren.[296]

Nachfolgend wird die Verbuchung eines Hersteller- oder Händlerleasingvertrages verdeutlicht: Der Leasinggeber als Händler beschafft das Leasingobjekt zu einem Preis von TDM 120, der vollständig fremdfinanziert wird. Der Verkaufspreis des Objektes beträgt TDM 145; allerdings gewährt der Händler auf Nachfragen einen Nachlaß in Höhe von TDM 5. Leasingverträge werden wegen der höheren Kundenbindung immer auf den reduzierten Betrag von TDM 140 kalkuliert. Der Leasinggeber läßt sich einen Restwert in Höhe von TDM 40 von einer Bank garantieren. Der Leasingnehmer zahlt (nachschüssig) vier Jahresraten von DM 34.467. Der Kalkulationszins des Leasinggebers beträgt unverändert 9%. Außerdem soll nun die vierjährige

291 Vgl. *IASC* (IAS 17, 1997): para. 35; *Pabst / Schmidt / Bacher* (Mobilien-Leasingverträge, 1990): S. 1198; *Ludwig* (Leasingbilanzierung, 1991): S. 65; *Kieso / Weygandt* (Intermediate Accounting, 1995): S. 1147.

292 Vgl. *IASC* (IAS 17, 1997): para. 35; *IASC* (IAS 18, 1993): para. 7 und para. 9.

293 Vgl. *Kirsch* (IAS-Kommentar, 1997): Tz. 65.

294 Vgl. *IASC* (IAS 17, 1997): para. 36; *KPMG* (IAS, 1995): S. 65.

295 Vgl. *IASC* (IAS 17, 1997): para. 36; *Coopers & Lybrand* (IAS, 1996): No. 17.37.

296 Vgl. *IASC* (IAS 17, 1997): para. 37.

Grundmietzeit der Nutzungsdauer weitgehend entsprechen. Daher verbucht der Leasinggeber den Vertrag als *finance lease*.

Zur bilanziellen Erfassung dieses Vertrages ist zunächst der Verkaufsgewinn als Saldo aus dem Wareneinsatz und den Umsatzerlösen zu ermitteln. Der übliche Verkaufspreis für das Objekt beträgt TDM 145, da allerdings der Barwert der Mindestleasingzahlungen lediglich TDM 140 beträgt und unter dem Verkaufspreis des Objektes liegt, ist zur Ermittlung des Verkaufserlöses auf den Barwert der Mindestleasingzahlungen abzustellen. Daraus ergeben sich beim Leasinggeber folgende Buchungen:

Leasingobjekt	an Verbindlichkeit	120.000
(fremdfinanzierte Anschaffung des Objektes)		
Wareneinsatz	an Leasingobjekt	120.000
Forderung	an Umsatzerlöse	140.000
(Abschluß des Leasingvertrags)		

Durch diese Buchungen wird der Verkaufsgewinn in Höhe von TDM 20 erfolgswirksam in der Periode des Vertragsabschlusses erfaßt; der an den Verkauf anschließende Leasingvertrag wird wie ein normaler *finance lease* behandelt.

Würde der Leasinggeber die Diskontierung nicht mit seinem Kalkulationszins von 9% vornehmen, sondern zu einem niedrigeren Zins,[297] überstiege der Barwert der Mindestleasingzahlungen den Verkaufspreis von TDM 145; in diesem Fall würde der Leasinggeber bereits bei Vertragsabschluß einen Veräußerungsgewinn in Höhe von TDM 25 und nicht von TDM 20 realisieren.

Direkte Kosten des Vertragsabschlusses sind zu Vertragsbeginn in voller Höhe als Aufwand zu verrechnen; das Wahlrecht, diese Kosten abzugrenzen und über die Laufzeit des Leasingvertrags als Aufwand zu verrechnen, besteht somit beim Hersteller- und Händlerleasing nicht.[298] Der Grund dafür ist in der Annahme zu sehen, daß Hersteller und Händler

297 Aus Sicht des Leasingnehmers errechnet sich im vorliegenden Fall beispielsweise ein negativer Zins, da die Summe der Leasingraten unter dem um den Rabatt gekürzten Veräußerungspreis des Objektes liegt. Würde der Leasinggeber einen höheren Nachlaß einräumen und den Vertrag als "Null-Leasing" deklarieren, wäre eine Diskontierung mit einem Zins von 0% freilich unzulässig.

298 Vgl. *IASC* (IAS 17, 1997): para. 38; *Pabst / Schmidt / Bacher* (Mobilien-Leasingverträge, 1990): S. 1198; *KPMG* (IAS, 1995): S. 65; *Fuchs* (Leasingverhältnisse, 1996): S. 1836.

Leasing als absatzpolitisches Instrument zur Förderung des Verkaufs einsetzen und deshalb die Kosten des Vertragsabschlusses ausschließlich der Erzielung eines Verkaufsgewinns dienen.[299]

1.3 Angaben im Anhang

Der Leasinggeber hat im Anhang eine Überleitungsrechnung zu erstellen, aus der hervorgeht, wie sich aus der Summe der Bruttoinvestitionswerte zum Bilanzstichtag die Nettoinvestitionswerte errechnen, also die als Forderungen ausgewiesenen Barwerte der Mindestleasingzahlungen.

Zusätzlich sind die Bruttoinvestitionswerte und die Mindestleasingzahlungen gemäß folgender zeitlicher Aufgliederung anzugeben:[300]

- künftige Zahlungen, die innerhalb eines Jahres (einschließlich) fällig werden,
- künftige Zahlungen, die nach einem und höchstens fünf Jahren fällig werden,
- künftige Zahlungen, die nach mehr als fünf Jahren fällig werden.

Weiterhin hat der Leasinggeber den zum Bilanzstichtag noch nicht realisierten Zinsertrag (*unearned finance income*),[301] die Summe der nichtgarantierten Restwerte,[302] die kumulierten Abschreibungen auf uneinbringliche Forderungen[303] sowie die Summe der bedingten Leasingraten, die im Berichtsjahr als Ertrag vereinnahmt wurden,[304] offenzulegen. Außerdem verlangt IAS 17 - wie auch für *operating leases* - eine allgemeine Darstellung der für den Leasinggeber typischen Vereinbarungen über *finance leases*.[305] Zusätzlich wird als Indikator für das Wachstum der Leasinggesellschaft die Angabe der auf das Neugeschäft entfallenden Bruttoinvestitionen abzüglich der noch nicht realisierten Zinserträge für

---

299 Vgl. *IASC* (IAS 17, 1997): para. 38; *KPMG* (IAS, 1995): S. 65; *Coopers & Lybrand* (IAS, 1996): No. 17.37.

300 Vgl. *IASC* (IAS 17, 1997): para. 39 (a).

301 Vgl. *IASC* (IAS 17, 1997): para. 39 (b).

302 Vgl. *IASC* (IAS 17, 1997): para. 39 (c).

303 Vgl. *IASC* (IAS 17, 1997): para. 39 (d).

304 Vgl. *IASC* (IAS 17, 1997): para. 39 (e).

305 Vgl. *IASC* (IAS 17, 1997): para. 39 (f).

sinnvoll erachtet; diese Angabe ist für den Leasinggeber allerdings freiwillig und nach IAS 17 nicht vorgeschrieben.[306]

2. Die Bilanzierung beim Leasingnehmer

2.1 Die Darstellung in Bilanz und GuV

Leasingobjekte, die Gegenstand eines *finance lease* darstellen, werden stets dem Leasingnehmer zugerechnet, da dieser die wesentlichen Chancen und Risiken am Objekt übernimmt.[307] Dementsprechend wird der Leasingvertrag auch im Jahresabschluß des Leasingnehmers wie ein Finanzierungsgeschäft behandelt. Mit Beginn des Leasingvertrags aktiviert der Leasingnehmer das Leasingobjekt und weist in gleicher Höhe[308] eine Verbindlichkeit (*liability*) gegenüber dem Leasinggeber aus. Die Zugangsbewertung des Vermögensgegenstandes und der (zunächst) korrespondierenden Verbindlichkeit richtet sich entweder nach dem Anschaffungswert des Leasingobjektes zu Beginn der Vertragslaufzeit oder aber nach dem Barwert der Mindestleasingzahlungen aus Sicht des Leasingnehmers, sofern dieser unter den Anschaffungskosten liegt.[309] Für die Diskontierung der Mindestleasingzahlungen ist - wie bei der Durchführung des Barwerttests - der interne Zins zugrunde zu legen, sofern "dessen Bestimmung praktikabel ist"[310]; andernfalls ist der Refinanzierungszinssatz des Leasingnehmers zu verwenden,[311] also der Zins, den der Leasingnehmer entweder für einen anderen Leasingvertrag oder für die Fremdkapitalaufnahme zum Kauf des Gegenstandes zu entrichten hätte.

Die Formulierung des IAS 17 ist an dieser Stelle unnötig kompliziert: Falls der Leasingnehmer den Kalkulationszins des Leasinggebers kennt oder bestimmen kann und diesen zur Diskontierung der Mindestleasingzahlungen heranzieht, kann deren errechneter Barwert <u>niemals</u> über den Anschaffungskosten des Leasingobjektes liegen. Die Begründung dafür ist unmittelbar einsichtig: Wenn der Leasinggeber ohne offenen Restwert

306 Vgl. *IASC* (IAS 17, 1997): para. 40.

307 Vgl. *IASC* (IAS 17, 1997): para. 13; *Ludwig* (Leasingbilanzierung, 1991): S. 62.

308 Vgl. *IASC* (IAS 17, 1997): para. 12.

309 Vgl. *IASC* (IAS 17, 1997): para. 12; *Fuchs* (Leasingverhältnisse, 1996): S. 1836; *KPMG* (IAS, 1995): S. 66.

310 *KPMG* (IAS, 1995): S. 66; vgl. auch *IASC* (IAS 17, 1997): para. 12.

311 Vgl. *IASC* (IAS 17, 1997): para. 12; *KPMG* (IAS, 1995): S. 66.

kalkuliert, werden die Anschaffungskosten des Leasingobjektes unter Berücksichtigung der gewünschten Verzinsung sowie der Vertragslaufzeit in eine Annuität umgerechnet. Umgekehrt muß die Diskontierung der annuitätischen Zahlungen wieder die Kosten des Objekts ergeben. Berücksichtigt der Leasinggeber in seiner Kalkulation dagegen einen offenen Restwert, vermindert sich die Berechnungsgrundlage der Zahlungen, die der Leasingnehmer zu erbringen hat; der Barwert seiner Zahlungen liegt folglich genau um den Barwert des offenen Restwertes unter den Anschaffungskosten des Objektes.[312]

Man kann deshalb vereinfachend feststellen, daß der Leasingnehmer in allen Fällen, in denen er den (korrekten) Kalkulationszins des Leasinggebers kennt oder ermitteln kann,[313] stets den Barwert seiner Mindestleasingzahlungen für die Zugangsbewertung von Vermögensgegenstand und Verbindlichkeit zu verwenden hat, da dieser (höchstens) den Anschaffungskosten des Objektes entspricht.

Nur in den Ausnahmefällen, in denen der Leasingnehmer zur Diskontierung der Mindestleasingzahlungen auf seinen Refinanzierungszins zurückgreift, kann der Barwert der Mindestleasingzahlungen über den Anschaffungskosten des Objektes liegen;[314] ausschließlich in diesem Fall erfolgt die Zugangsbewertung von Vermögensgegenstand und Verbindlichkeit zu den (niedrigeren) Anschaffungskosten des Leasingobjektes.[315] Dieser Fall dürfte freilich eine (seltene) Ausnahme bleiben; sofern der Refinanzierungszins des Leasingnehmers unter dem Kalkulationszins des Leasinggebers liegt, wäre der fremdfinanzierte Kauf des Objektes die günstigere Alternative gegenüber de Abschluß eines teureren Leasingvertrages.

---

312 Vgl. *Coopers & Lybrand* (IAS, 1996): No. 17.25.

313 Die Verwendung des internen Zinses wird von IAS 17 als Regelfall unterstellt; die Verwendung des Grenzfremdkapitalzinses ist zwar grundsätzlich erlaubt, aber nur dann zulässig, wenn der Kalkulationszins nicht ohne größere Schwierigkeiten ermittelt werden kann. Vgl. *IASC* (IAS 17, 1997): para. 12 sowie insbesondere *Coopers & Lybrand* (IAS, 1996): No. 17.25. Demzufolge sind in dem von IAS 17 unterstellten Regelfall - der von der Verwendung des Kalkulationszinses ausgeht - Vermögensgegenstand und Verbindlichkeit vom Leasingnehmer zum Barwert der Mindestleasingzahlungen zu bewerten; der Ansatz zu Anschaffungskosten des Leasingobjektes stellt somit die Ausnahme dar.

314 Das wäre nur dann der Fall, wenn der Refinanzierungszins des Leasingnehmers - bei einer Kalkulation mit offenem Restwert sogar wesentlich - unter dem Kalkulatonszins des Leasinggebers liegt.

315 Vgl. *IASC* (IAS 17, 1997): para. 12; *Coopers & Lybrand* (IAS, 1996): No. 17.25.

Die Folgebewertung soll der Abschreibungspolitik entsprechen, die der Leasingnehmer auf in seinem Eigentum stehende Vermögensgegenstände anwendet.[316] Die Regelungen zu den Abschreibungen, die in IAS 4[317] und IAS 16[318] ausgeführt werden, sind dementsprechend zu beachten. Sofern nicht mit hinreichender Sicherheit der Eigentumsübergang des Objektes unterstellt werden kann, ist das aktivierte Leasingobjekt über die Vertragslaufzeit voll abzuschreiben. Liegt die voraussichtliche wirtschaftliche Nutzungsdauer des Leasingobjektes unter der Grundmietzeit, ist die Abschreibung über diesen kürzeren Zeitraum zu verrechnen.[319]

Die bilanzielle Behandlung eines *finance lease* beim Leasingnehmer wird nachfolgend anhand des bekannten Beispiels verdeutlicht. Es wird unterstellt, daß sich die Grundmietzeit von vier Jahren auf den überwiegenden Teil der wirtschaftlichen Nutzungsdauer erstreckt, damit die Vereinbarung von beiden Vertragsparteien korrespondierend als *finance lease* klassifiziert wird. Weiterhin garantiert der Leasingnehmer den Restwert und wird zu 75% an einem eventuell anfallenden Mehrerlös beteiligt (Teilamortisationsvertrag mit Mehrerlösbeteiligung). Zunächst wird davon ausgegangen, daß dem Leasingnehmer der Kalkulationszins des Leasinggebers bekannt ist.

---

316 Vgl. *IASC* (IAS 17, 1997): para. 19.

317 Vgl. *IASC* (IAS 4, 1994): para. 1-13.

318 Vgl. *IASC* (IAS 16, 1998): para. 41-48.

319 Vgl. *IASC* (IAS 17, 1997): para. 19: "... the asset should be fully depreciated over the shorter of the lease term or its useful life." Der Fall, daß die voraussichtliche wirtschaftliche Nutzungsdauer unter der Grundmietzeit liegt, dürfte in der Praxis jedoch nicht vorkommen.

Zusammenstellung der Beispielsdaten	
Anschaffungskosten des Objektes	140.000 DM
Kosten des Vertragsabschlusses	1.800 DM
Kalkulationszins des Leasinggebers	9%
Leasingraten (zahlbar am Jahresende)	34.467 DM
garantierter Restwert	40.000 DM
Economic life des Objektes	4,5 Jahre
unkündbare Grundmietzeit	4 Jahre
Verlängerungs- oder Kaufoptionen	keine

Der Leasingnehmer aktiviert das Leasingobjekt zum Barwert der Mindestleasingzahlungen (die den Anschaffungskosten des Objektes entsprechen) und weist in gleicher Höhe die korrespondierende Verbindlichkeit aus. Ein Eigentumsübergang ist nicht vorgesehen, daher schreibt der Leasingnehmer das Objekt über die Dauer der Grundmietzeit ab, die kürzer ist als die wirtschaftliche Nutzungsdauer des Gegenstandes. Die Aufteilung der Leasingraten in Zinsaufwand und Tilgungsanteil - die im übrigen der Bilanzierung beim Leasinggeber entspricht - sowie die Wertentwicklung des aktivierten Vermögensgegenstandes (bei linearer Abschreibung) wird aus nachstehender Tabelle ersichtlich:

	1	2	3	4
Datum	Leasingrate	Zins (9%)	Tilgung	Verbindlichkeit
01.01.X1	-	-	-	140.000,00
31.12.X1	34.467,00	12.600,00	21.867,00	118.133,00
31.12.X2	34.467,00	10.631,97	23.835,03	94.297,97
31.12.X3	34.467,00	8.486,82	25.980,18	68.317,79
31.12.X4	34.467,00	6.148,60	28.318,40	39.999,39
	137.868,00	37.867,39	100.000,61	

	5	6
Datum	Abschreibung	Leasingobjekt
01.01.X1	-	140.000,00
31.12.X1	35.000,00	105.000,00
31.12.X2	35.000,00	70.000,00
31.12.X3	35.000,00	35.000,00
31.12.X4	35.000,00	0,00
	140.000,00	

Obwohl dem Leasingnehmer aufgrund der vereinbarten Restwertgarantie der Restwert des Objektes von TDM 40 bekannt ist, schreibt der Leasingnehmer das Objekt über die Grundmietzeit voll ab.[320] Die dem Leasinggeber gegenüber eingegangene Verpflichtung zur Restwertgarantie wird nach Ablauf der Grundmietzeit als Verbindlichkeit in Höhe von TDM 40 in der Bilanz ausgewiesen. Sofern der Leasingnehmer seiner Verpflichtung zur Zahlung an den Leasinggeber nachkommt, wird in entsprechender Höhe die Verbindlichkeit reduziert. Fällt hingegen keine Garantieleistung des Leasingnehmers an oder liegt diese unter TDM 40, ist die Verbindlichkeit in entsprechender Höhe erfolgswirksam aufzulösen.[321]

Abschließend soll der Fall dargestellt werden, daß dem Leasingnehmer der Kalkulationszins des Leasinggebers nicht bekannt ist und auch nicht ermittelt werden kann.[322]

---

320 Vgl. *IASC* (IAS 17, 1997): para. 19. "If there is no reasonable certainty that the lessee will obtain ownership by the end of the lease term, the asset should be fully depreciated over the shorter of the lease term or its useful life." Danach ist es nicht möglich, lediglich TDM 100 abzuschreiben und nach Ablauf der Grundmietzeit noch den Restwert in Höhe von TDM 40 in der Bilanz auszuweisen.

321 Da bei Abschluß des Vertrages alle Zahlungen in die *minimum lease payments* einzubeziehen sind, die der Leasinggeber vom Leasingnehmer einfordern kann, ohne die Wahrscheinlichkeit zu überprüfen, mit der diese Zahlungen zu erbringen sind, muß jede Ausgleichsverpflichtung des Leasingnehmers passiviert werden. Vgl. *IASC* (IAS 17, 1997): para. 3. Da der Barwert dieser Verpflichtungen auch den Wert des zu aktivierenden *asset* erhöht und während der Grundmietzeit als Abschreibung verrechnet wird, kann die Berücksichtigung von eher unwahrscheinlichen Verpflichtungen zu erheblichen Verzerrungen der Vermögens-, Finanz- und Ertragslage führen.

322 Vgl. *IASC* (IAS 17, 1997): para. 12.

In diesem Fall greift der Leasingnehmer auf seinen Refinanzierungszins von 11% zurück, den er bei Aufnahme eines Darlehens zur Finanzierung des Objektes zu zahlen hätte. Unter Verwendung dieses Zinses errechnet sich ein diskontierter Wert der Mindestleasingzahlungen von DM 133.281,23. Für diesen Fall sieht IAS 17 vor, daß der Leasingnehmer das Objekt sowie die korrespondierende Verbindlichkeit mit dem niedrigeren Barwert der Mindestleasingzahlungen und nicht mit den höheren Anschaffungskosten anzusetzen hat.[323] Die Aufteilung der Leasingraten in Zinsaufwand und Tilgungsanteil sowie die Wertentwicklung des aktivierten Vermögensgegenstandes (bei linearer Abschreibung) wird aus nachstehender Tabelle ersichtlich:

	1	2	3	4
Datum	Leasingrate	Zins (11%)	Tilgung	Verbindlichkeit
01.01.X1	-	-	-	133.281,23
31.12.X1	34.467,00	14.660,94	19.806,06	113.475,17
31.12.X2	34.467,00	12.482,27	21.984,73	91.490,44
31.12.X3	34.467,00	10.063,95	24.403,05	67.087,39
31.12.X4	34.467,00	7.379,61	27.087,39	40.000,00
	137.868,00	44.586,77	93.281,23	

	5	6
Datum	Abschreibung	Leasingobjekt
01.01.X1	-	133.281,23
31.12.X1	33.320,31	99.960,93
31.12.X2	33.320,31	66.640,62
31.12.X3	33.320,31	33.320,31
31.12.X4	33.320,31	0,00
	133.281,23	

323 Vgl. *IASC* (IAS 17, 1997): para. 12.

2.2 Angaben im Anhang

Der Leasingnehmer hat im Anhang für jede Gruppe[324] von Vermögensgegenständen die Summe der Buchwerte zum Bilanzstichtag anzugeben.[325] Weiterhin hat der Leasingnehmer eine Überleitungsrechnung zu erstellen, aus der hervorgeht, wie sich aus der Summe der Mindestleasingzahlungen zum Bilanzstichtag deren Barwert herleiten läßt.[326]

Zusätzlich sind die Mindestleasingraten und deren Barwerte gemäß folgender zeitlicher Aufgliederung anzugeben:[327]

- künftige Zahlungen, die innerhalb eines Jahres (einschließlich) fällig werden,
- künftige Zahlungen, die nach einem und höchstens fünf Jahren fällig werden,
- künftige Zahlungen, die nach mehr als fünf Jahren fällig werden.

Darüber hinaus hat der Leasingnehmer die Summe der bedingten Leasingraten offenzulegen, die im Berichtsjahr als Ertrag vereinnahmt wurden,[328] sowie die zum Bilanzstichtag ausstehende Summe der Mindestleasingraten, die sich aus Untermietverträgen ergeben.[329] Außerdem fordert IAS 17 eine allgemeine Darstellung der für den Leasingnehmer typischen Vereinbarungen über *finance leases*,[330] die mindestens die folgenden Angaben enthält:

- die Grundlage, auf der bedingte Leasingraten vereinbart wurden,
- vereinbarte Kauf- und Verlängerungsoptionen sowie die Konditionen, zu denen die Optionen ausgeübt werden können,
- Vereinbarungen über Erhöhungen der Leasingraten sowie
- Vereinbarungen über den Abschluß weiterer Leasingverträge.

---

324 Nach IAS 16 ist der Bilanzposten *property, plant and equipment* weiter in verschiedene Gruppen aufzuschlüsseln. Ein Beispiel für die Gliederung von Vermögensgegenständen in Gruppen findet sich in *IASC* (IAS 16, 1998): para. 35.

325 Vgl. *IASC* (IAS 17, 1997): para. 23 (a).

326 Vgl. *IASC* (IAS 17, 1997): para. 23 (b).

327 Vgl. *IASC* (IAS 17, 1997): para. 23 (b).

328 Vgl. *IASC* (IAS 17, 1997): para. 23 (c).

329 Vgl. *IASC* (IAS 17, 1997): para. 23 (d).

330 Vgl. *IASC* (IAS 17, 1997): para. 23 (e).

Darüber hinaus ist in Übereinstimmung mit IAS 16 anzugeben, wie hoch der Zugang an Vermögensgegenständen ist, der aus dem Abschluß von *finance leases* resultiert.[331]

VIII. Die Besonderheiten beim *sale and leaseback*

1. Die Unterscheidung in *operating* und *finance leaseback*

Der letzte Abschnitt des IAS 17 - sieht man von den Ausführungen zum Inkrafttreten und den Übergangsregelungen ab - widmet sich der Behandlung von "Verkauf- und Leaseback-Geschäften"[332] (*sale and leaseback*). Diese Geschäfte sind gekennzeichnet durch den Verkauf eines Vermögensgegenstandes, über den dann der Verkäufer (der künftige Leasingnehmer) mit dem Käufer (dem künftigen Leasinggeber) einen Leasingvertrag abschließt. IAS 17 geht davon aus, daß der Verkaufspreis und die Leasingraten regelmäßig "als geschlossenes Paket"[333] ausgehandelt werden. Daher müssen weder der Verkaufspreis noch die Leasingraten notwendigerweise den jeweils üblichen Marktpreisen entsprechen.[334] Die Abbildung eines *sale and leaseback* im Jahresabschluß hängt davon ab, ob das sich an den Verkauf anschließende Leasinggeschäft als *finance lease* oder *operating lease* eingestuft wird.[335] Die daraus resultierenden Unterschiede für die bilanzielle Darstellung sind so erheblich, daß man nicht von einer einheitlichen Behandlung von *sale and leaseback*-Transaktionen sprechen kann; zur Verdeutlichung werden deshalb im folgenden die Bezeichnungen *finance leaseback* und *operating leaseback* eingeführt.[336]

---

331 Vgl. *IASC* (IAS 17, 1997): para. 24.

332 *Accounting Advisory Forum* (Leasingverträge, 1995): Nr. 39.

333 *Accounting Advisory Forum* (Leasingverträge, 1995): Nr. 39.

334 Vgl. *IASC* (IAS 17, 1997): para. 49: "The lease payment and the sale price are usually interdependent as they are negotiated as a package." Im IAS 17 a.F. wurde an dieser Stelle deutlich darauf hingewiesen, daß die ausgehandelten Preise "...need not represent fair values." Vgl. *IASC* (IAS 17, 1994): para. 56.

335 Vgl. *IASC* (IAS 17, 1997): para. 50; *Förschle / Kroner / Mandler* (Internationale Rechnungslegung, 1994): S. 131.

336 In Anlehnung an die Bezeichnungen *finance lease* und *operating lease* sollen durch diese (in den Kommentierungen bislang nicht verwendeten) Begriffe die unterschiedlichen bilanziellen Behandlungen für entgeltliche Nutzungsüberlassungen zum Ausdruck gebracht werden.

2. Die Darstellung eines *finance leaseback* im Jahresabschluß

Liegt ein *finance leaseback* vor, darf die (positive) Differenz zwischen Veräußerungserlös und Buchwert des Objektes beim Verkäufer / Leasingnehmer nicht bereits im Zeitpunkt der Veräußerung als Buchgewinn realisiert werden. Der Überschuß ist vielmehr passiv abzugrenzen, der Rechnungsabgrenzungsposten ist dann über die Grundmietzeit erfolgswirksam aufzulösen.[337] Dieser Behandlung liegt die Auffassung zugrunde, daß unter wirtschaftlichen Gesichtspunkten kein Verkauf des Leasingobjektes,[338] sondern eine Mittelzuführung durch den Leasinggeber stattgefunden hat, bei der der Vermögensgegenstand - einem besicherten Darlehen nicht unähnlich[339] - lediglich als Sicherheit dient.[340] Da der Leasingnehmer das Objekt sowohl vor als auch nach dem Verkauf in seiner Bilanz ausweist, kann man bei einem *finance leaseback* strenggenommen nicht von einem Übergang, sondern von einem Verbleib der wesentlichen Chancen und Risiken beim Leasingnehmer sprechen; auch durch den Verkauf des Leasingobjektes ändert sich (in einer wirtschaftlichen Betrachtungsweise) die Stellung des Leasingnehmers im Vergleich zur vorherigen Eigentümerposition faktisch nicht.[341]

---

337 Vgl. *IASC* (IAS 17, 1997): para. 50; *KPMG* (IAS, 1995): S. 66; *Fuchs* (Leasingverhältnisse, 1996): S. 1836.

338 Vgl. *Coopers & Lybrand* (IAS, 1996): No. 17.41: "IAS 17 ... imply that when the leaseback under a sale and leaseback transaction is a finance lease, a sale has not, in substance, occured." Ebenso *Kieso / Weygandt* (Intermediate Acounting, 1995): S. 1150.

339 Vgl. *Accounting Advisory Forum* (Leasingverträge, 1995): Nr. 40.

340 Vgl. *IASC* (IAS 17, 1997): para. 51. Hierzu auch ausführlich *Kieso / Weygandt* (Intermediate Accounting, 1995): S. 1150: "To the extent the seller-lessee's use of the asset sold continues after the sale, the sale-leaseback is really a form of financing, and therefore no gain or loss should be recognized on the transaction. In short, the seller-lessee is simply borrowing funds."

341 Aus diesem Grund schlug das Accounting Advisory Forum seinerzeit vor, bis zum Beweis des Gegenteils durch den Verkäufer / Leasingnehmer *jedes* Leaseback-Geschäft als *finance lease* zu behandeln, da es "sich normalerweise um einen Vorgang [handelt], in dem der Leasinggeber dem Leasingnehmer Finanzmittel überläßt ... Aus diesem Grund ist es nicht angängig, einen bei dem Verkauf erzielten Überschuß über den Buchwert als einen realisierten Gewinn zu behandeln." In den weiteren Ausführungen wurde deshalb gefordert, einen möglichen Überschuß aus der Veräußerung "in den Büchern des Verkäufers / Leasingnehmers zurückzustellen." *Accounting Advisory Forum* (Leasingverträge, 1995): Nr. 40 (beide Zitate). Allerdings dürfte m.E. keine Rückstellung, sondern eine passive Rechnungsabgrenzung gemeint sein.

IAS 17 enthält keine Regelung, in welcher Form der passive Rechnungsabgrenzungsposten mit dem Veräußerungsgewinn aufzulösen ist. Sofern diese Frage in der Literatur überhaupt Beachtung findet, wird in Anlehnung an SFAS 13[342] eine Auflösung vorgeschlagen, die dem Abschreibungsplan für das Leasingobjekt entspricht.[343] Damit kommen im Regelfall nur zwei Formen der Auflösung in Betracht, da das aktivierte Leasingobjekt ja entweder linear oder degressiv abgeschrieben wird.[344]

Denkbar wäre auch die - im IAS 17 für *finance leasebacks* nicht explizit beschriebene - Konstellation, daß aus einem *sale and leaseback* kein "Buchgewinn" erzielt wird: Liegt der Veräußerungspreis unter dem Buchwert des "verkauften" Vermögensgegenstandes, entsteht ein Buchverlust. Da jedoch nach der Auffassung des IAS 17 keine Veräußerung stattgefunden hat, darf dieser Veräußerungsverlust ebensowenig erfolgswirksam erfaßt werden wie ein etwaiger Veräußerungsgewinn. Der Buchverlust wäre folglich aktiv abzugrenzen und über die Vertragslaufzeit aufzulösen.[345]

Lediglich ausnahmsweise ist in Übereinstimmung mit den Regelungen des IAS 16 eine Abschreibung auf den Vermögensgegenstand dann vorzunehmen, wenn dessen Wert nachhaltig beeinträchtigt wurde, wenn also beispielsweise durch Beschädigung, Überalterung oder sonstige technische bzw. wirtschaftliche Gründe eine dauerhafte Wertminderung (*impairment*) eingetreten ist[346] und der Betrag, "der durch die künftige Nutzung des betreffenden Gegenstandes voraussichtlich amortisiert werden kann (absatzmarkt-orientierte Betrachtung)"[347] unter dem Buch-

342 Vgl. *FASB* (SFAS 13, 1976): para. 33.

343 Vgl. *Kieso / Weygandt* (Intermediate Accounting, 1995): S. 1150: "Any profit or loss experienced by the seller-lessee from the sale of the assets that are leased back under a capital lease should be deferred and amortized over the lease term ... in proportion to the amortization of the leased assets."

344 Vgl. dazu die Ausführungen im 3. Kapitel, Abschnitt VII. 2.1 der vorliegenden Arbeit.

345 Entsprechend der Behandlung eines Buchgewinns sollte sich die Auflösung des aktiven Rechnungsabgrenzungspostens ebenfalls an der Abschreibung des Objektes orientieren. Vgl. *Kieso / Weygandt* (Intermediate Accounting, 1995): S. 1150.

346 Vgl. *IASC* (IAS 16, 1998): para. 53-54 sowie insbesondere *IASC* (IAS 36, 1998): para. 5 und 15-56.

347 *IdW* (IAS, 1995): S. 95-96.

wert liegt.[348] Bei einer dauerhaften Wertminderung vor dem Verkauf wird eine Anpassung des Buchwertes (*carrying amount*) auf diesen niedrigeren Wert (*recoverable amount*) notwendig; die Wertminderung ist sofort als Aufwand zu verbuchen.[349]

Um die Intention des IAS 17 in diesem Punkt zu verdeutlichen, bedarf es einiger Erläuterungen: IAS 17 unterscheidet bei einem *sale and leaseback* zwei Formen von Verlusten: Einerseits tatsächliche wirtschaftliche Verluste (*real economic losses*), die auf einer dauerhaften Wertminderung des verkauften Vermögensgegenstandes beruhen und unabhängig vom Verkauf und dem anschließenden Leasingvertrag in jedem Fall zu erfassen sind, andererseits kann aber auch trotz Kenntnis des Marktpreises des Leasingobjektes ein darunter liegender Verkaufspreis vereinbart werden; dem Verkäufer fließt dann durch die Veräußerung zwar ein geringerer Betrag zu, als das Objekt tatsächlich wert ist, dafür werden aber entsprechend die Leasingraten niedriger kalkuliert. Die Differenz zwischen dem Marktpreis und dem tatsächlichen Kaufpreis (*artificial loss*) stellt im Ergebnis eine Vorauszahlung von Leasingraten dar. Diese Mietvorauszahlung wäre als aktiver Rechnungsabgrenzungsposten (*prepaid expenses*) zu behandeln, der über die Laufzeit aufgelöst wird und so während der Nutzungsdauer des Objektes durch den Leasingnehmer die vereinbarten Leasingraten auf eine marktkonforme Miete erhöht.[350] Die Form der Auflösung dieses aktiven Rechnungsabgrenzungspostens wird nach IAS 17 ebenfalls nicht vorgegeben;[351] analog zur Behandlung eines "Buchgewinnes" ist auch in diesem Fall eine Auflösung sachgerecht, die sich an der Abschreibung des Objektes orientiert.[352]

---

348 Vgl. *IASC* (IAS 16, 1998): para. 53-54; *IASC* (IAS 36, 1998): para. 5.

349 Vgl. *IASC* (IAS 16, 1998): para. 53-54; *IASC* (IAS 36, 1998): para. 58-59.

350 Vgl. *Kieso / Weygandt* (Intermediate Accounting, 1995): S. 1150.

351 IAS 17 schreibt die aktive Rechnungsabgrenzung nicht explizit vor, m.E. kann aber nur so erreicht werden, daß eine Veräußerung unter Buchwert nicht sofort erfolgswirksam wird. Vgl. zustimmend *Coopers & Lybrand* (IAS, 1996): No. 17.41: "... any gain or loss should be deferred and amortised over the lease term."

352 Vgl. *Kieso / Weygandt* (Intermediate Accounting, 1995): S. 1150.

3. Beispiel zur Bilanzierung eines *finance leaseback*

Die bilanzielle Behandlung eines *finance leaseback* soll durch das bereits bekannte Beispiel erläutert werden:

In diesem Fall wird dem Leasingnehmer die Option eingeräumt, das Leasingobjekt nach Ablauf der Grundmietzeit zum Preis von TDM 40 zurückzukaufen. Dieser Optionspreis wird als günstig eingeschätzt, so daß bereits bei Abschluß des Vertrages vom Rückkauf auszugehen ist. Es wird erwartet, daß das Leasingobjekt nach Ablauf der Grundmietzeit noch zwei weitere Jahre genutzt werden kann. Weiterhin ist ein Buchwert des Leasingobjektes anzunehmen, der TDM 100 betragen soll. Der Verkaufspreis entspricht dem Marktwert und beträgt somit TDM 140. Der Veräußerungsgewinn von TDM 40 wird passiv abgegrenzt, der Rechnungsabgrenzungsposten analog zur Abschreibung des Objektes linear aufgelöst. Die Wertentwicklungen des Leasingobjektes, der Verbindlichkeit sowie des Rechnungsabgrenzungspostens sind aus der nachfolgenden Tabelle ersichtlich:

	1	2	3	4
Datum	Leasing-objekt	AfA	Auflösung RAP	RAP
31.12.X0	100.000,00	-	-	-
01.01.X1	140.000,00	-	-	40.000,00
31.12.X1	116.666,67	23.333,33	10.000,00	30.000,00
31.12.X2	93.333,34	23.333,33	10.000,00	20.000,00
31.12.X3	70.000,01	23.333,33	10.000,00	10.000,00
31.12.X4	46.666,68	23.333,33	10.000,00	0,00

	5	6	7	8
Datum	Leasingrate	Zins (9%)	Tilgung	Verbindlichkeit
31.12.X0	-	-	-	-
01.01.X1	-	-	-	140.000,00
31.12.X1	34.467,00	12.600,00	21.867,00	118.133,00
31.12.X2	34.467,00	10.631,97	23.835,03	94.297,97
31.12.X3	34.467,00	8.486,82	25.980,18	68.317,79
31.12.X4	34.467,00	6.148,60	28.318,40	39.999,39

Da vom Rückkauf des Objektes nach Ablauf der Grundmietzeit auszugehen ist, schreibt der Leasingnehmer das Objekt über die wahrscheinliche wirtschaftliche Nutzungsdauer ab, die sich aus der vierjährigen Grundmietzeit sowie der anschließenden voraussichtlichen Nutzung über zwei Jahre zusammensetzt und somit insgesamt sechs Jahre beträgt. Wäre anstelle der Kaufoption eine Verpflichtung zum Mindererlösausgleich durch den Leasingnehmer vereinbart worden, hätte der Leasingnehmer das Objekt über vier Jahre abzuschreiben; die Verpflichtung zum Ausgleich des Mindererlöses käme weiterhin in der Verbindlichkeit über TDM 40 zum Ausdruck.

Faßt man den Ertrag aus der Auflösung des RAP sowie die Aufwandspositionen (Abschreibung und Zinsaufwand) zusammen, ergibt sich folgendes Bild:

	1	2	3	4	5
Datum	AfA	Zins (9%)	Σ Aufwand	Auflösung RAP	Ergebnis
31.12.X1	23.333,33	12.600,00	35.933,33	10.000,00	-25.933,33
31.12.X2	23.333,33	10.631,97	33.965,30	10.000,00	-23.965,30
31.12.X3	23.333,33	8.486,82	31.820,15	10.000,00	-21.820,15
31.12.X4	23.333,33	6.148,60	29.481,93	10.000,00	-19.481,93

Zur Darstellung eines *finance sale and leaseback*, aus dem im Zeitpunkt der Veräußerung ein Verlust resultiert, wird ein Buchwert des veräußerten Objektes von TDM 180 unterstellt. Die Veräußerung zum Marktwert in Höhe von TDM 140 führt beim Verkäufer / Leasingnehmer zu einem (Buch-)Verlust von TDM 40.

Lag bereits vor der Veräußerung eine dauerhafte Wertminderung vor, wird diese sofort als Aufwand verbucht:

	1	2	3	4
Datum	Objekt	planmäßige Abschreibung	Wertberichtigung	Verbindlichkeit
31.12.X0	180.000,00	-	40.000,00	-
01.01.X1	140.000,00	-	-	140.000,00
31.12.X1	116.666,67	23.333,33	-	118.133,00
31.12.X2	93.333,34	23.333,33	-	94.297,97
31.12.X3	70.000,01	23.333,33	-	68.317,79
31.12.X4	46.666,68	23.333,33	-	39.999,39

Entspricht dagegen der Buchwert von TDM 180 dem tatsächlichen Marktwert des Objektes, wird die Differenz von TDM 40 als Mietvorauszahlung aufgefaßt, aktiv abgegrenzt und dieser Rechnungsabgrenzungsposten - ebenfalls analog zum gewählten Abschreibungsverfahren - über die Vertragslaufzeit aufgelöst:

	1	2	3	4
Datum	Objekt	AfA	Aufwand aus Auflösung RAP	RAP
31.12.X0	180.000,00	-	-	-
01.01.X1	140.000,00	-	-	40.000,00
31.12.X1	116.666,67	23.333,33	10.000,00	30.000,00
31.12.X2	93.333,34	23.333,33	10.000,00	20.000,00
31.12.X3	70.000,01	23.333,33	10.000,00	10.000,00
31.12.X4	46.666,68	23.333,33	10.000,00	0,00

Dadurch erhöht sich der Periodenaufwand um die entsprechende anteilige Mietvorauszahlung:

	1	2	3	4
Datum	Abschreibung	Zins (9%)	Auflösung RAP	Σ Aufwand
31.12.X1	23.333,33	12.600,00	10.000,00	-45.933,33
31.12.X2	23.333,33	10.631,97	10.000,00	-43.965,30
31.12.X3	23.333,33	8.486,82	10.000,00	-41.820,15
31.12.X4	23.333,33	6.148,60	10.000,00	-39.481,93

4. Die Darstellung eines *operating leaseback* im Jahresabschluß

Führt die Klassifikation der *leaseback*-Transaktion zu einer Einstufung als *operating lease*, muß zunächst geprüft werden, ob der Marktwert zum Zeitpunkt des Verkaufs dem Buchwert des Objektes entspricht. Sofern eine erforderliche außerordentliche Abschreibung des Buchwertes auf den niedrigeren Marktwert noch nicht vorgenommen wurde, muß diese Korrektur nachgeholt werden, die Abschreibung ist in voller Höhe aufwandswirksam zu erfassen.[353]

---

353 Vgl. *IASC* (IAS 17, 1997): para. 54.

Hinsichtlich der Gewinnrealisierung bei einem *operating leaseback* ist zu beachten, daß IAS 17 stets einen Verkauf zu Marktwerten simuliert; Gewinne und Verluste, die aus einer Veräußerung über oder unter Marktwert resultieren, sind daher abzugrenzen. Somit ist bei einem *operating leaseback* wie folgt zu differenzieren:

Wenn der Verkaufspreis und die Leasingraten auf Basis der jeweiligen Marktwerte kalkuliert werden, ist die Veräußerung als "normaler Verkauf"[354] zu behandeln; aus der Veräußerung resultierende Gewinne und Verluste sind sofort zu realisieren.[355] Diese Formulierung des IAS 17 ist indes verwirrend: Liegt der Buchwert des verkauften Vermögensgegenstandes unter dem Veräußerungspreis (der annahmegemäß mit dem *fair value* übereinstimmt), ergibt sich aus der Veräußerung ein Gewinn. Ein Verlust kann dagegen nur dann entstehen, wenn der Buchwert über dem Veräußerungspreis liegt. Für diesen Fall sieht IAS 17 aber ohnehin eine Abschreibung des höheren Buchwertes auf den niedrigeren *fair value* vor;[356] somit kann aus der Veräußerung des Vermögensgegenstandes in keinem Fall ein Verlust entstehen.[357]

Dieser Sachverhalt sei an einem Beispiel verdeutlicht: Der Zeitwert (*fair value*) eines Vermögensgegenstandes beträgt zum Zeitpunkt der Veräußerung TDM 140. Zu diesem Preis verkauft der Verkäufer / Leasingnehmer das Objekt an den Käufer / Leasinggeber, der auf Basis dieser Anschaffungskosten auch die Leasingraten kalkuliert. Beträgt der Buchwert des Objektes zum Bilanzstichtag TDM 180 und liegt damit über dem Zeitwert von TDM 140, so ist <u>vor</u> der Veräußerung eine Abschreibung in Höhe der

---

354 *IASC* (IAS 17, 1997): para. 52: "If a sale and leaseback transaction results in an operating lease, and it is clear that the transaction is established at fair value, any profit or loss should be recognised immediately."

355 Vgl. *IASC* (IAS 17, 1997): para. 52; *Coopers & Lybrand* (IAS, 1996): No. 17.42; *KPMG* (IAS, 1995): S. 67; *Förschle / Kroner / Mandler* (Internationale Rechnungslegung, 1994): S. 131.

356 Vgl. *IASC* (IAS 17, 1997): para. 54: "For operating leases, if the fair value at the time of a sale and leaseback transaction is less than the carrying amount of the asset, a loss equal to the amount of the difference between the carrying amount and fair value should be recognised immediately."

357 Diese unnötig komplizierte Beschreibung beruht auf der Reihenfolge der Darstellung innerhalb des IAS 17: Zunächst wird ausführlich die Gewinn- und Verlustbehandlung der als *operating leases* klassifizierten *leasebacks* erläutert und erst anschließend der Vergleich von *fair values* mit Buchwerten sowie die Abschreibung höherer Buchwerte auf den *fair value* gefordert. Paßt man dagegen zuerst höhere Buchwerte an, vereinfacht sich die anschließende Behandlung erheblich.

Differenz aus dem Buchwert und dem Zeitwert - in diesem Beispiel in Höhe von TDM 40 - vorzunehmen, die erfolgswirksam zu verbuchen ist.[358] Nach Durchführung dieser Wertberichtigung kommt es weder zu einem Veräußerungsgewinn noch zu einem Veräußerungsverlust, da der (korrigierte) Buchwert dem Veräußerungspreis entspricht. Liegt dagegen der Buchwert des Objektes zum Bilanzstichtag bei TDM 100 und somit unter dem Zeitwert von TDM 140, entsteht ein Veräußerungsgewinn in Höhe von TDM 40, der als solcher auszuweisen ist.[359]

Liegt der Verkaufspreis unter dem *fair value*, sind Gewinne und Verluste aus der Veräußerung grundsätzlich ebenfalls sofort zu realisieren. Ausnahmsweise werden Veräußerungsverluste aktiv abgegrenzt und proportional zu den Leasingraten auf die Perioden der voraussichtlichen späteren Nutzung verteilt, wenn die späteren Mieten unter dem Marktpreis liegen; in diesem Fall wird der Veräußerungsverlust als Mietvorauszahlung aufgefaßt.[360] Auch bei einem unter dem *fair value* liegenden Verkaufspreis ist es notwendig, zuerst einen ggf. höheren Buchwert auf den *fair value* abzuwerten, da diese Differenz sofort als Aufwand verrechnet werden muß und nicht aktiv abgegrenzt werden darf.[361]

Der Zeitwert (*fair value*) des Objektes beträgt weiterhin TDM 140. Der Buchwert soll zunächst bei TDM 180 liegen, die Veräußerung zu TDM 100 stattfinden. Die Vertragsparteien sind darüber einig, daß dieser Verkaufspreis nicht dem tatsächlichen Wert des Objektes entspricht und vereinbaren Leasingraten, die unter der üblichen Marktmiete liegen. In einem ersten Schritt ist zunächst das Objekt um TDM 40 abzuschreiben, um den höheren Buchwert auf den niedrigeren Zeitwert zu bringen. Aus der anschließenden Veräußerung entsteht ein Verlust von TDM 40, der allerdings nicht realisiert, sondern aktiv abgegrenzt und über die voraussichtliche Laufzeit des Vertrages aufgelöst wird.

Möglich wäre jedoch auch ein unter dem Zeitwert liegender Buchwert. Zunächst sei - bei einem Zeitwert von TDM 140 und einem Veräußerungspreis

---

358 Vgl. *IASC* (IAS 17, 1997): para. 54.

359 Vgl. *IASC* (IAS 17, 1997): para. 52.

360 Vgl. *IASC* (IAS 17, 1997): para. 52: "If the sale price is below fair value, any profit or loss should be recognised immediately except that, if the loss is compensated by future lease payments at below market price, it should be deferred and amortised in proportion to the rental payments over the period for which the asset is expected to be used."

361 Vgl. *IASC* (IAS 17, 1997): para. 54.

von TDM 100 - der Fall betrachtet, daß der Buchwert zwischen dem Zeitwert und dem Veräußerungspreis liegt, also beispielsweise TDM 120 beträgt. In diesem Fall wird ein Veräußerungsverlust in Höhe von TDM 20 erzielt, der aktiv abzugrenzen und über die voraussichtliche Laufzeit des Vertrages zu verteilen ist. (Sowohl in diesem als auch in dem zuvor betrachteten Fall ist zu berücksichtigen, daß der Verlust sofort zu realisieren ist, sofern nicht der niedrigere Verkaufserlös durch entsprechend gesenkte Leasingraten ausgeglichen wird.)

Denkbar wäre schließlich auch eine dritte Variante, in der der Buchwert des veräußerten Objektes mit TDM 80 unter dem Veräußerungspreis von TDM 100 liegt. Der in diesem Beispiel entstehende Buchgewinn wäre sofort erfolgswirksam zu realisieren.

Liegt der Verkaufspreis über dem Zeitwert des Objektes, so darf die Differenz aus beiden Werten nicht sofort als Gewinn[362] realisiert werden, sondern muß ebenfalls (passiv) abgegrenzt und über die Dauer der voraussichtlichen Nutzung des Leasingobjektes verteilt werden.[363] IAS 17 läßt offen, wie die Auflösung dieses Rechnungsabgrenzungsposten zu erfolgen hat. Eine Orientierung - analog zur Auflösung des abgegrenzten Veräußerungsgewinns bei einem *finance leaseback* - am Abschreibungsplan des Leasingobjektes kann schon deshalb nicht zwingend sein, weil der Verkäufer / Leasingnehmer bei einem *operating leaseback* nicht das Leasingobjekt aktiviert und abschreibt. Da aber - wie auch für die Verteilung des Veräußerungsgewinns bei einem *finance leaseback* - gefordert wird,[364] den abzugrenzenden Gewinn über die Dauer der vor-

362 Bei einem über dem *fair value* liegenden Verkaufspreis kann kein (Buch-)Verlust entstehen, da der Buchwert des veräußerten Objektes in jedem Fall unter dem Verkaufspreis liegt - er ist kleiner oder maximal so groß wie der Zeitwert. Die Darstellung bei *Coopers & Lybrand* (IAS, 1996): No. 17.42 ist somit abwegig. Dort wörtlich: "If the sale price is above fair value, the excess over fair value should be deferred if a gain (accrued if a loss) and amortised over the period during which the asset is expected to be used."

363 Vgl. *IASC* (IAS 17, 1997): para. 52: "If the sale price is above fair value, the excess over fair value should be deferred and amortised over the period for which the asset is expected to be used."

364 Vgl. für die Auflösung des abgegrenzten Gewinns bei einem *finance leaseback* *IASC* (IAS 17, 1997): para. 50: "... should be deferred and amortised over the lease term." Ähnlich soll die Differenz aus dem Verkaufspreis und dem *fair value* bei einem *operating leaseback* "... over the period for which the asset is expected to be used" verteilt werden. *IASC* (IAS 17, 1997): para. 52. Da eine Nutzung des Objektes (bzw. die Nutzenstiftung des Objektes) nur innerhalb des *lease*

aussichtlichen Nutzung des Objektes zu verteilen, dürfte eine an der Nutzenstiftung des Leasingobjektes ausgerichtete Ertragsrealisierung wohl am ehesten der Intention des IAS 17 entsprechen.

Da eine Anpassung von Buchwert und *fair value* nur dann notwendig ist, wenn der Buchwert höher ist, kann im Zeitpunkt der Veräußerung des Objektes dessen Buchwert natürlich unter dem *fair value* liegen; der in Höhe dieser Differenz entstehende Gewinn ist nicht abzugrenzen, sondern erfolgswirksam zu realisieren. Die Gewinnrealisierung in Höhe der Differenz von *fair value* und Buchwert wird von IAS 17 zwar nicht explizit gefordert. Sie ergibt sich aber zwangsläufig, weil bei einem dem *fair value* entsprechenden Verkaufspreis der entstehende Gewinn sofort zu realisieren wäre.[365]

Der Verkaufspreis soll TDM 180 betragen, der *fair value* TDM 140. Liegt der Buchwert des Objektes zum Zeitpunkt der Veräußerung über dem Zeitwert, ist in einem ersten Schritt zunächst die Buchwertanpassung durchzuführen. Danach entsteht ein Veräußerungsgewinn in Höhe von TDM 40, der abzugrenzen und über die Laufzeit des Vertrages zu realisieren ist.

Liegt hingegen der Buchwert des verkauften Vermögensgegenstandes unter dem Zeitwert - beispielsweise bei TDM 120 - entsteht ein Buchgewinn in Höhe von TDM 60. Davon sind TDM 20, die Differenz aus dem Zeitwert und dem Buchwert, sofort zu realisieren; der Unterschiedsbetrag aus dem Veräußerungspreis und dem Zeitwert ist hingegen in der vorstehend beschriebenen Art und Weise abzugrenzen.

term möglich ist, stimmen beide Aussagen inhaltlich überein; die Auflösung des RAP wäre dann proportional zur Nutzenstiftung vorzunehmen.

365 Vgl. *IASC* (IAS 17, 1997): para. 52.

Viertes Kapitel:

Zur Notwendigkeit eines neuen IAS 17: Kritik am bestehenden Standard und eigener Vorschlag

I. Kritische Würdigung des IAS 17

1. Darstellung der allgemeinen Konzeption

Die Bilanzierungsvorschriften für Leasingverträge nach IAS 17 sind auf den Grundgedanken zurückzuführen, daß es *den* Leasingvertrag im Sinne einer einheitlichen Ausgestaltung nicht gibt und deshalb folgerichtig die Notwendigkeit besteht, für differenzierte Konzeptionen auch differenzierte bilanzielle Behandlungen vorzusehen. Daraus ergibt sich die in vielen Ländern praktizierte Unterscheidung in *capital*[1] bzw. *finance lease treatment* und *operating lease treatment*.[2]

Der hinter dieser Unterscheidung stehende (ökonomische) Gedanke ist ebenso offensichtlich wie einleuchtend: Aus der Sicht des Leasinggebers kann man einen *operating lease* als kurzfristige Überlassung des Objektes an einen Nutzer charakterisieren; die Amortisation der Kosten wird in der Regel somit erst durch die mehrfache Vermietung an verschiedene Mieter erzielt.[3] Aus diesem Grund wird die eigentliche Investitionsentscheidung auch vom Leasinggeber getroffen.[4] Auch für den Leasingnehmer steht die kurzfristige Nutzung im Vordergrund; zusätzlich zur Nutzungsüberlassung kann ein *operating lease* eine nicht unerhebliche Dienstleistungskomponente enthalten,[5] da die Leasingraten häufig die Kosten für Versicherung, Wartung und Instandhaltung des Objektes einschließen.

---

1 Vgl. *Clay / Holder* (Guide, 1977): S. 62; *Kieso / Weygandt* (Intermediate Accounting, 1995): S. 1125.

2 Vgl. *Rayney* (SSAP 21, 1992): S. 79; *Fink* (Leasingverträge in Europa, o.J.): S. 1; *Loveday* (SSAP 21, 1991): S. 71; *McGregor* (New Approach, 1996): S. 3. Vgl. zur Behandlung von *operate leases* und *finance leases* 3. Kapitel, Abschn. VIII. und IX. der vorliegenden Arbeit.

3 Vgl. *von Westphalen* (Leasingvertrag, 1992): Rz. 6; *Wolf / Eckert* (Handbuch, 1995): Rz. 1788; insbesondere *Mellwig* (Leasing, 1993): S. 1347, der vorschlägt, *operating leases* nicht als Leasing-, sondern als Mietvertrag zu bezeichnen. So auch *Seifert* (Leasing-Handbuch, 1992): S. 54; *Rau* (Leasing, 1971): S. 13.

4 *Vgl.* Mellwig *(Leasing, 1993): S. 1347;* Brox *(Schuldrecht, 1995): Tz. 214a.*

5 Vgl. *Feinen* (Leasinggeschäft, 1990): S. 16.

Beim *finance lease* dagegen orientiert sich die Anschaffung oder die Herstellung des Objektes regelmäßig an den Vorstellungen "des meist bereits von vornherein feststehenden Mieters"[6]; "der Leasingnehmer ... trifft die eigentliche Investitionsentscheidung"[7], die Nutzungsüberlassung des Objektes tritt zugunsten eines mittel- bis langfristigen Finanzierungsaspektes in den Hintergrund.[8]

Für den Leasingnehmer steht hinter einem *finance lease* die Einsicht, daß "die Nutzungsmöglichkeit des Objektes ... den Erfolg des wirtschaftlichen Handelns [bestimmt] und nicht das juristische Eigentum."[9] Danach ist für den Leasingnehmer unerheblich, ob er das rechtliche Eigentum an dem Objekt oder die bloße Möglichkeit der eigentumslosen Nutzung daran erwirbt; Leasing wird für ihn - im Vergleich zum fremdfinanzierten Kauf - zu einer gleichwertigen[10] Finanzierungsalternative.[11]

Der Leasingnehmer wird bei einem *finance lease* in eine Stellung versetzt, die bei wirtschaftlicher Betrachtungsweise dem fremdfinanzierten Kauf gleichkommt, da der Leasingvertrag den Leasingnehmer in wirtschaftlicher Hinsicht dem Eigentümer des Objektes gleichstellt. Diese

---

6 *Bordewin* (Leasing, 1989): S. 17; vgl. auch *Papapostolou* (Risikoverteilung, 1989): S. 2; *Koch* (Finanzierungs-Leasing, 1981): S. 56.

7 *Mellwig* (Leasing, 1993): S. 1347; vgl. auch *Eckstein* (Leasing-Handbuch, 1992): S. 256.

8 Vgl. *von Westphalen* (Leasingvertrag, 1992): Rz. 5; *Bordewin* (Leasing, 1989): S. 17; *Brox* (Schuldrecht, 1995): Tz. 214b; *Mellwig* (Leasing, 1993): S. 1347. Nach *Mellwigs* Auffassung wird der Begriff des Finanzierungs-Leasing weiter gefaßt als in den Leasingerlassen der Finanzverwaltung. Diese hatte - historisch bedingt - zunächst nur Vollamortisationsverträge unter das Finanzierungs-Leasing subsumiert. Vgl. *BMF* (Mobilien-Leasing-Erlaß, 1971): Nr. II.1 sowie *Ullrich* (Leasing-Handbuch, 1992): S. 80.

9 *Hastedt* (Gewinnrealisation, 1992): S. 52; vgl. *Mellwig* (Investition, 1985): S. 211.

10 Unter bestimmten Voraussetzungen stellt Leasing sogar eine vorteilhafte Alternative dar: Leasing bietet regelmäßig eine höhere Finanzierungsquote und günstigere Rückführungsfristen als ein Kredit. Vgl. *Mellwig* (Leasing, 1993): S. 1347; *Hommel* (Dauerschuldverhältnisse, 1992): S. 110. Außerdem wird Leasing in vielen Ländern steuerlich gegenüber dem fremdfinanzierten Kauf begünstigt. Vgl. *KPMG* (Leasing Taxation, 1993): S. III; *Green / Maddalena* (Tax Briefing, 1991): S. 48; *Rudden / Woywode* (Leasing, 1991): S. 390-396; *Wolf / Eckert* (Handbuch, 1995): Rz. 1779; kritisch *Mellwig* (Vorteilhafte Leasingverträge, 1983): S. 2261-2266; *Mellwig* (Kauf / Leasing-Entscheidung, 1983): S. 782-800; *Mellwig* (Investition, 1985): S. 211-270.

11 Vgl. *von Westphalen* (Leasingvertrag, 1992): Rz. 5; *Hastedt* (Gewinnrealisation, 1992): S. 52; *Hommel* (Dauerschuldverhältnisse, 1992): S. 110-111.

Nähe des *finance lease* zum fremdfinanzierten Kauf soll sich auch im Jahresabschluß niederschlagen, entsprechend ist der *finance lease* wie der Kauf darzustellen. Dieser Grundgedanke wird im Vorwort zum britischen SSAP 21 deutlich zum Ausdruck gebracht: *"Why is a capitalisation requirement necessary? When a company is leasing a substantial amount of assets instead of buying them, the effect is that, unless the leased assets and obligations are capitalised, potentially large liabilities build up off balance sheet; equally, the leased assets employed are not reflected on the balance sheet."*[12]

Eine solche Behandlung von Leasingverträgen, die sich nicht nach dem rechtlichen Eigentum (*legal ownership*) richtet, sondern dem wirtschaftlichen Eigentum (*economic ownership*) folgt, wird in der Literatur als *economic approach* bezeichnet.[13] Dabei ist allerdings zu beachten, daß die inhaltliche Ausgestaltung des wirtschaftlichen Eigentums sehr unterschiedlich gehandhabt wird.[14]

Neben der dem wirtschaftlichen Eigentum folgenden Objektzurechnung existieren noch weitere Möglichkeiten zum Ausweis von Leasingverträgen in der Rechnungslegung:[15]

- *Legal approach*:[16] In einer Reihe von Staaten ist der Begriff des wirtschaftlichen Eigentums unbekannt,[17] dort richtet sich die Zurechnung des Objektes stets nach dem zivilrechtlichen Eigentum. Damit werden alle Leasingverträge in der Rechnungslegung als *operating leases* behandelt. Der *legal approach* wird zumeist damit begründet, daß der Jahresabschluß die Rechtslage widerspiegeln muß, um so dem Gläubigerschutzgedanken gerecht zu werden; danach soll ein Unternehmen nur jene Vermögensgegenstände in der Bilanz ausweisen,

---

12 *Davison* (Foreword, 1984): vor S. 1.

13 Dem *economic approach* folgen beispielsweise Belgien, Großbritannien und die Niederlande. Vgl. *Fink* (Leasingverträge in Europa, o.J.): S. 1 und S. 4.

14 Vgl. *Mashru / Barnes* (Operating Lease Paper, 1996): S. 32-33; *Leaseurope* (Comments, 1991): S. 6; *Leaseurope* (Contribution, 1995): S. 21; *Fink* (Leasingverträge in Europa, o.J.): S. 4-11.

15 Vgl. zu einer Übersicht *Reinholz* (Leasingbilanzierung, 1995): S. 125-127.

16 Vgl. *Kieso / Weygandt* (Intermediate Accounting, 1995): S. 1125; *Leaseurope* (Accounting for Leases, o.J.): S. 19; *Leaseurope* (Contribution, 1995): S. 2; *Fink* (Leasingverträge in Europa, o.J.): S. 3.

17 Beispielsweise in Griechenland, Italien und der Schweiz. Vgl. *Fink* (Leasingverträge in Europa, o.J.): S. 11; *Leaseurope* (Accounting for Leases, o.J.): S. 19; *Leaseurope* (Contribution, 1995): S. 2.

auf die im Konkursfall die Gläubiger auch Zugriff haben. Dies ist jedoch bei Vermögensgegenständen, über die nur aufgrund einer Nutzungsüberlassungsvereinbarung verfügt werden kann, nicht der Fall.[18]

Die Bilanzierung von Leasingverträgen nach dem *legal approach* ist jedoch mit wesentlichen Grundsätzen der IAS-Rechnungslegung nicht vereinbar: Erstens widerspricht eine ausschließlich am rechtlichen Eigentum orientierte Zurechnung von Vermögensgegenständen dem im *Framework* des IASC verankerten Grundsatz *substance over form*,[19] wonach für die Aktivierung von Vermögensgegenständen nicht das rechtliche Eigentum maßgeblich sein soll; beispielhaft wird in diesem Zusammenhang das Leasing genannt, das Unternehmen eine so weitreichende Nutzungsmöglichkeit des Objektes einräumen kann, daß die Aktivierung des Vermögensgegenstandes auch ohne den Erwerb des rechtlichen Eigentums erfolgen muß.[20] Zweitens kommt dem IAS-Abschluß nicht die Aufgabe zu, für den Gläubiger das im Konkursfall pfändbare Vermögen eines Unternehmens auszuweisen. Die Zielsetzung des IAS-Abschlusses folgt nicht einem (an der Zerschlagungsstatik orientierten) Gläubigerschutzgedanken; vielmehr sollen Investoren über künftiges Ausschüttungspotential informiert werden, das nur auf Basis der Unternehmensfortführung ermittelt werden kann.[21] Aus diesen Gründen bleibt abschließend festzuhalten, daß der *legal approach* als Grundlage für die Behandlung von Leasingverträgen in der IAS-Rechnungslegung nicht geeignet ist; dieser Ansatz soll daher im Rahmen der vorliegenden Arbeit nicht vertieft werden.

18 Vgl. *KPMG* (Gutachtliche Stellungnahme, 1992): S. 56; *Leaseurope* (Accounting for Leases, o.J.): S. 19; *Kieso / Weygandt* (Intermediate Accounting, 1995): S. 1124.

19 Vgl. *IASC* (Framework, 1989): para. 35; *Blake* (Accounting Standards, 1994): S. 179; *Kieso / Weygandt* (Intermediate Accounting, 1995): S. 1124; *Fink* (Leasingverträge in Europa, o.J.): S. 3; *Rayney* (SSAP 21, 1992): S. 79.

20 Vgl. *IASC* (Framework, 1989): para. 57: "Many assets ... are associated with legal rights, including the right of ownership. In determining the existence of an asset, the right of ownership is not essential; thus, for example, property held on a lease is an asset if the enterprise controls the benefits which are expected to flow from the property. Although the capacity of an enterprise to control benefits is usually the result of legal rights, an item may nonetheless satisfy the definition of an asset even when there is no legal control."

21 Vgl. *IASC* (Framework, 1989): para. 9 und para. 12-14.

- Eine andere mögliche Darstellung von Leasingverträgen stellt das *option-right* dar: Diese in Dänemark praktizierte Methode räumt den Vertragsparteien ein Wahlrecht ein, das Objekt entweder dem rechtlichen oder dem wirtschaftlichen Eigentümer zuzurechnen.[22] Eine solche Lösung ist allerdings für Investoren, die sich über die wirtschaftliche Situation eines Unternehmens informieren wollen, wenig befriedigend, da sie die Vergleichbarkeit verschiedener Jahresabschlüsse unzumutbar erschwert. Da aber die Vergleichbarkeit als allgemeiner Rechnungslegungsgrundsatz der IAS-Abschlüsse im *Framework* festgeschrieben ist,[23] kommt die Einräumung eines Wahlrechtes für die bilanzielle Behandlung von Leasingverträgen ebenfalls nicht in Betracht.

Daher bleibt festzuhalten, daß von den denkbaren Konzeptionen zur Behandlung von Leasingverträgen nur der *economic approach* mit den Zielen und den wesentlichen Grundsätzen der IAS-Rechnungslegung zu vereinbaren ist. Folglich sollte auch eine Neugestaltung des IAS 17 dem *economic approach* folgen, zumal sich die Kritik am Leasingstandard weniger auf dessen Konzeption als auf die praktische Umsetzung bezieht. Im wesentlichen kann man die Schwächen von IAS 17 auf folgende drei Aspekte reduzieren:

- Die Orientierungshilfen der Objektzurechnung sind für den Anwender nur von geringem Wert, weil sie in ihrer Wirkung unverbindlich bleiben und keine zwingende Zurechnungsfolge auslösen. Diese Unverbindlichkeit läßt im Ergebnis auch erheblichen Spielraum für mißbräuchliche Gestaltungen.
- Den Orientierungshilfen fehlt es an Präzision; mangels quantitativer Zurechnungsregeln bleiben sie inhaltlich weitgehend unbestimmt. Damit sind sie für eine objektive Abgrenzung ungeeignet und erleichtern ebenfalls Gestaltungsmißbräuche.

---

22 Vgl. *Fink* (Leasingverträge in Europa, o.J.): S. 3; *KPMG* (Leasing Taxation, 1993): S. 63. Danach werden Leasingverträge in Dänemark im Jahresabschluß zumeist wie *operate leases* ausgewiesen, allerdings ist auch eine Bilanzierung nach IAS 17 möglich und die Behandlung eines Vertrages als *finance lease* zulässig.

23 Vgl. *IASC* (Framework, 1989): para. 39. Vgl. auch Küting (Immaterielle Vermögensgegenstände, 1995): S. 59: "Darüber hinaus ist es nach angelsächsischem Bilanzierungsverständnis nicht sachgerecht, gleiche Sachverhalte bilanziell unterschiedlich zu würdigen."

- Die Unterscheidung von Verträgen soll dem Ausmaß der Übertragung von Chancen und Risiken folgen; dies wird durch die in IAS 17 formulierten Orientierungshilfen jedoch nur bedingt erfaßt.

Diese drei Kritikpunkte sollen nachfolgend ausführlich dargestellt werden.

2. Kritik an der qualitativen Regelung der Objektzurechnung

2.1 Die Bedeutung der Orientierungshilfen für die Objektzurechnung

Die dem IAS 17 zugrunde liegende wirtschaftliche Betrachtungsweise, nach der Leasingverträge ihrem wirtschaftlichen Gehalt entsprechend entweder als *finance leases* oder als *operating leases* behandelt werden, ist weit verbreitet und allgemein anerkannt.[24] Einer ähnlichen grundsätzlichen Unterscheidung folgen letztlich auch die deutschen Bilanzierungsvorschriften,[25] wenngleich in Deutschland im Zusammenhang mit der Objektzurechnung nicht die international üblichen Begriffe *finance* und *operating lease* Verwendung finden, sondern in Anlehnung an die Leasingerlasse der Finanzverwaltung[26] zwischen erlaßkonformen und nicht-erlaßkonformen Verträgen unterschieden wird.[27]

Offensichtlich hängt die praktische Umsetzung des *economic approach* maßgeblich davon ab, ob es gelingt, Leasingvereinbarungen objektiv und nachvollziehbar in *finance leases* und *operating leases* zu klassifizieren. Es müssen also geeignete Kriterien bestimmt werden, die den Übergang

---

24 Vgl. *McGregor* (New Approach, 1996): S. 3; *Fink* (Leasingverträge in Europa, o.J.): S. 4-11; *Rayney* (SSAP 21, 1992): S. 79; *Loveday* (SSAP 21, 1991): S. 71; *KPMG* (Gutachtliche Stellungnahme, 1992): S. 51-71; *Kieso / Weygandt* (Intermediate Accounting, 1995): S. 1125-1126.

25 Vgl. jedoch *Busse von Colbe / Seeberg* (zfbf-Sonderheft, 1997): S. 141, die darauf hinweisen, daß sich zwischen "HGB und IAS/US-GAAP ... für die Zurechnung des wirtschaftlichen Eigentums eines Leasinggegenstandes erhebliche konzeptionelle Unterschiede" ergeben.

26 Vgl. *BMF* (VA-Erlaß für Mobilien, 1971); *BMWF* (VA-Erlaß für Immobilien, 1972); *BMF* (TA-Erlaß für Mobilien, 1975); *BMF* (TA-Erlaß für Immobilien, 1991).

27 Vgl. *von Westphalen* (Leasingvertrag, 1992): Rz. 25; *Ullrich* (Leasing-Handbuch, 1992): S. 84; *Schirduan* (Finanzierungs-Leasing, 1994): S. 83. Mit den Bezeichnungen *finance* oder *operating* Leasing werden in Deutschland primär Aussagen über die Länge der Vereinbarung verbunden und nicht über die Zurechnung; da in Deutschland Leasingverträge normalerweise den Leasingerlassen folgen steht die Zurechnung ohnehin außer Frage.

des wirtschaftlichen Eigentums am Leasingobjekt auf den Leasingnehmer anzeigen.[28]

Insbesondere wegen der weitgehend übereinstimmenden Zurechnungskriterien scheint IAS 17 dem US-amerikanischen SFAS 13 inhaltlich recht nahe zu stehen. In einem wesentlichen Punkt unterscheiden sich die Leasingstandards allerdings gravierend: Während nach SFAS 13 bereits die Erfüllung eines Zurechnungsmerkmals zwingend die Objektzurechnung zum Leasingnehmer auslöst ("quantitative Regelung der Objektzurechnung"),[29] tritt dieser Automatismus der Klassifikation bei IAS 17 nicht ein; dort folgt die Klassifikation vielmehr einer umfassenden wirtschaftlichen Würdigung des Vertrages ("qualitative Regelung der Objektzurechnung").[30] Die Abweichung vom SFAS 13 wurde seinerzeit bei der Konzeption von IAS 17 bewußt gewählt.[31]

Nachdem in den USA SFAS 13 verabschiedet worden war, hatte dies die "kreative Formgebung zur Umgehung der Aktivierungsbedingungen"[32] angeregt, was beispielsweise zu Verträgen führte, deren diskontierte Mindestleasingzahlungen 89% des Verkehrswertes des Leasinggegenstandes betrugen.[33] Ein solcher Vertrag wurde den Regelungen des SFAS 13 entsprechend als *operating lease* eingestuft; ein Ergebnis, das bei der Entwicklung von IAS 17 als wenig befriedigend empfunden wurde. Folglich wurde nach Möglichkeiten gesucht, einen solchen "*in-*

28 Vgl. zum Begriff des sog. wirtschaftlichen Eigentums (ohne Anspruch auf Vollständigkeit) *Schiffbauer* (Wirtschaftliches Eigentum, 1956): Sp. 457-484; *Seeliger* (Wirtschaftliches Eigentum, 1962); *Mutze* (Wirtschaftliches Eigentum, 1963): S. 513-517; *Pakebusch* (Wirtschaftliche Zugehörigkeit, 1970): S. 247-250; *Hutzler* (Wirtschaftliches Eigentum, 1970): S. 15; *Döllerer* (Leasing, 1971): S. 535; *Knapp* (Vermögensgegenstände, 1971): S. 1121-1129; *Werndl* (Wirtschaftliches Eigentum, 1983).

29 Dies gilt genauso für die Objektzurechnung nach deutschem und britischem Recht.

30 Vgl. zur Unterscheidung in qualitative und quantitave Regelungen *Reinholz* (Leasingbilanzierung, 1995): S. 126.

31 Vgl. *Conklin* (IASC Comparison Project, 1996): S. 237; *Hayn* (Internationale Rechnungslegung, 1998): S. 452-453.

32 *Jung* (Rechnungslegung, 1979): S. 407; vgl. auch *Köhlertz* (Leasingbilanzierung, 1989): S. 44, der in diesem Zusammenhang von "Anzeichen der Kreativität" spricht. Vgl. zu einen Überblick, wie in den USA die Objektzurechnung zum Leasingnehmer vermieden werden kann *Reichertz / Frey* (Leasingverträge, 1997): S. 672-675.

33 Vgl. *Jung* (Rechnungslegung, 1979): S. 407; *McGregor* (New Approach, 1996): S. 11.

substance finance lease"[34] nicht als *operating lease* qualifizieren zu *müssen*.[35] Eine Lösung schien darin zu liegen, durch die Abwertung der Stellung der Zurechnungskriterien den Automatismus der Klassifikation zu umgehen, und insbesondere im Rückgriff auf die übergeordnete Definition des *finance lease* wurde eine Möglichkeit gesehen, das Leasingobjekt auch in solchen Fällen dem Leasingnehmer zuzuordnen, in denen kein einziges Zurechnungsmerkmal erfüllt war.

Diese vermeintlich variable Antwort auf alle Gestaltungsversuche von Leasingverträgen ist jedoch naiv und geht im Ergebnis zu Lasten der Rechtssicherheit. Da der Leasingnehmer im Regelfall ein vitales Interesse daran hat, einen Vertrag dem *operate lease treatment* zu unterwerfen, bietet der Rückgriff auf die übergeordnete Definition nur eine weitere Möglichkeit, das *finance lease treatment* auch dann zu umgehen, wenn die Orientierungshilfen das Vorliegen eines *finance lease* anzeigen.

Da durch diese Ausgestaltung des IAS 17 die Zurechnungskriterien zur Bedeutungslosigkeit verurteilt werden, besteht für die Vertragsparteien faktisch ein Wahlrecht, ob ein Vertrag als *finance* oder *operating lease* eingestuft wird. Dadurch wird die im *Framework* geforderte Vergleichbarkeit von Jahresabschlüssen[36] erheblich beeinträchtigt. Im Ergebnis bleibt festzuhalten, daß - ungeachtet ihrer inhaltlichen Ausgestaltung - die für die Objektzurechnung definierten Kriterien bindend sein sollten.

2.2 Die konzeptionelle und inhaltliche Ausgestaltung der Orientierungshilfen

Eine objektive und nachvollziehbare Vertragsklassifikation hängt nicht ausschließlich von der Bedeutung der Zurechnungskriterien ab, sondern auch von der konzeptionellen und formalen Eignung dieser Kriterien. Unter konzeptioneller Eignung eines Kriteriums wird verstanden, daß dieses Kriterium grundsätzlich die Übertragung von Objektchancen und -risiken erfassen kann; formal geeignet ist eine Orientierungshilfe dann,

34 *McGregor* (New Approach, 1996): S. 11.

35 Vgl. *Conklin* (IASC Comparison Project, 1996): S. 237. *Conklin* zitiert ohne namentliche Nennung folgende Kommentierung zu den Leasingstandards: "While, in theory, the judgemental nature of IAS 17 should eliminate the gaming aspect of lease classification, it probably does not so in practice."

36 Vgl. *IASC* (Framework, 1989): para. 39-42.

wenn ihre Anwendung in der Praxis möglich ist und eindeutige, von Dritten nachvollziehbare Ergebnisse liefert.

Wie bereits mehrfach ausgeführt, soll nach IAS 17 ein *finance lease* dann vorliegen, wenn die wesentlichen Chancen und Risiken am Objekt auf den Leasingnehmer übertragen werden.[37] Um das Ausmaß der Übertragung von Chancen und Risiken zu bestimmen, bedarf es der Klärung folgender Punkte:

- Wer nutzt das Objekt produktiv während dessen Nutzungsdauer, und wer trägt das Risiko, daß das Objekt aufgrund wirtschaftlicher oder technischer Überalterung nur noch eingeschränkt produktiv genutzt werden kann?
- Wer profitiert von Wertsteigerungen des Objektes und kann diese gewinnbringend durch Veräußerung am Markt umsetzen?[38]
- Kann der so festzustellende Übergang der Chancen und Risiken mit einer gewissen Zuverlässigkeit bereits zu Beginn der Mietdauer erkannt werden?

Anhand dieser Fragen muß die konzeptionelle und formale Eignung der einzelnen Zurechnungskriterien nach IAS 17 beurteilt werden, die in der Literatur häufig bezweifelt wird.[39]

So wird an IAS 17 (sowie den "verwandten" Leasingstandards wie SFAS 13, SSAP 21 oder des *Accounting for Leases* des *Accounting Advisory Forums*) grundsätzlich bemängelt, daß bis heute keine Legaldefinitionen für die Begriffe *finance* und *operating lease* formuliert wurden.[40] Deshalb "herrscht keine genaue Trennung zwischen den verschiedenen Leasing-Techniken", und folglich sei es "schwierig, eindeutig zwischen Finanzierungs-Leasing und Operate-Leasing zu unterscheiden."[41]

Das Problem der Differenzierung zwischen den Vertragsarten beruht im wesentlichen darauf, daß die herangezogenen Kriterien die für die Um-

---

37 Vgl. *IASC* (IAS 17, 1997): para. 3.

38 Vgl. *IASC* (IAS 17, 1997): para. 5.

39 Vgl. beispielsweise *KPMG* (Gutachtliche Stellungnahme, 1992): S. 71.

40 Vgl. *Leaseurope* (Comments, 1991): S. 10: "In no Member State is there a legal definition or distinction between the finance and operating lease."

41 *Leaseurope* (Accounting for Leases, o.J.): S. 21 (beide Zitate). Ebenso *Blake* (Accounting Standards, 1994): S. 179, der einräumt, "the distinction between the two types of lease is obviously blurred." Ähnlich auch *Feinen* (Gegenseitige Anerkennung, 1995): S. 20.

setzung des *economic approach* notwendige Unterscheidung nicht ermöglichen. "Die Zuordnungskriterien [des SFAS 13] stellen letztendlich Kalkulationsüberlegungen dar und sind ... unscharf."[42] Noch vernichtender fällt die Beurteilung der Kriterien nach IAS 17 aus: "Die fehlende Eindeutigkeit bezüglich des Übergangs des wirtschaftlichen Eigentums ... lassen Mängel der IASC-Stellungnahme erkennen, die eine Übernahme als verbindlicher Leasingbilanzierungsgrundsatz nicht angezeigt erscheinen lassen."[43]

Diese fehlende Eindeutigkeit der Definitionen wie auch der Zurechnungskriterien eröffnete der Praxis die Möglichkeit, "*to classify what are in-substance finance lease arrangements as operating leases*"[44]. Eine Anleitung, wie Leasingverträge zur Umgehung der ungewollten Klassifikation als *capital* (oder *finance*) *lease* nach SFAS 13 verfaßt sein müssen, findet sich bei *Kieso / Weygandt.* Ähnlich einer Aufforderung zum Volkssport heißt es dort: "*Let's beat Statement 13 is one of the most popular games in town.*"[45] Die wahre Kunst der Gestaltung, so *Kieso / Weygandt*, zeige sich allerdings erst darin, den Vertrag beim Leasinggeber als *capital lease* und beim Leasingnehmer als *operating lease* zu qualifizieren, um so das Objekt weder in der einen noch in der anderen Bilanz ausweisen zu müssen.[46]

Diese Kritik ist jedoch zu pauschal formuliert, um die konzeptionelle und formale Eignung der einzelnen Zurechnungskriterien zu beurteilen. Dies soll in den nachfolgenden Abschnitten nachgeholt werden.

Automatischer Übergang des rechtlichen Eigentums am Objekt

Wenn der Leasingnehmer nach Ablauf des *primary lease term* automatisch Eigentümer am Objekt wird, übernimmt er alle daran hängenden

---

42 *KPMG* (Gutachtliche Stellungnahme, 1992): S. 56.

43 *KPMG* (Gutachtliche Stellungnahme, 1992): S. 71.

44 *McGregor* (New Approach, 1996): S. 10; vgl. auch *Dieter* (Lessee Accounting Working?, 1979): S. 13; *Jung* (Rechnungslegung, 1979): S. 403; *Weinstock* (Neuer Vorschlag, 1996): S. 796; *Kieso / Weygandt* (Intermediate Accounting, 1995): S. 1152-1153, die einen Abschnitt über die Leasingbilanzierung bezeichnenderweise mit dem Titel "Lease Accounting - The Unsolved Problem" überschreiben.

45 *Kieso / Weygandt* (Intermediate Accounting, 1995): S. 1153.

46 Vgl. *Kieso / Weygandt* (Intermediate Accounting, 1995): S. 1153: "The real challenge lies in disqualifying the lease as a capital lease to the lessee while having the same lease qualify as a capital ... lease to the lessor."

Chancen und Risiken. Eine Möglichkeit, die Zurechnung nach diesem Merkmal durch geschickte Vertragsgestaltung zu umgehen, besteht nicht. Sofern der Vertrag den Übergang des rechtlichen Eigentums vorsieht, muß die Vereinbarung in jedem Fall als *finance lease* klassifiziert werden.[47]

Vereinbarung einer günstigen Kaufoption

Gleiches soll grundsätzlich gelten, wenn der Eigentumsübergang nicht automatisch stattfindet, sondern dem Leasingnehmer eine Kaufoption eingeräumt wird, die als so günstig anzusehen ist, daß ihre Ausübung bereits zu Beginn der Vertragslaufzeit als annähernd sicher unterstellt werden kann.[48] Auch im Falle einer günstigen Kaufoption wird der Leasingnehmer nach Ablauf der Grundmietzeit Eigentümer und übernimmt dann alle Chancen und Risiken am Objekt. Daher wird unterstellt, daß die Vereinbarung der günstigen Kaufoption (in einer wirtschaftlichen Betrachtungsweise) prinzipiell zum gleichen Ergebnis führt wie der automatische Eigentumsübergang.

Dies ist allerdings nur dann der Fall, wenn die Option tatsächlich ausgeübt wird. Sofern davon nicht ausgegangen werden kann, liegt zu Beginn der Mietdauer keine Übertragung wesentlicher Chancen und Risiken vor; vielmehr führt die Kaufoption dazu, daß der Leasingnehmer sich zwar die Objektchancen sichert, die Objektrisiken dagegen beim Leasinggeber verbleiben. Der Leasingnehmer wird die Möglichkeit zum Kauf dann nutzen, wenn er entweder die Möglichkeit zum produktiven Einsatz sieht oder zumindest die Aussicht auf eine lukrative Verwertung der Substanz besteht. Ist der betriebliche Einsatz dagegen aufgrund von wirtschaftlichen oder technischen Veränderungen nicht sinnvoll und auch die Aussicht auf die Substanzverwertung nicht profitabel genug, besteht keine Veranlassung zum Kauf; folglich verbleiben die Risiken beim Leasinggeber.

---

47 Vgl. *Kieso / Weygandt* (Intermediate Accounting, 1995): S. 1126; *Mellwig / Weinstock* (Zurechnung, 1996): S. 2352. Vgl. auch *Coopers & Lybrand* (IAS, 1996): No. 17.20, die darauf hinweisen, daß ein Leasinggeber einen solchen Ratenkaufvertrag nur abschließt, wenn durch die Zahlungen seine Kosten vollständig amortisiert werden. "Therefore, the lease transferred all risks and rewards to the lessee."

48 Vgl. *IASC* (IAS 17, 1997): para. 8 (b); *Coopers & Lybrand* (IAS, 1996): No. 17.20.

Aus diesem Grund reicht es nach IAS 17 zur Klassifikation des Vertrages als *finance lease* nicht aus, wenn der Kauf des Objektes lediglich wahrscheinlich (*probable*) erscheint; vielmehr hat die Ausübung der Option ziemlich oder annähernd sicher (*reasonably certain*) zu sein.[49]

Ob die geforderte hohe Wahrscheinlichkeit der Optionsausübung vorliegt, soll nach IAS 17 aus dem Verhältnis des Optionspreises zum Marktpreis des Objektes abgeleitet werden. Die Ausübung der Option wird für den Fall unterstellt, daß der Kaufpreis zum Zeitpunkt des möglichen Erwerbs wesentlich unter dem Zeitwert des Objektes liegt.[50] Allerdings wird nicht festgelegt, wie weit der Preis den Zeitwert des Objektes unterschreiten muß, damit er als wesentlich unter dem Zeitwert liegend eingestuft werden kann. Ein lediglich günstiger Optionspreis macht die Optionsausübung jedoch allenfalls wahrscheinlich;[51] das Vorliegen der geforderten annähernden Sicherheit kann indes kaum unterstellt werden, da im Einzelfall[52] eine Vielzahl von Gründen gegen die Fortsetzung der betrieblichen Nutzung nach Ablauf der Mietdauer sprechen kann: So gilt insbesondere für Mobilien, daß diese "infolge von Veränderungen in der Betriebsstruktur sehr schnell überflüssig werden können oder" aber "die technische Entwicklung trotz des niedrigen Preises die Ersetzung durch eine neue wirtschaftlicher erscheinen läßt."[53]

Daraus könnte man den Schluß ziehen, daß die Ausübung einer Kaufoption beim Immobilien-Leasing mit erheblich größerer Wahrscheinlichkeit unterstellt werden kann als beim Mobilien-Leasing: Zum einen können Immobilien regelmäßig auch nach Ablauf der Mietdauer weiterhin sinnvoll betrieblich genutzt werden, zum anderen sind immobile Wirtschafts-

---

49 Vgl. zustimmend *Coopers & Lybrand* (IAS, 1996): No. 17.05, nach denen der Wortlaut des IAS 17 "implies a greater likelihood of occurence than if the occurence is merely 'probable'."

50 Vgl. *IASC* (IAS 17, 1997): para. 8 (b).

51 Vgl. zur Bestimmung eines niedrigen Optionspreises *Leffson* (Leasingverträge, 1976): S. 639: "Die Optionsentgelte mögen bei Vertragsablauf niedrig erscheinen, ob sie nach Ablauf der Grundmietzeit noch genauso zu beurteilen sind, muß dahingestellt bleiben."

52 Vgl. *Kieso / Weygandt* (Intermediate Accounting, 1995): S. 1126; *Coopers & Lybrand* (IAS, 1996): S. 17.06; *Arthur Anderson* (Leases, 1990): S. 25-26. Vgl. auch 3. Kapitel, Abschnitt III.2 der vorliegenden Arbeit.

53 *Knapp* (Leasing, 1972): S. 547 (beide Zitate).

güter dadurch gekennzeichnet, daß sie kaum einer Entwertung durch Abnutzung unterliegen.[54]

Es können jedoch auch angesichts eines günstigen Kaufpreises durchaus verschiedene Argumente gegen den Erwerb der Immobilie durch den Leasingnehmer sprechen: Aufgrund der im Vergleich zum Mobilien-Leasing deutlich längeren Vertragsdauer besteht häufig Ungewißheit darüber, ob eine weitergehende Verwendung nach Ablauf der Mietdauer ökonomisch sinnvoll ist, da sich während der Vertragslaufzeit sowohl umwälzende innerbetriebliche als auch außerbetriebliche Veränderungen ergeben können, die dazu führen, daß von einer betrieblichen Nutzung der Immobilie abgesehen wird.[55] Angesichts eines (möglicherweise) unter dem tatsächlichen Wert liegenden Kaufpreises bliebe dem Leasingnehmer allerdings noch die Option des Erwerbs mit der Absicht der gewinnbringenden Weiterveräußerung. Dem ist allerdings entgegenzuhalten, daß "die örtliche Nachfrage nach Produktions-, Lager-, Verkaufs- und Büroflächen ... in der Regel begrenzt"[56] ist und die Fungibilität des Objektes beim Immobilien-Leasing darüber hinaus durch eine spezielle Ausrichtung an den Bedürfnissen des Leasingnehmers weiter eingeschränkt wird.[57] Somit scheint es zumindest fraglich, ob im Falle der Veräußerung tatsächlich ein höherer Verkaufspreis erzielt werden kann. Außerdem stellt für viele Unternehmen die Substanzverwertung nicht mehr benötigter Wirtschaftsgüter ein branchenfremdes Nebengeschäft dar, "das für sie nur eine Belastung bedeutet, weil ihnen die Marktkenntnis und die Geschäftsverbindungen auf diesem Sektor fehlen und die mit dem Auffinden eines geeigneten Abnehmers verbundene Mühe in keinem Verhältnis zum erzielbaren Erlös steht."[58] Diese Aspekte sind jedoch zu Beginn des Leasingvertrages nicht kalkulierbar.

Ob solche Argumente im Einzelfall wirklich zutreffen, mag an dieser Stelle offen bleiben. Man wird aber kaum über eine derartige vom Leasingnehmer vorgebrachte Argumentation hinweggehen und den Kauf

54 Vgl. *Knapp* (Leasing, 1972): S. 547.

55 Vgl. *Fohlmeister* (Leasing-Handbuch, 1992): S. 188-189; *Grass / Bremser* (Leasing, 1971): S. 1428; *Knapp* (Leasing, 1972): S. 547; *Schulz* (Wirtschaftliches Eigentum, 1986): S. 2175.

56 *Fohlmeister* (Leasing-Handbuch, 1992): S. 188.

57 Vgl. *Felix* (Immobilien, 1968): S. 97; *Koch* (Immobilien-Leasing, 1988): S. 104-105; *Fohlmeister* (Leasing-Handbuch, 1992): S. 188.

58 *Knapp* (Leasing, 1972): S. 548.

des Objektes als annähernd sicher bezeichnen können. Allenfalls lassen sich Indikatoren finden, die auf eine wahrscheinliche Ausübung der Option schließen lassen; jede andere Ausdeutung der Kaufoption wäre dagegen offensichtlich und objektiv falsch, sofern nicht eine entsprechende Absichtserklärung des Leasingnehmers vorliegt.[59]

Diese Einwände müssen jedoch nicht zur Ablehnung des Zurechnungskriteriums der günstigen Kaufoption führen. Sie verdeutlichen allerdings die Notwendigkeit, im Interesse der Praktikabilität typisierende Annahmen zu treffen: Es ist eine quantitative Schranke festzulegen, ein kritischer Preis, dessen Unterschreiten eine Zurechnung des Objektes zum Leasingnehmer auslösen soll. Dabei ist zu berücksichtigen, daß es angesichts der genannten Argumente gegen den Erwerb des Objektes nicht ausreicht, daß dieser kritische Preis schon unter dem Zeitwert des Objektes liegt; der Optionspreis hat nicht lediglich günstig zu sein, vielmehr betont IAS 17, der vereinbarte Preis habe so günstig zu sein, daß vom Kauf des Objektes bereits bei Vertragsbeginn nahezu zweifelsfrei ausgegangen werden kann.

Während also beim ersten Zurechnungsmerkmal der Eigentumsübergang aufgrund einer rechtskräftigen Vereinbarung als sicher anzusehen ist, muß in diesem Fall der Übergang des Eigentums aus wirtschaftlichen Gründen nahezu sicher sein; für den Leasingnehmer soll zwar kein rechtlicher, aber immerhin ein wirtschaftlicher Sachzwang zur Ausübung bestehen.[60] Nach diesem Kriterium qualifiziert IAS 17 solche Verträge als *finance lease*, bei denen der Übergang des wirtschaftlichen Eigentums als eine Vorstufe des rechtlichen Eigentums anzusehen ist.[61] Sofern es gelingt, eine mit vertretbarem Aufwand zu ermittelnde Preisuntergrenze festzulegen, ist das Zurechnungsmerkmal der günstigen Kaufoption sowohl konzeptionell als auch formal geeignet, den Übergang des wirtschaftlichen Eigentums anzuzeigen.

Die Mietdauer entspricht der überwiegenden Nutzungsdauer

Während die beiden ersten Zurechnungsmerkmale konzeptionell geeignet sind, den Übergang der wesentlichen Chancen und Risiken wiederzugeben, muß dies beim dritten Merkmal zumindest teilweise einge-

---

59 Vgl. *Grass* (Leasing, 1967): S. 449; *Knapp* (Leasing, 1972): S. 547.

60 Vgl. *Döllerer* (Leasing, 1971): S. 536; *Bordewin* (Leasing, 1989): S. 54.

61 Vgl. *Körner / Weiken* (Wirtschaftliches Eigentum, 1992): S. 1034.

schränkt werden: Der Mietzeittest unterstellt, daß der Leasingnehmer während einer Mietdauer, die sich über den überwiegenden Teil der Nutzungsdauer erstreckt, im wesentlichen alle Chancen und Risiken am Objekt übernimmt. Dies setzt voraus, daß nach Ablauf der Mietdauer "die Substanz - der Restwert - des Objektes vernachlässigt werden kann."[62] Sofern dies nicht der Fall ist, muß der Vertrag stets als *operate lease* eingestuft werden.

Die Nichtberücksichtigung des Restwertes kann nur dann sinnvoll sein, wenn "die Leasing-Gegenstände bei ihrer Rückgabe nach Vertragsablauf praktisch wertlos sind"[63] und folglich ein so weitgehender Objektverbrauch vorliegt, daß sowohl der weitere betriebliche Einsatz als auch die Veräußerung weitgehend ausgeschlossen ist. Von Wertlosigkeit wird man indes nicht ausgehen können, wenn ein Objekt noch für die Weitervermietung oder den Verkauf geeignet ist; selbst ein nicht unbeträchtlicher Schrottwert kann dem Leasinggeber zustehende Objektchancen verkörpern.[64] In diesem Kontext ist weiterhin zu berücksichtigen, daß der Leasinggeber - anders als der Leasingnehmer - auf die Verwertung des Objektes spezialisiert ist.[65]

Bei Verträgen über (unbebauten) Grund und Boden wird eine Einstufung als *finance lease* durch den Mietzeittest regelmäßig ex ante auszuschließen sein, und auch bei Verträgen über Gebäude dürfte dieses Zurechnungsmerkmal nur in Ausnahmefällen zu einer Objektzurechnung zum Leasingnehmer führen.[66]

---

62 *Mellwig / Weinstock* (Zurechnung, 1996): S. 2352.

63 *Buchloh* (Leasing-Erlaß, 1971): S. 778.

64 Vgl. *Döllerer* (Leasing, 1971): S. 535; *Buchloh* (Leasing-Erlaß, 1971): S. 778; *Knapp* (Leasing, 1972): S. 547; *Runge / Bremser / Zöller* (Leasing, 1978): S. 270; *Knapp* (Leasing-Erlaß, 1971): S. 688.

65 Vgl. *Havermann* (Leasing, 1965): S. 54, der auf die Praxis US-amerikanischer Leasinggesellschaften verweist, die versuchen, "während der Grundvertragsdauer nur ihre Ausgaben zuzüglich einer nach außen hin gering erscheinenden Gewinnmarge hereinzubekommen, den Rahm schöpfen sie dann mittels des Restwertes ab." Ähnlich auch *Dietz* (Betriebswirtschaftliche Grundlagen, 1990): S. 249: "Da für ... [die Leasinggesellschaften] die Objektinvestitionen Hauptgegenstand des Geschäftsgeschehens sind, bilden auch die mit dem Restwert verbundenen sogenannten *Nachgeschäftserlöse* einen bestimmten strategischen Erwartungswert."

66 Vgl. *IASC* (IAS 17, 1997): para. 10. In der alten Fassung des IAS 17 wurde darauf hingewiesen, daß auch die Nutzungsdauer von Gebäuden regelmäßig

Somit spielt der Mietzeittest nur für die Klassifikation von Verträgen über Mobilien eine Rolle. Auch für solche Objekte muß prinzipiell gelten, daß bei einer nach Ablauf der Nutzungsdauer verbleibenden werthaltigen Substanz wesentliche Chancen und Risiken beim Leasinggeber zurückbleiben. Unter der Voraussetzung einer angemessenen Schätzung der Nutzungsdauer scheint bei Mobilien allerdings die Annahme vertretbar, daß die Substanz nur dann einen wirtschaftlichen Wert verkörpert, wenn die Mietdauer nicht unwesentlich unter der Nutzungsdauer liegt. Ein wirtschaftlich ins Gewicht fallender Schrottwert wird hingegen nur bei einer vergleichsweise geringen Anzahl von Objekten vorliegen, so daß diese unter Praktikabilitätsgesichtspunkten zu vernachlässigen sind.[67]

Sofern man der Annahme folgt, daß der Substanzwert nach Ablauf der wirtschaftlichen Nutzungsdauer zu vernachlässigen ist, kann man den Mietzeittest konzeptionell begründen: Wenn der Wert des Leasingobjektes nach Ablauf der Nutzungsdauer nahezu vollständig aufgezehrt ist, richtet sich die Objektzurechnung ausschließlich nach der Verfügung über die Erträge; folglich gehen bei einer der Nutzungsdauer weitgehend entsprechenden Mietdauer die wesentlichen Objektchancen und -risiken auf den Leasingnehmer über.

Zu klären bliebe allerdings die formale Ausgestaltung des Mietzeittests. Obwohl im Einzelfall die Abgabe der Erfolgsbeiträge durch das Leasingobjekt im Zeitablauf ebenso variieren kann wie die Erlöse aus der Objektverwertung, ist nur durch eine quantitative Zeitschranke verbindlich zu regeln, ab welchem Verhältnis von Mietzeit zur Nutzungsdauer ein *finance lease* angenommen werden soll. Aus pragmatischen Gründen bietet sich die Übernahme der US-amerikanischen Regelung an; nach Auffassung SFAS 13 verbleibt ein ausreichender Anteil am Ertrag beim Leasinggeber, wenn die vereinbarte Mietdauer 75% der Nutzungsdauer nicht überschreitet.[68]

Offen bleibt jedoch die Bestimmung der Nutzungsdauer; eine Ausrichtung an der Nutzungsdauer anderer, ähnlicher Vermögensgegenstände, die sich im Eigentum des Leasingnehmers befinden, ist nur dann mög-

---

die Mietdauer übersteigt und deshalb Verträge, die nicht den Eigentumsübergang vorsehen, als *operating leases* zu klassifizieren sind.

67 Für Großobjekte wie Flugzeuge oder Schiffe wäre weiterhin zu prüfen, inwieweit der Leasinggeber an der Substanz partizipiert; eine Klassifikation, die sich ausschließlich am Mietzeittest orientiert, wäre hingegen nicht zulässig.

68 Vgl. *KPMG* (Gutachtliche Stellungnahme, 1992): S. 70-71; *McGregor* (New Approach, 1996): S. 9; *Coopers & Lybrand* (IAS, 1996): S. 17.21.

lich, wenn die Dauer der Nutzung auch der wirtschaftlichen Nutzungsdauer des Objektes entspricht. Ansonsten fordert IAS 17 n.F. allerdings ausdrücklich, in die Klassifikation auch Zeiträume einzubeziehen, in denen das Objekt durch einen Dritten genutzt werden kann.[69]

Sofern eine quantitative Grenze für das Verhältnis aus Mietdauer und Nutzungsdauer des Objektes definiert wird, ist der Mietzeittest für Verträge über Mobilien sowohl konzeptionell als auch formal geeignet, um die Übertragung von Chancen und Risiken anzuzeigen. Für Verträge über Immobilien hingegen spielt der Mietzeittest regelmäßig keine Rolle, da die Nutzungsdauern sowohl von Grund und Boden als auch von Gebäuden deutlich über den vereinbarten Grundmietzeiten liegen dürften.

Übereinstimmung von Barwert der Mindestleasingraten und Verkehrswert des Leasingobjektes

Der Barwerttest stellt auf den Übergang des Investitionsrisikos ab: Sofern der Barwert aller Zahlungen, die der Leasingnehmer (oder eine mit diesem verbundene Partei) leistet oder leisten muß, dem Verkehrswert des Objektes entspricht, geht das Investitionsrisiko vom Leasinggeber auf den Leasingnehmer über. Dies rechtfertigt nach IAS 17 die Annahme, "daß der Leasingnehmer ein (dem Kauf vergleichbares) Investitionsrisiko nur dann übernimmt, wenn er dafür auch ein (dem Kauf vergleichbares) Nutzenpotential erhält."[70]

Allerdings unterliegt der Barwerttest dem Einfluß von Faktoren, die für die Zurechnung des Objektes unmaßgeblich sind: Während beispielsweise die Höhe der Leasingraten von der Marktmacht des Leasinggebers abhängen kann, schlägt sich in der Bemessung des Kalkulationszinses auch die Bonität des Leasingnehmers nieder;[71] daher ist der Barwerttest "einseitig an kalkulatorischen Merkmalen ausgerichtet und damit

---

69 Vgl. *IASC* (IAS 17, 1997): Introduction. Dabei ist zu berücksichtigen, daß Schätzungen hinsichtlich der Länge der Nutzungsdauern stark variieren können. So führt beispielsweise der für Deutschland typische Rückgriff auf die steuerlichen AfA-Tabellen bei vergleichbaren Vermögensgegenständen zu deutlich kürzeren Nutzungsdauern als in den USA.

70 *Mellwig / Weinstock* (Zurechnung, 1996): S. 2352.

71 Vgl. *Mellwig / Weinstock* (Zurechnung, 1996): S. 2352 sowie zur Unmaßgeblichkeit des Barwerttests *Carr* (Inconsistent, 1985): S. 119-120.

nicht geeignet, die Übertragung der wirtschaftlichen Substanz darzustellen."[72]

Weiterhin wird der Barwerttest als für die Zurechnung entbehrlich kritisiert, da der Übergang der Chancen unmittelbar von der Dauer der Nutzung und eventuellen Vereinbarungen über die Eigentumsübertragung abhängt; eine mittelbare Beurteilung der Chancen anhand des Investitionsrisikos wird damit überflüssig.[73] Insbesondere finden die beim Leasinggeber verbleibenden Verwertungschancen keine angemessene Berücksichtigung, wie anhand der Beispiele zu deutschen Teilamortisationsverträgen verdeutlicht werden konnte.[74]

Läßt sich der Leasinggeber beispielsweise einen kalkulierten Restwert durch ein Andienungsrecht oder eine Vereinbarung mit Mindererlösausgleich (bei gleichzeitiger Mehrerlösbeteiligung) durch den Leasingnehmer garantieren, deutet der Barwerttest regelmäßig auf einen *finance lease*, da der Barwert der Mindestleasingraten des Leasingnehmers den Anschaffungskosten des Leasingobjektes entspricht. Dies führt allerdings in vielen Fällen zu absurden Ergebnissen: Zwar garantiert der Leasingnehmer dem Leasinggeber den Rückfluß aller Kosten einschließlich eines Gewinnaufschlages, den Übergang der Objektchancen zeigt der Barwerttest freilich nicht an. So behält der Leasinggeber bei den genannten Vertragsvarianten die Erträge aus einem gestiegenen Restwert vollständig oder zumindest teilweise und verfügt weiterhin - unter der Voraussetzung, der Vertrag erfüllt den Mietzeittest - über einen nicht unwesentlichen Teil an der Nutzungsdauer des Objektes.

Darüber hinaus offenbart der Barwerttest erhebliche Schwierigkeiten in der Anwendung: Nach IAS 17 soll für die Berechnung des Barwertes der (nur dem Leasinggeber bekannte) interne Zins des Leasingvertrages verwendet werden.[75] Dieser kann allerdings nur bei Kenntnis aller offenen oder von Dritten garantierten Restwerte festgelegt werden. Insbesondere der Nachweis, daß die Kalkulation auf Basis eines offenen Restwertes erfolgt ist, wird ebensowenig zu erbringen sein wie das Gegenteil. Angesichts der verbleibenden Nutzungsdauer des Objektes kann auch bei echten Vollamortisationsverträgen stets ein Restwert unterstellt

72 *KPMG* (Gutachtliche Stellungnahme, 1992): S. 70.

73 Vgl. *Mellwig / Weinstock* (Zurechnung, 1996): S. 2352.

74 Vgl. dazu auch die Ausführungen im 3. Kapitel, Abschnitt III.3. der vorliegenden Arbeit.

75 Vgl. *IASC* (IAS 17, 1997): para. 12.

werden; dann ist jedoch eine Übereinstimmung des Barwertes der Mindestleasingraten des Leasingnehmers mit den Anschaffungskosten des Objektes ausgeschlossen.[76]

Sofern also die Kalkulationsgrundlagen des Leasinggebers - der verwendete Zins sowie Restwerte - nicht bekannt sind, wird die Anwendung des Barwerttests häufig zu falschen Ergebnissen führen: Echte Vollamortisationsverträge können mit dem Verweis auf einen nicht bekannten Restwert stets als *operating leases* klassifiziert werden; dagegen zeigt der Barwerttest bei Teilamortisationsverträgen regelmäßig einen *finance lease* an, obwohl der Leasinggeber stets die Chancen auf eine Restwertsteigerung behält.[77]

Außerdem bietet der Barwerttest insbesondere dem Leasingnehmer kaum zu unterbindende Gestaltungsmöglichkeiten: Sofern die Ermittlung des Kalkulationszinses des Leasinggebers nicht praktikabel scheint, darf der Leasingnehmer alternativ zur Abzinsung auch seinen Refinanzierungszins verwenden. Dieser entspricht allerdings nicht zwingend dem Marktzins, sondern ist vielmehr individuell zu ermitteln, wobei IAS 17 offen läßt, wie diese Ermittlung durchgeführt werden soll. So wäre es immerhin denkbar, daß der Leasingnehmer keine Bank findet, die seine gewünschte Investition finanziert. Umgekehrt wäre es auch möglich, daß der Leasingnehmer von seiner Hausbank ein konkretes Angebot für die Finanzierung erhält - allerdings zu einem überhöhten Zins, der zu einem Barwert der Leasingraten führt, der unter dem Verkehrswert des Objektes liegt. Eine weitere Möglichkeit zur Umgehung dieses Kriteriums ist die Vereinbarung variabler Leasingraten (*contingent rentals*), die in die Barwertkalkulation regelmäßig keinen Eingang finden.[78]

Im Ergebnis bleibt festzustellen, daß der Barwerttest konzeptionell nicht geeignet ist, das Vorliegen eines *finance lease* anzuzeigen, da bestenfalls der Übergang des Investitionsrisikos erfaßt wird, die Objektchancen - sowohl aus der betrieblichen Nutzung als auch aus der Substanzverwertung - dagegen weitgehend vernachlässigt werden.[79] Außerdem läßt

76 Vgl. *Reichertz / Frey* (Leasingverträge, 1997): S: 673-674, die beim Barwerttest die "umfassendsten Interpretations- und Gestaltungsmöglichkeiten bei der Klassifizierung" von Leasingverträgen ausmachen.

77 Vgl. zustimmend *GEFIU* (Leasingverträge, 1995), S. 337.

78 Vgl. *McGregor* (New Approach, 1996): S. 11: "While such lease contracts would not satisfy the quantitative criteria for classification as a finance lease, they often do not change the in-substance finance lease nature of the contract ..."

79 Vgl. *Mellwig / Weinstock* (Zurechnung, 1996): S. 2352:

der Barwerttest diverse Gestaltungsmöglichkeiten zu und kann durch entsprechende Wahl der Diskontierungsrate wie auch durch die Vereinbarung variabler Leasingraten einfach umgangen werden.[80]

Spezial-Leasing

Beim Spezial-Leasing bedingt die Natur des Leasingobjektes, daß die Objektchancen vollständig beim Leasingnehmer liegen, da eine wirtschaftlich sinnvolle anderweitige Verwendung des Objektes durch die Definition des Spezial-Leasing ausgeschlossen wird. Aus diesem Grund wird ein Vertrag über Spezial-Leasing regelmäßig die Folgenutzung durch den Leasingnehmer bis zum Verbrauch des Objektes festschreiben. Insoweit ist dieses Zurechnungskriterium konzeptionell geeignet, um das Vorliegen eines *finance lease* anzuzeigen.

Allerdings wird der Beleg einer vertraglich fixierten Folgenutzung durch den Leasingnehmer anhand anderer Zurechnungskriterien (Eigentumsübergang, günstige Kaufoption) grundsätzlich einfacher zu erbringen sein als der Nachweis, daß die Objektnutzung durch einen anderen als den Leasingnehmer ausgeschlossen ist. Ausnahmen hiervon sind lediglich im Bereich des Immobilienleasing denkbar.[81]

Auf die Diskussion der neben dem Spezial-Leasing neu eingeführten Orientierungshilfen kann hier verzichtet werden, da bereits an anderer Stelle festgestellt wurde, daß die vermeintlich neuen Zurechnungskriterien bereits vollständig durch die vier bekannten Orientierungshilfen abgedeckt werden.[82]

2.3 Zwischenergebnis: Die Eignung der Orientierungshilfen zur Klassifikation von Leasingverträgen

Als Zwischenergebnis der vorstehenden Untersuchung kann festgehalten werden, daß die von IAS 17 verwendeten Orientierungshilfen zur Klassifikation von Leasingverträgen bis auf den Barwerttest konzeptionell geeignet sind, um den Übergang von Chancen und Risiken auf den Leasingnehmer anzuzeigen. Die formale Ausgestaltung der Kriterien ist dazu hingegen ungeeignet; fehlende quantitative Schranken bei der Bestimmung, ob eine Kaufoption als günstig einzustufen ist bzw. ob vereinbarte Mietzeiträume sich über einen wesentlichen Teil der Nutzungs-

80 Vgl. *Reichertz / Frey* (Leasingverträge, 1997): S: 673-674.

81 Vgl. dazu 3. Kapitel, Abschnitte IV. und V. der vorliegenden Arbeit.

82 Vgl. dazu 3. Kapitel, Abschnitt II. der vorliegenden Arbeit.

dauern erstrecken, eröffnen den Vertragsparteien erhebliche Gestaltungsspielräume hinsichtlich der Objektzurechnung.

Diese Schwächen des IAS 17 wurden inzwischen erkannt, und obwohl die Neufassung des Leasingstandards erst kürzlich verabschiedet wurde, haben sowohl das IASC als auch die IOSCO mehrfach angedeutet, daß diese Version des IAS 17 lediglich als Zwischenlösung anzusehen ist. So wies das IASC bereits frühzeitig darauf hin, daß nach der Verabschiedung der *core standards* eine grundsätzliche Überarbeitung des IAS 17 stattfinden solle.[83] Dies wurde auch im E 56 (Leases) bestätigt, in dem die IOSCO anregte, über neue Regelungen der Leasingbilanzierung zu beraten: Hiernach wird die Möglichkeit erwogen, alle Verträge einheitlich dem *operate lease treatment* zu unterwerfen. Eine Alternative wäre - dem Vorschlag *McGregors* folgend[84] - auf die Unterscheidung in *finance* und *operating leases* zu verzichten und statt dessen bei allen Verträgen, deren Laufzeit über einer Wesentlichkeitsgrenze liegt, die Zurechnung des Objektes zum Nutzungsberechtigten vorzunehmen.[85] Es scheint derzeit offen, zu welchem Verfahren sich das IASC entschließen wird, langfristig ist jedoch ein Festhalten an IAS 17 in der bisherigen Form kaum zu erwarten.

II. Der Vorschlag von McGregor zur Neugestaltung des IAS 17

1. Darstellung des McGregor-Papiers

Ein erster Vorstoß zur Neugestaltung des Leasingstandards war 1996 zu verzeichnen, als eine unter dem Vorsitz des Australiers *Warren McGregor* stehende Arbeitsgruppe im IASC ihre plakativ formulierte Kritik an IAS 17 unter dem Titel: "Accounting for Leases: A New Approach" als Diskussionspapier[86] veröffentlichte.[87] Die in dieser Schrift (nachfolgend

83 Vgl. *IASC* (IASC Insight, Juli 1996): S. 11.

84 Vgl. zum *McGregor*-Papier 4. Kapitel, Abschnitt II. der vorliegenden Arbeit.

85 Vgl. *IASC* (E 56, 1997): Appendix 4.

86 Die Bezeichnung "Diskussionspapier" verdeutlicht den halboffiziellen Charakter der Schrift: Während beispielsweise ein *Exposure Draft* erst nach mehrfachen Beratungen und Genehmigung durch das *IASC-Board* veröffentlicht wird, handelt es sich beim *McGregor*-Papier um eine nicht mit dem *Board* abgestimmte Stellungnahme. Vgl. zum Ablauf der Entstehung eines IAS *Fuchs* (Jahresabschlußpolitik, 1997): S. 298; *Haller* (Rolle des IASC, 1993): S. 1300.

87 Vgl. *McGregor* (New Approach, 1996): Accounting for Leases: A New Approach. Recognition by Lessees of Assets and Liabilities Arising under Lease Contracts.

kurz als "*McGregor*-Papier" bezeichnet) vorgetragene Kritik zielt im wesentlichen auf drei Punkte ab:[88]

- **Anfälligkeit des Leasingstandards gegen Gestaltungsmißbrauch durch die Vertragsparteien**

  Erstens moniert das *McGregor*-Papier die Anfälligkeit der Leasingstandards gegen Gestaltungen (*finance leases structured as operating leases*)[89] und verdeutlicht dies an einer Reihe von Beispielen: So wird auf die Möglichkeiten verwiesen, den Barwerttest durch die Festlegung variabler Leasingraten ebenso zu unterlaufen wie den Mietzeittest durch die Vereinbarung von Mietverlängerungsoptionen. Diese Gestaltungsspielräume führen zu weitreichenden Beeinträchtigungen hinsichtlich der Vergleichbarkeit von Jahresabschlüssen.[90]

- **Unvollständige Darstellung der Vermögens- und Finanzlage**

  Zweitens wird betont, daß sich in den vergangenen Jahren die Anmietung verschiedener Anlagegüter in vielen Branchen als wirtschaftlich sinnvoll durchgesetzt hat. Da die Mietdauer im Verhältnis zur wirtschaftlichen Nutzungsdauer häufig relativ kurz ist, werden solche Vereinbarungen (nach IAS 17 in der derzeitigen Fassung korrekt) als *operating leases* klassifiziert und im Jahresabschluß entsprechend behandelt. Am Beispiel verschiedener Fluggesellschaften zeigt das *McGregor*-Papier, daß die in der Bilanz dargestellte Vermögens- und Finanzlage die tatsächliche Lage der Unternehmen nur unvollständig wiedergibt, da "erhebliche Summen an Nutzungspotentialen und Verbindlichkeiten in der Bilanz nicht ausgewiesen" werden. Dadurch wird "die Beurteilung der finanziellen Lage einer Unternehmung" erschwert, weil ein vollständiger "Ausweis des Vermögens und der Verbindlichkeiten aus Leasingverträgen in der Bilanz" weitgehend unterbleibt.[91]

---

88 Die folgenden Ausführungen beziehen sich ausschließlich auf *McGregor* (New Approach, 1996): S. 3-18.

89 Vgl. *McGregor* (New Approach, 1996): S. 10-11.

90 Vgl. *Imhoff / Lipe / Wright* (Operating Leases, 1991): S. 54-57, die am Beispiel des Jahresabschlusses von *McDonalds* die Auswirkungen des *operate lease treatments* von *in-substance finance leases* quantifizieren.

91 *Weinstock* (Neuer Vorschlag, 1996): S. 796 (alle Zitate).

- **(Zu hohe) Komplexität der Zurechnungs- und Bilanzierungsvorschriften**

  Drittens wendet sich das Diskussionspapier gegen die zunehmende Komplexität der Regelungen zur Leasingbilanzierung.[92] Die Notwendigkeit zur Vereinfachung wird in einem 1993 von der *Association for Investment Management and Research* (AIMR) veröffentlichten Kommentar verdeutlicht. Dort heißt es (allerdings unter Bezugnahme auf das US-amerikanische SFAS 13): "*We all have struggled to understand the immense body of detailed rules that governs accounting for leases. Sometimes it seems as if the only persons having sufficient motivation to study their particulars are those who need to write lease contracts that produce desired outcomes. We know that the criteria for distinguishing between capital lease and operating lease set forth in [FASB] Financial Accounting Standard No. 13 and its supplements are arbitrary and their application often is wilfully capricious. Sometimes it seems as if the opportunities to manipulate the rules are in direct proportion to their copiousness.*"[93]

Aus diesen drei Kritikpunkten leitet das *McGregor*-Papier die Anforderungen ab, die an einen neuen Leasingstandard zu stellen sind: Dieser solle erheblich vereinfacht werden,[94] dürfe nicht anfällig gegen mißbräuchliche Gestaltungen sein und habe zur vollständigen Darstellung der Vermögenslage auch solche Verträge in der Bilanz des Leasingnehmers auszuweisen, die derzeit (aufgrund ihrer Einstufung als *operating leases*) bilanziell nicht ausgewiesen werden.[95]

---

92 Vgl. *Hepp / McRae* (Overload, 1982), S. 56, die den US-amerikanischen SFAS 13 als "one of four standards deemed to be most troublesome" ausmachen.

93 *Knutson* (Financial Reporting, 1993): S. 87.

94 Vgl. *McGregor* (New Approach, 1996): S. 18: "In addition, adoption of the proposed approach should simplify the application of lease accounting standards in practice."

95 Vgl. *McGregor* (New Approach, 1996): S. 13: "The major deficiency of current lease accounting standards is that they do not provide for the recognition in lessees' balance sheets of material assets and liabilities arising from operating leases. Their usefulness has been further eroded by arrangements which have effectively enabled classification of in-substance leases as off-balance-sheet operating leases."

Diesen Kritikpunkten folgend wurde von *McGregor* erneut ein Vorschlag aufgegriffen[96], der in den USA schon kurze Zeit nach der Verabschiedung des SFAS 13 diskutiert wurde. Bereits damals hatte eine Mehrheit des FASB geäußert,[97] im Falle der nochmaligen Überarbeitung des SFAS 13 eine Lösung zu präferieren, nach der alle Leasingverträge, deren Laufzeit mindestens ein Jahre beträgt, bei Leasingnehmer und Leasinggeber als *finance leases* bilanziert werden sollten.[98]

Dadurch wird die Unterscheidung in *finance leases* und *operating leases* hinfällig: Statt dessen muß der Leasingnehmer das Nutzungsrecht an dem Leasingobjekt als Vermögensgegenstand aktivieren und in gleicher Höhe eine Verbindlichkeit gegen den Leasinggeber passivieren.[99] Der Leasinggeber aktiviert zwei Vermögensgegenstände: Zum einen die Forderung gegen den Leasingnehmer in Höhe des Barwertes der Mindestleasingzahlungen, zum anderen den nach Ablauf der Mietdauer verbleibenden Restwert am Leasingobjekt, der dann innerhalb der Grundmietzeit keiner planmäßigen Abschreibung mehr unterliegt.

2. Kritische Würdigung des *McGregor*-Papiers

2.1 Vereinfachung der Leasingbilanzierung?

Ein Grund für die Vorlage des *McGregor*-Papiers ist die Komplexität der Zurechnungs- und Bilanzierungsvorschriften des IAS 17. Beschränkt man die Betrachtung ausschließlich auf die Zurechnungsfrage, so ist eine Vereinfachung durch den *McGregor*-Vorschlag zunächst unverkennbar: Da die Unterscheidung in *finance* und *operating leases* entbehrlich wird, entfällt die aus der Klassifikation des Vertrages resultierende Komplexität; die Zurechnung des Objektes sowie die bilanzielle

---

96 Dieser Vorschlag wurde von *Warren McGregor* erstmals 1992 in Australien unterbreitet und als sog. "*Statement of Accounting Concept 4*" von dem *Institute of Chartered Accountants in Australia* auch formell in Kraft gesetzt. Allerdings steht das Konzept im Range eines Frameworks und tritt demzufolge in Australien hinten den dort gültigen Leasingstandard AAS 17 zurück, der eine dem IAS 17 entsprechende Behandlung vorsieht. Vgl. *McGregor* (New Framework, 1992): S. 17-20; *Hostettler* (Economic Value Added, 1997): S. 124; *Reinholz* (Leasingbilanzierung , 1995).

97 Vgl. *Kieso / Weygandt* (Intermediate Accounting, 1995): S. 1153.

98 Vgl. *Dieter* (Lessee Accounting Working?, 1979): S. 19.

99 Vgl. *McGregor* (New Approach, 1996): S. 17: "Under both finance and operating leases those contractual rights give rise to future economic benefits which the enterprise controls and obligations which it must meet."

Behandlung des Vertrages richten sich ausschließlich nach der Mietdauer.

Diese Betrachtung erweist sich jedoch als vordergründig: Problematisch bei der Vertragsklassifikation ist insbesondere die Konkretisierung der weitgehend unbestimmten Zurechnungskriterien: So ist beispielsweise die Wahrscheinlichkeit der Ausübung von Verlängerungs- und Kaufoptionen zu beurteilen, für den Barwerttest ist über den Umfang der einzubeziehenden Mindestleasingzahlungen ebenso zu entscheiden wie über die geeignete Diskontierungsrate, die ihrerseits von der Existenz offener Restwerte abhängt.

Diese Probleme entfallen beim *McGregor*-Vorschlag zwar für die Qualifikation eines Vertrages - die insofern vereinfacht wird - nicht aber für die Bilanzierung, da für die Zugangs- und Folgebewertung der Aktiva und Passiva bei den Vertragsparteien ebendiese Informationen benötigt werden. Da der *McGregor*-Vorschlag jedoch dazu führt, daß bei einer größeren Anzahl von Verträgen als vormals eine Objektzurechnung zum Leasingnehmer vorgenommen wird, steigt sogar die Menge der Verträge, die nun dem als zu komplex kritisierten *finance lease treatment* unterworfen werden. Im Ergebnis bleibt somit festzuhalten, daß durch den Vorschlag des Diskussionspapiers eine wesentliche Vereinfachung in der Bilanzierung von Leasingverträgen nicht erreicht wird.

2.2 Verhinderung von Gestaltungsmißbrauch?

Zwar wird an verschiedenen Stellen des Diskussionspapiers nachdrücklich betont, daß die Aktivierung eines Nutzungsrechtes ausschließlich auf den Bereich Leasing begrenzt bleiben soll;[100] freilich ist es zweifelhaft, ob eine solche Beschränkung auf die Vertragsform "Leasing" möglich und sinnvoll ist, da in diesem Fall der Ansatz problemlos dadurch unterlaufen werden könnte, Leasingverträge nicht als solche zu deklarieren. So wies *Jung* bereits 1977 im Zusammenhang mit der Einführung des SFAS 13 auf die Möglichkeit hin, daß eine "Vielzahl von finanziellen Vereinbarungen, die viele Merkmale eines Leasing-Geschäfts haben, aber nicht ausdrücklich als solches bezeichnet werden"[101], entstehen könnten, um die bilanziellen Folgen des Leasingstandards zu umgehen. Dieses Problem ist nicht von der Hand zu weisen. Schon auf nationaler Ebene

100 Vgl. *McGregor* (New Approach, 1996): S. 5: "This paper deals only with the application of accounting concepts to lease contracts."

101 *Jung* (Rechnungslegung, 1979): S. 403-404.

ist aufgrund der Vielfalt von neuentwickelten Verträgen die Unterscheidung zwischen Leasing und anderen Vertragsformen (wie insbesondere der Miete) außerordentlich schwierig,[102] diese Abgrenzungsproblematik wird durch eine international uneinheitliche Verwendung des Begriffes "Leasing" zusätzlich erschwert: So muß beispielsweise in Frankreich ein Leasingvertrag (*crédit bail*), um als solcher qualifiziert zu werden, immer eine Erwerbsoption beinhalten,[103] während in Großbritannien der wahrscheinliche Eigentumsübergang dazu führt, daß ein Vertrag nicht mehr als "*lease*" bezeichnet wird.[104]

Wenn der *McGregor*-Vorschlag im Ergebnis wirklich zu einer einheitlichen Behandlung von Leasingverträgen im Jahresabschluß führen soll, muß eine Definition für Leasingverträge gefunden werden, die eine Abgrenzung von anderen Formen der Nutzungsüberlassung ermöglicht. Dies ist bislang nicht der Fall. Damit aber wäre die Ausweitung des Vorschlages auf alle Formen der Nutzungsüberlassung unabhängig von ihrer Bezeichnung zwingend.[105] Diese Möglichkeit wird im *McGregor*-Papier auch nicht ausgeschlossen,[106] hinsichtlich weiterer Konsequenzen allerdings nicht überprüft.

2.3 Vereinbarkeit mit dem Grundsatz der Nichtbilanzierung schwebender Geschäfte?

Der *McGregor*-Vorschlag zielt darauf ab, das unkündbare Recht auf Nutzung einschließlich der daran hängenden Zahlungsverpflichtung in der Bilanz des Leasingnehmers auszuweisen, da der Jahresabschluß des Leasingnehmers nur so dem Ziel der Vermittlung von entscheidungsrelevanter Information gerecht wird. Sieht man im bilanziellen Ausweis von bislang nicht in der Bilanz dargestellten Ansprüchen und

---

102 Vgl. *Wolf / Eckert* (Handbuch, 1995): Rz. 1791; *von Westphalen* (Leasingvertrag, 1991): Rz. 55-61; *Demberg* (Kilometervertrag, 1996): S. 11; *Weinstock* (Neuer Vorschlag, 1996): S. 799.

103 Vgl. *Bongers / Jamin* (Leasing-Handbuch, 1992): S. 270; *Thaly* (Leasing en Europe, 1992): S. 11-12.

104 Vgl. *Clark* (Leasing, 1978): S. 81; *Findeisen / Hübner* (Leasing-Handbuch, 1992): S. 314; *KPMG* (Leasing Taxation, 1993): S. 195.

105 Dagegen *Küting / Hellen / Brakensiek* (Leasing, 1998): S. 1473: "Eine beliebige Separierung des Leasing läßt sich nicht rechtfertigen."

106 Vgl. *McGregor* (New Approach, 1996): S. 5: "The concepts may be applicable to types of contracts similar to leases, but this has not been considered by the Working Group." Vgl. auch *Weinstock* (Neuer Vorschlag, 1996): S. 799.

Verpflichtungen aus schwebenden Geschäften tatsächlich eine Verbesserung der Informationsgewährung, darf dies nicht auf den Bereich des Leasing beschränkt bleiben.[107] Die Ausweitung des *McGregor*-Vorschlags auf alle anderen Nutzungsverhältnisse ist - wie bereits ausgeführt - ohnehin zwingend, um eine einheitliche Behandlung von Leasingverträgen zu garantieren.[108]

Eine insofern erweiterte, jedoch immer noch auf den Bereich der Überlassung von Gegenständen beschränkte Aktivierung von Nutzungsrechten wäre allerdings inkonsistent.[109] Zur vollständigen Erfassung der Vermögens- und Finanzlage eines Unternehmens wäre auch die bilanzielle Erfassung anderer Dauerschuldverhältnisse notwendig, die nicht die Nutzungsüberlassung von Sachen, sondern die Erbringung wiederkehrender Dienstleistungen zum Gegenstand haben, denn auch durch solche Verträge werden Ansprüche und Zahlungsverpflichtungen begründet, die unter die Definitionen von *asset* und *liability* fallen.

Der im Diskussionspapier formulierte Bilanzierungsvorschlag würde im Ergebnis auf alle Dauerschuldverhältnisse ausstrahlen und könnte bei konsequenter Anwendung zu einer weitgehenden Zurückdrängung des auch vom IASC anerkannten Grundsatzes der Nichtbilanzierung schwebender Geschäfte führen.[110] Obwohl die Arbeitsgruppe um *McGregor* mehrfach betont, daß eine Ausweitung der Überlegungen auf andere Vertragsformen ebensowenig Gegenstand der Überlegungen war wie die Abwägung der damit verbundenen Konsequenzen, scheint das *McGregor*-Papier dennoch eine generelle Bilanzierung aller schwebenden Geschäfte mit einer Laufzeit von mehr als einem Jahr zu befürworten. Das wird durch die nachfolgende Aussage der *Association for Investment Management and Research* belegt, die im *McGregor*-Papier zitiert wird: "*The AIMR advocates that the rules be simplified and that all*

107 Vgl. zustimmend *Mellwig* (Leasingverträge, 1998): S. 13.

108 Vgl. dazu die Ausführungen im 4. Kapitel, Abschnitt 2.1 der vorliegenden Arbeit sowie ausführlich *Weinstock* (Neuer Vorschlag, 1996): S. 799.

109 Vgl. zustimmend *Leffson* (Leasingverträge, 1976): S. 688: "Die Forderung nach einem möglichst sicheren Einblick in die Vermögenslage wird ohne Zweifel nicht erreicht, wenn sich dieser Grundsatz ausschließlich auf Finanzierungs-Leasingverträge beschränkt und nicht auf alle Arten von Mietverträgen und möglicherweise auf weitere Verträge ... angewendet wird." Ähnlich *Flume* (Leasing-Verhältnisse, 1973): S. 1663; *Küting / Hellen / Brakensiek* (Leasing, 1998): S. 1473.

110 Vgl. *Weinstock* (Neuer Vorschlag, 1996): S. 800.

executory contracts of more than one year's duration be recognised at their present value."[111]

Der Vorschlag des *McGregor*-Papiers kann freilich nicht mit dem bloßen Verweis auf gewachsene Bilanzierungsgrundsätze abgelehnt werden. Der Grundsatz, Ansprüche und Verpflichtungen aus schwebenden Geschäften nicht in der Bilanz darzustellen, stellt kein unumstößliches Dogma dar.[112] So ist durchaus zu prüfen, ob die Informationsvermittlung durch eine Erweiterung des Vermögens- und Schuldenausweises um bislang nicht bilanzierte Sachverhalte verbessert werden kann; wäre dies der Fall, könnte der Grundsatz der Nichtbilanzierung schwebender Geschäfte insbesondere vor dem Hintergrund, daß das Ziel des IAS-Abschlusses ausschließlich in der Vermittlung entscheidungsrelevanter Informationen liegt, nicht beibehalten werden.

Derzeit kann die Notwendigkeit einer dahingehenden Erweiterung des Vermögensausweises jedoch weder aus den IAS noch aus dem *Framework* abgeleitet werden. So wird die Zurechnung des Leasingobjektes ausdrücklich nur für den Fall gefordert, daß der Vertrag den Leasingnehmer in wirtschaftlicher Betrachtungsweise wie den Eigentümer stellt; die Zurechnung des Objektes aufgrund einer lediglich vorübergehenden Nutzung wird indes nicht als notwendig erachtet.[113] Auch der kürzlich verabschiedete IAS 1 läßt nicht erkennen, daß zur Darstellung der Vermögens- und Finanzlage eines Unternehmens der Ausweis sämtlicher Nutzungsrechte mit einer Laufzeit jenseits eines Jahres erforderlich wäre.[114]

Die mit der Umsetzung des *McGregor*-Vorschlags verbundene Einschränkung des Grundsatzes der Nichtbilanzierung schwebender Geschäfte[115] führt - wie gezeigt - zu Konsequenzen, die über die Darstellung von Leasingverträgen weit hinausgehen. Ob die Zurückdrängung des Grundsatzes der Nichtbilanzierung schwebender Geschäfte sinnvoll ist und tatsächlich zu einer Verbesserung der Informa-

111 *Knutson* (Financial Reporting, 1993): S. 87.

112 Vgl. *Mellwig* (Leasingverträge, 1998): S. 13.

113 Vgl. *IASC* (IAS 17, 1997): para. 3.

114 Vgl. *IASC* (IAS 1, 1997): para. 73 sowie Appendix.

115 Vgl. dazu auch *Mellwig* (Leasingverträge, 1998): S. 14, der mit Recht darauf hinweist, daß sich die Zurückdrängung des Grundsatzes der Nichtbilanzierung schwebender Geschäfte im Ergebnis gegen eine - von *McGregor* propagierte - Vereinfachung der Leasingbilanzierung richtet.

tionsvermittlung führt[116], sollte einer gründlichen Überprüfung vorbehalten bleiben, die im Diskussionspapier allerdings nicht einmal in Ansätzen erkennbar ist.

2.4 Verbesserung der Darstellung der wirtschaftlichen Lage?

Wenn das *McGregor*-Papier die Komplexität des Leasingstandards kritisiert, wird damit auch die Eignung des IAS 17 hinsichtlich der Informationsvermittlungsaufgabe bezweifelt: Sofern die Unterscheidung in *finance leases* und *operating leases* weder eindeutig noch für Dritte nachvollziehbar geregelt wird, ist die Vergleichbarkeit von Jahresabschlüssen (*comparability*) nicht gewährleistet. Indirekt kritisiert das *McGregor*-Papier damit, daß die Vertragsklassifikation nach IAS 17 weder den Anforderungen hinsichtlich der Verständlichkeit (*understandibility*) noch der Verläßlichkeit (*reliability*) entspricht.[117] Allerdings reicht der Arbeitsgruppe um *McGregor* auch eine Verbesserung der Klassifikation nicht aus.

Vielmehr stützt sich der Ansatz pragmatisch auf die Grundsätze der Wesentlichkeit (*materiality*)[118] und der Vollständigkeit (*completeness*)[119] und zeigt am Beispiel verschiedener Fluggesellschaften, wie gering der Anteil des in der Bilanz ausgewiesenen Betriebsvermögens am gesamten genutzten Vermögen ist, da wesentliche Vermögensteile nicht gekauft, sondern angemietet werden. Obwohl eingeräumt wird, daß die vereinbarten Mietzeiträume im Verhältnis zur Nutzungsdauer der Objekte vergleichsweise kurz sind und deshalb beim Leasingnehmer "*will often not amount to de facto ownership of the leased property*"[120], wird dennoch

116 Vgl. *Küting / Hellen / Brakensiek* (Leasing, 1998): S. 1473: "Angesichts der Vielzahl von entsprechenden Rechtsverhältnissen stellt sich die Frage, ob nicht gerade der saldierte Ausweis von Ansprüchen und Verpflichtungen aus schwebenden Geschäften dem Grundsatz der Klarheit und Übersichtlichkeit des Jahresabschlusses und damit der Information förderlich ist."

117 Vgl. zu den Rechnungslegungsgrundsätzen der IAS-Rechnungslegung 2. Kapitel, Abschnitt IV.2 der vorliegenden Arbeit.

118 Vgl. *IASC* (Framework, 1989): para. 29-30.

119 Vgl. *IASC* (Framework, 1989): para. 38.

120 *McGregor* (New Approach, 1996): S. 12. Vgl. auch *Imhoff / Thomas* (Economic Consequences, 1988): S. 305, die in den USA nach Verabschiedung des SFAS 13 in der heutigen Fassung signifikante Änderungen in der Ausgestaltung von Leasingverträgen nachweisen. Während Vorläufer des SFAS 13 lediglich Angaben über *capital leases* in den *notes* forderten, ist seit 1977 die Aktivierung

die Aktivierung eines Nutzungsrechtes (bei gleichzeitiger Passivierung einer Verbindlichkeit) gefordert, da die Bilanz eines Unternehmens ansonsten nicht zum vollständigen Ausweis des Vermögens und der Schulden eines Unternehmens geeignet sei[121]. *McGregor* sieht also die Informationsvermittlung durch den Jahresabschluß nicht nur durch die unscharfen Klassifikationsvorschriften gefährdet, sondern generell durch eine Darstellung von Leasingverträgen gemäß dem *operating lease treatment.*[122] Dementsprechend wird im Diskussionspapier der Eindruck erweckt, der Jahresabschluß enthalte keine oder nur unzulängliche Angaben über *operating leases.*

Eine Lösung dieses Bilanzierungsproblems kann *McGregor* zufolge nur in der Abschaffung des *operating lease treatment* liegen. Als zentrales Argument für den *McGregor*-Ansatz soll insbesondere der Nachweis dienen, daß der Anspruch aus einem Leasingvertrag ein *asset* darstellt. Das IASC-*Framework* definiert diejenigen Ressourcen als *asset*[123],

- die in Zukunft einen ökonomischen Nutzen erwarten lassen[124] und
- als Ergebnis vergangener Ereignisse[125]
- der Kontrolle des bilanzierenden Unternehmens unterliegen.[126]

Ergänzend werden diese Merkmale durch die *recognition*-Kriterien objektiviert. Danach muß

- der künftige Zufluß wahrscheinlich sein und
- der Posten einen Wert (oder Kosten verursacht) haben und einer zuverlässigen Bewertung zugänglich sein.[127]

---

eines *asset* beim Leasingnehmer Pflicht. Daraufhin sank der Anteil der *capital leases* zugunsten von *operating leases.*

121 Vgl. *McGregor* (New Approach, 1996): S. 13.

122 Vgl. *McGregor* (New Approach, 1996): S. 8: "Eventually the view prevailed in a number of accounting jurisdictions that the underlying financial position of the entity could not be understood fully if leased assets and related liabilities were not recognised."

123 Vgl. *IASC* (Framework, 1989): para. 49 (a).

124 Vgl. *IASC* (Framework, 1989): para. 53-55.

125 Vgl. *IASC* (Framework, 1989): para. 58.

126 Vgl. *IASC* (Framework, 1989): para. 57.

127 Vgl. *IASC* (Framework, 1989): para. 89.

Die (vordergründig überzeugende) Argumentation der Arbeitsgruppe um *McGregor* zielt folglich darauf ab, die Übereinstimmung ihres Vorschlages mit den durch das *Framework* gesetzten Rahmenbedingungen zu betonen und gleichzeitig herauszustellen, daß das *operating lease treatment* diesen Anforderungen in vielen Punkten nicht genügt.

Diese Auslegung ist jedoch verzerrend, wenn nicht sogar unzutreffend: So ist hinsichtlich der Informationsvermittlung durch das *operating lease treatment* anzumerken, daß der Bilanzadressat immerhin den Wert der im abgelaufenen Geschäftsjahr entrichteten Leasingraten der Gewinn- und Verlustrechnung entnehmen und umfassende Angaben über die gemieteten Wirtschaftsgüter sowie die daraus resultierenden Verpflichtungen - sogar zeitlich gestaffelt - im Anhang finden kann.[128]

Somit kann der Kritik, das *operating lease treatment* lasse jegliche Information vermissen, nicht zugestimmt werden. Zutreffend bleibt indes die Feststellung, die Art und Weise der Vermittlung von Information sei ebensowenig optimal wie deren Verwertbarkeit. Da als erklärtes Ziel des IAS 17 die insbesondere auf Investoren und Finanzanalysten zugeschnittene Informationsvermittlung propagiert wird, kann jener These nicht zugestimmt werden, nach der "es nur wichtig ist, daß der Kapitalmarkt informiert wird, nicht aber, in welcher Form er informiert wird"[129]. Vielmehr ist dann zu berücksichtigen, daß die Adressaten eines IAS-Abschlusses diesen im wesentlichen mit Hilfe von Kennzahlen analysieren. Folglich sind quantitative Angaben für Investoren hilfreicher als qualitative; somit ist das *finance lease treatment* zunächst grundsätzlich als wertvoller einzustufen als das *operating lease treatment.*

Allerdings lassen sich diese unterschiedlichen Formen der Darstellung durchaus inhaltlich rechtfertigen: Während ein *finance lease* wegen der Übertragung wesentlicher Objektchancen und -risiken sowie der dominierenden Finanzierungsfunktion dem fremdfinanzierten Kauf ähnelt, steht beim *operating lease* - ähnlich wie bei der Miete - die kurzfristige Nutzungsüberlassung im Vordergrund. Werden nun auch solche Vereinbarungen - wie im *McGregor*-Papier angeregt - dem *finance lease treatment* unterworfen, kann man sogar von einer Informationsminderung sprechen: Die Unterscheidung, ob ein Leasingnehmer aus wirtschaft-

128 Vgl. dazu die Ausführungen im 3. Kapitel der vorliegenden Arbeit.

129 *Schmidt* (Informationsproduktion, 1982): S. 748. Vgl. auch *Schneider* (Kapitalmarkteffizienz, 1981): S. 14; *Harris / Lang / Möller* (Relevanz der Jahresabschlußgrößen, 1995): S. 1026.

licher Sicht wie ein Eigentümer gestellt wird oder lediglich auf beschränkte Zeit ein Objekt nutzt, entfällt beim *McGregor*-Vorschlag.

Auch der geführte Nachweis, dem Leasingnehmer gehe mit Abschluß des Leasingvertrages ein *asset* zu, das aus Gründen der Vollständigkeit in der Bilanz auszuweisen sei, kann nur bedingt überzeugen. Es ist unbestritten, daß der Anspruch aus einem Leasingvertrag der (vagen) *asset*-Definition entspricht[130] - letztlich führen jedoch alle Dauerschuldverhältnisse zu einem Nutzenzufluß, der unter der Kontrolle des Nutzungsberechtigten steht. Bislang wird allerdings auf die Aktivierung der sich aus dem Dauerschuldverhältnis ergebenden Rechtsposition regelmäßig ganz bewußt verzichtet und der Grundsatz der Nichtbilanzierung schwebender Geschäfte beachtet. Insoweit sind solche möglichen Nutzenzuflüsse, die das Ergebnis von Dauerschuldverhältnissen darstellen, eine (in IAS 17 fixierte) Begrenzung der *asset*-Definition: So fordert IAS 17 ausdrücklich, daß in all den Fällen, in denen nicht alle wesentlichen Objektchancen und -risiken auf den Leasingnehmer übertragen werden, dieser den Grundsatz der Nichtbilanzierung schwebender Geschäfte zu beachten hat und keinen Vermögensgegenstand aktivieren darf.

Insofern kann auch die Aussage *McGregors* nicht überzeugen, das *operating lease treatment* verstoße gegen elementare Grundsätze der IAS-Rechnungslegung: Es ist abwegig zu glauben, das IASC habe bislang übersehen, daß Anspruch und Verpflichtung aus einem Leasingvertrag unter die Definition von *asset* und *liability* subsumiert werden können. Vielmehr hat sich das IASC der in vielen Rechtskreisen verbreiteten Konvention angeschlossen, schwebende Geschäfte bei der Aktivierung von Vermögensgegenständen unberücksichtigt zu lassen. Man kann die Notwendigkeit dieser grundsätzlichen Entscheidung -insbesondere angesichts der Zielsetzung eines IAS-Abschlusses - bezweifeln; festzuhalten bleibt allerdings, daß derzeit im Bilanzierungssystem der IAS die Einschränkung der qualitativen Rechnungslegungsgrundsätze Vollständigkeit und Wesentlichkeit[131] durch die Nichtbilanzierung schwebender Geschäfte bewußt akzeptiert wird und deshalb der Vorschlag von *McGregor* mit den gültigen Bilanzierungsgrundsätzen nicht im Einklang steht.

---

130 Vgl. zu einer ausführlichen Diskussion des *asset*-Begriffes *Mellwig / Weinstock* (Zurechnung, 1996): S. 2348-2350; *Wesner* (Bilanzierungsgrundsätze, 1984): S. 62-99; *FASB* (Concept No. 6, 1986): para. 25-190.

131 Vgl. 2. Kapitel, Abschnitt IV.3 der vorliegenden Arbeit.

Die Folge aus einem Verzicht auf diese Begrenzung wäre nicht nur die Erweiterung des Kreises der aktivierungspflichtigen Vermögensgegenstände, sondern auch eine damit verbundene gravierende Änderung der Bilanzinhalte: Während bislang Güter das Gerüst der Bilanz bilden, wird der Vermögensausweis nun um Nutzungsrechte wesentlich erweitert. Die Konsequenzen lassen sich am Beispiel des Leasing deutlich aufzeigen: Die Zurechnung des Objektes zum Leasingnehmer nach IAS 17 signalisiert die Übertragung wesentlicher Chancen und Risiken auf den Leasingnehmer, der bei wirtschaftlicher Betrachtung wie ein Käufer gestellt wird. Diese Information über das Ausmaß der übernommenen Chancen und Risiken ginge nach dem *McGregor*-Vorschlag hingegen vollständig verloren.

Die Umsetzung des *McGregor*-Vorschlags würde im Ergebnis dazu führen, daß sich der IAS-Abschluß vom überlieferten Verständnis der Bilanzinhalte in einer Weise entfernt, die nicht auf ungeteilte Zustimmung stoßen kann. So hat die US-amerikanische SEC vor einer solchen Erweiterung des *asset*-Begriffes mit dem Ziel, "*to provide the most relevant information possible for decision making by investors and creditors*", bereits nachdrücklich gewarnt. "*The definition of an asset that is in use today is too inclusive, overly complex, and vague. I suggest that standard setters should take another look at the definition.*"[132]

2.5 Ergebnis

Wie gezeigt werden konnte, ist der Gedanke einer laufzeitabhängigen Vertragsklassifikation – der vor *McGregor* bereits 1979 von *Dieter* formuliert wurde[133] - aus mehreren Gründen abzulehnen:

Die gewünschte Vereinfachung der Leasingbilanzierung wird durch den *McGregor*-Vorschlag kaum erreicht werden, da dieser die Probleme des komplexen *finance lease treatment* nicht löst, sondern darüber hinaus auf eine Vielzahl bislang nicht betroffener Verträge ausdehnt. Vereinfacht wird allenfalls die Vertragsklassifikation; dies jedoch um den Preis, daß

---

132 *Schuetze* (Asset, 1993): S. 70 (beide Zitate); vgl. auch *Barrett* (New Chief Accountant, 1992): S. 102-103. Vgl. dagegen zu einer weitergehenden Berücksichtigung immaterieller Vermögensgegenstände *Elliot / Jacobsen* (National Emergency, 1991): S. 57-58 sowie *Schildbach* (Immaterielle Vermögensgegenstände, 1996): S. 104.

133 Vgl. *Dieter* (Lessee Accounting Working?, 1979): S. 13-15 und 17-19. Noch früher wurde dieser Gedanke jedoch im deutschsprachigen Raum formuliert. Vgl. *Forster* (Stellungnahme, 1973): S. 81-83.

die Einstufung des Vertrages nicht mehr dem Grundsatz der *substance over form* folgt, sondern statt dessen formelle Kriterien die wirtschaftliche Substanz dominieren. Diese Vorgehensweise scheint mit der wirtschaftlichen Betrachtungsweise der IAS-Rechnungslegung nur schwer vereinbar zu sein.

Weiterhin ist nicht zu erwarten, daß der Vorschlag der Arbeitsgruppe auf Leasingverträge beschränkt bleibt. Zur einheitlichen Behandlung aller Leasingverträge ist eine Ausweitung auf alle Formen der Nutzungsüberlassung von Vermögensgegenständen zu erweitern. Hält man für eine umfassende Darstellung der Vermögens- und Finanzlage eines Unternehmens tatsächlich den Ausweis solcher bislang nicht in der Bilanz ausgewiesenen Ansprüche und Verpflichtungen für notwendig, darf dies nicht auf den Bereich der Überlassung von Vermögensgegenständen beschränkt bleiben; die Folge wäre eine weitgehende Zurückdrängung des Grundsatzes der Nichtbilanzierung schwebender Geschäfte.

Darüber hinaus ist zu beachten, daß das Bestreben der Arbeitsgruppe um *McGregor*, alle wesentlichen Ansprüche und Verpflichtungen in irgendeiner Form in der Bilanz zu erfassen, nicht nur zu einer Erweiterung, sondern auch zu einer inhaltlichen Änderung der Bilanzposten führt, was im Ergebnis mit Informationsverlusten verbunden ist.

Unter Verweis auf das Ziel der IAS-Rechnungslegung läßt sich praktisch jedes Maß an Information einfordern. Dem ist entgegenzuhalten, daß der Informationsvermittlung durch den Jahresabschluß Grenzen gesetzt sind. Dem Jahresabschluß kommt nicht die Aufgabe zu, *alle* für wirtschaftliche Entscheidungen benötigten Informationen bereitzustellen;[134] dafür ist er weder konzipiert noch geeignet.[135] Die Umsetzung des *McGregor*-Vorschlags wird im Ergebnis einschneidende Veränderungen des gewachsenen Bilanzrechtes nach sich ziehen, deren grundsätzliche Vereinbarkeit mit den Rechnungslegungsgrundsätzen des *Framework* bezweifelt werden kann, obwohl gerade diese Vereinbarkeit eines der

134 Dies wurde beispielsweise auch von *Forster* (Stellungnahme, 1973): S. 82, gefordert: "... [muß] eine Berücksichtigung stets dann erfolgen ..., wenn bei vernünftiger kaufmännischer Beurteilung anzunehmen ist, daß ein sachkundiger Bilanzleser daran Interesse haben würde." Vgl. dazu ablehnend *Flume* (Leasing-Verhältnisse, 1973): S. 1663: "Macht man mit dem Kriterium des sachkundigen Bilanzlesers Ernst, so dürften sich noch vielfältige sonstige Bilanzierungspflichten ergeben."

135 Vgl. *IASC* (Framework, 1989): para. 13.

erklärten Ziele der Arbeitsgruppe darstellte.[136] Darüber hinaus bleibt die Arbeitsgruppe angesichts der vorgebrachten Argumente den Nachweis schuldig, daß mit der umfassenden Aktivierung von Nutzungsrechten tatsächlich auch eine Verbesserung der Informationsvermittlung einhergeht.

Trotz dieser Gegenargumente wird die Konzeption *McGregors* weiter verfolgt. Derzeit wird unter der Leitung des *ASB*-Vorsitzenden *Tweedie* ein Vorschlag erarbeitet, wie das *McGregor*-Papier in die Praxis umgesetzt werden kann; dieser Vorschlag soll dem IASC im Herbst 1999 vorgestellt werden.[137] Allerdings scheint es völlig offen, ob eine solch radikale Veränderung der Leasingbilanzierung gegen den Widerstand der Leasingbranche durchzusetzen ist. Diese sieht in der "Beibehaltung des ´off-balance-financing`"[138] eine notwendige Grundlage des Leasinggeschäftes[139] und hat bereits mehrfach angekündigt, gravierende Änderungen der rechtlichen Rahmenbedingungen des Leasing nicht hinzunehmen.[140]

III. Eigener Lösungsvorschlag

1. Konzeption

Der Vorschlag von *McGregor* ist nicht geeignet, um das Problem der Leasingbilanzierung sachgerecht zu lösen; er verdeutlicht aber die Notwendigkeit, IAS 17 neu zu konzipieren. Die hier vorgestellte Konzeption soll allerdings moderater ausfallen als das *McGregor*-Papier, insbesondere soll sie in Übereinstimmung mit den Rechnungslegungsgrundsätzen des *Framework* stehen.

Grundlage der Leasingbilanzierung soll die wirtschaftliche Betrachtungsweise sein, die in dem Grundsatz *substance over form* zum Ausdruck kommt.[141] Danach ist nicht das rechtliche Eigentum Grundlage für die

---

136 Vgl. *McGregor* (New Approach, 1996): S. 8: "The challenge for the standard setters was to develop a bridging mechanism whereby the principles underlying present practice were left largely intact ..."

137 Vgl. *Feinen* (Europäische Identität, 1999): S. 4.

138 *Feinen* (Europäische Identität, 1999): S. 4.

139 Der Nachweis für die Bedeutung des *off-balance*-Charakters für das Leasinggeschäft steht allerdings noch immer aus. Vgl. dazu *Weinstock* (Leasing unter Druck, 1997): S. 9.

140 Vgl. *Feinen* (Europäische Identität, 1999): S. 4.

141 Vgl. *IASC* (Framework, 1989): para. 35.

Bilanzierung; vielmehr richtet sich die Objektzurechnung nach wirtschaftlichen Kriterien. Diese Kriterien sollten einfach in der Anwendung sein und zu von Dritten nachvollziehbaren Zurechnungsergebnissen führen. Weiterhin sollten sie so ausgestaltet sein, daß eine interessengesteuerte Objektzurechnung vermieden werden kann.

Damit folgt auch die hier entwickelte Konzeption zur Unterscheidung von Leasingverträgen der ursprünglichen Idee des *finance lease treatment*, nach der bei einem *finance lease* der Leasingnehmer (nicht anders als beim fremdfinanzierten Kauf) in eine Stellung versetzt wird, die (wirtschaftlich betrachtet) der des Eigentümers entspricht.[142] Nach dieser Auffassung wird die Leasingvereinbarung als ein Finanzierungsinstrument verstanden und der Abschluß des Leasingvertrages im Jahresabschluß des Leasingnehmers wie ein Kauf behandelt.

Unter (rechtlichem) Eigentum versteht man die umfassendste Zuordnung einer Sache zu einer Person; diese Zuordnung erfolgt aufgrund der tatsächlichen und rechtlichen Herrschaftshandlungen, die eine Rechtsordnung an Sachen zuläßt.[143] Der wirtschaftliche Gehalt des Eigentums ist (vor allem) in der uneingeschränkten Nutzungs- und Verwertungsmöglichkeit einer Sache zu sehen,[144] die darin zum Ausdruck kommt, daß der Eigentümer alle (oder zumindest die wesentlichen) wirtschaftlich gehaltvollen Befugnisse trägt. Sofern die Möglichkeiten des rechtlichen Eigentümers unbeschränkt bleiben, mit der Sache nach Belieben zu verfahren und Dritte von der Nutzung auszuschließen, ist dieser folglich auch wirtschaftlicher Eigentümer der Sache, denn die Befugnisse, die das wirtschaftliche Eigentum bedingen, stellen eine Teilmenge jener Rechte dar, die das rechtliche Eigentum ausmachen. Dies soll zum Ausdruck gebracht werden, wenn das IASC darauf verweist, daß die Aktivierung eines Vermögensgegenstandes häufig an das rechtliche Eigentum gebunden ist: Als Aktivierungsvoraussetzung wird nicht das rechtliche Eigentum per se angesehen, sondern die darin enthaltenen (wirtschaftlichen) Befugnisse.[145]

---

142 Vgl. *Rayney* (SSAP 21, 1992): S. 79: "In substance, the lessee is purchasing an asset with the use of finance provided by the lessor."

143 Vgl. *Bassenge* (in Palandt, 1998): Vor § 903 Rdn. 1.

144 Vgl. zum Begriff des Eigentums (*ownership*) *Gifis* (Law Dictionary, 1991): S. 339; *Bassenge* (in Palandt, 1998): Vor § 903 Rdn. 4-10; zum Zusammenhang zwischen rechtlichem und wirtschaftlichem Eigentum insbesondere *Mellwig / Weinstock* (Zurechnung, 1996): S. 2352.

145 Vgl. *IASC* (Framework, 1989): para. 57.

Da es jedoch grundsätzlich möglich ist, diese Befugnisse unabhängig vom Eigentum auf eine andere Person zu übertragen, kann damit auch ein anderer als der rechtliche Eigentümer in eine Stellung versetzt werden, die zumindest in wirtschaftlicher Hinsicht mit der des Eigentümers vergleichbar ist. Somit kann sich die Aktivierung von Vermögensgegenständen nicht am rechtlichen Eigentum orientieren, sondern an den darin enthaltenen wirtschaftlichen Befugnissen. Da vertraglich vereinbarte Nutzungsüberlassungen wie Leasingverträge stets einen Teil der wirtschaftlichen Befugnisse des rechtlichen Eigentümers zugunsten einer anderen Vertragspartei einschränken, stellt die Qualifikation eines Leasingvertrages dementsprechend auf diese wirtschaftlich relevanten Befugnisse ab; wird deren Übergang festgestellt, kann die Vereinbarung wirtschaftlich einem Kauf gleichgesetzt werden und unterliegt dann dem *finance lease treatment*.

Dies verdeutlicht, daß sich die inhaltliche Ausgestaltung des wirtschaftlichen Eigentums zwischen verschiedenen Rechtskreisen durchaus unterscheiden kann: Wird für das Vorliegen wirtschaftlichen Eigentums der Übergang nahezu aller Befugnisse auf den Leasingnehmer gefordert, nähert sich das wirtschaftliche weitgehend dem rechtlichen Eigentum an, und in diesem Fall wird es nur ausgesprochen selten zu einer vom rechtlichen Eigentum abweichenden Objektzurechnung kommen.

Die Schwierigkeiten der Zurechnung nach wirtschaftlichen Aspekten liegt vor allem in der praktischen Umsetzung: Erforderlich ist eine Feststellung, welche Befugnisse als wirtschaftlich relevant angesehen werden sollen und in welchem Ausmaß diese auf den Leasingnehmer übergehen müssen, um dessen Position als wirtschaftlicher Eigentümer zu begründen.

Als wirtschaftlich relevante Befugnisse nennt IAS 17 "die wesentlichen Chancen und Risiken, die mit dem Eigentum verbunden sind".[146] Diese allgemein gehaltene Formulierung hilft hinsichtlich der exakten Bestimmung, was unter wirtschaftlichem Eigentum zu verstehen sein soll, kaum weiter, sie verdeutlicht allerdings zwei wesentliche Grundgedanken:

Zum einen bestätigt sie die Aussage des *Framework*, derzufolge das Vorliegen rechtlichen Eigentums keine notwendige Voraussetzung für die Aktivierung eines *asset* darstellt. Zum anderen wird verdeutlicht, daß nach Auffassung des IASC zur Erlangung wirtschaftlichen Eigentums

146 Vgl. *IASC* (IAS 17, 1997): para. 6.

eine sehr weitgehende Übertragung der wirtschaftlich relevanten Befugnisse vorliegen muß. Unter wirtschaftlich gehaltvollen Chancen versteht IAS 17 die Möglichkeiten, die sich aus der gewinnbringenden Nutzung der Sache während ihrer "wirtschaftlichen Lebensdauer" sowie aus der Substanzverwertung der Sache ergeben.[147] Unter Risiken werden insbesondere die eingeschränkte Anpassungsfähigkeit an sich ändernde wirtschaftliche Rahmenbedingungen genannt sowie Verluste, die aus Unterbeschäftigung oder technischer Überalterung des Leasingobjektes resultieren können.[148]

Lediglich zur Klarstellung soll hier erwähnt werden, was IAS 17 unter der Nutzung des Objektes versteht: Zwar stiftet das Leasingobjekt beiden beteiligten Vertragsparteien Nutzen - dem Leasinggeber durch die Erträge aus der Vermietung, dem Leasingnehmer durch Erträge aus dem betrieblichen, produktiven Einsatz[149] - allerdings ist unmittelbar einsichtig, daß die Frage der persönlichen Zurechnung nicht auf die Erträge aus der Vermietung abstellen kann, da ansonsten immer eine Zurechnung des Objektes zum Vermieter erfolgen würde und eine Zurechnung zu einem anderen als dem rechtlichen Eigentümer ausgeschlossen wäre.[150]

Somit richtet sich das wirtschaftliche Eigentum nach IAS 17 (ausschließlich) danach, wer sowohl die Möglichkeiten und Risiken der produktiven Nutzung, den Ertrag, trägt und darüber hinaus die Vor- und Nachteile von Restwertänderungen, die Substanz, übernimmt.[151] Zivilrechtliche Risiken und Lasten spielen hingegen für die Objektzurechnung keine Rolle. Damit unterscheidet sich die Zurechnungskonzeption des IAS 17

147 Vgl. *IASC* (IAS 17, 1997): para. 5: "Rewards may be represented by the expectation of profitable operation over the asset's economic life and of gain from appreciation in value or realisation of a residual value."

148 Vgl. *IASC* (IAS 17, 1997): para. 5: "Risks include the possibilities of losses from idle capacity or technological obsolescence and of variations in return due to changing economic conditions."

149 Vgl. *Seeliger* (Wirtschaftliches Eigentum, 1962): S. 89. *Seeliger* spricht in diesem Zusammenhang von "Rechtsnutzung" und "Naturalnutzung" des Objektes.

150 Vgl. *IASC* (IAS 17, 1997): para. 5. Strenggenommen liegt eine "profitable operation over the asset's economic life" auch beim Leasinggeber vor, da dessen Geschäft in der Vermietung von Gegenständen liegt. Diese Auffassung ist bei der Zurechnung von vermieteten Gegenständen allerdings nicht hilfreich; als *profitable operation* wird im folgenden ausschließlich eine Nicht-Rechtsnutzung aufgefaßt.

151 Vgl. *Döllerer* (Leasing, 1971): S. 536; *Mellwig / Weinstock* (Zurechnung, 1996): S. 2352.

in einem wesentlichen Punkt von den deutschen Leasingerlassen: Während der Vollamortisationserlaß für Immobilien die Objektzurechnung zum Leasinggeber unter anderem davon abhängig macht, daß beispielsweise die Sach- und Preisgefahr beim Leasinggeber verbleiben, stellt IAS 17 ausschließlich auf die Entscheidungsbefugnis über Ertrag und Substanz ab.

Dies läßt sich freilich begründen: Während der Eigentümer eines Objektes nach Ablauf seiner Gewährleistungsansprüche zwangsläufig alle Objektrisiken übernimmt, muß dies bei einer zeitlich begrenzte Nutzungsüberlassung nicht der Fall sein. Vielmehr werden bestimmte Lasten und versicherbare Risiken derjenigen Partei zugeordnet, der sich am Markt günstigere Konditionen bieten. Diese frei gestaltbare Risikoverteilung begründet *Leffson* mit dem Interessenausgleich zwischen den Vertragsparteien.[152] Damit entzieht sich aber das Lastenkriterium einer hinreichenden Bestimmbarkeit und kann somit kaum für die Objektzurechnung herangezogen werden.[153]

Die Beurteilung, welche Vertragspartei über Ertrag und Substanz verfügt, wird in vielen Fällen zu Beginn des Leasingvertrages indes nicht möglich sein; viele Leasingverträge sind in der Praxis so ausgestaltet, daß erst nach einer festgelegten, beiderseitig unkündbaren Grundmietzeit vereinbart wird, ob und in welcher Form das Vertragsverhältnis fortgesetzt wird. Damit halten sich die Vertragsparteien bestimmte Optionen offen, ohne bereits zu Vertragsbeginn endgültig über die Fortsetzung des Vertrages entscheiden zu müssen. Für Zwecke der Bilanzierung werden daher für nahezu alle Vertragsformen[154] bereits zu Beginn der Laufzeit Antizipationen darüber erforderlich, wie der Vertrag nach Ablauf der Grundmietzeit fortgesetzt wird.

Wenn jedoch eine zuverlässige Beurteilung des tatsächlichen Übergangs von Ertrag und Substanz zu Vertragsbeginn nicht möglich ist, kann dies für die Klassifikation letztlich nicht entscheidend sein; vielmehr richtet sich die Zurechnung des Leasingobjektes danach, welcher Partei durch den Vertrag die Möglichkeit zur Nutzung von Ertrag und Substanz zuge-

---

152 Vgl. *Leffson* (Leasingverträge, 1976): S. 638, der unterstellt, daß jeweils die Partei bestimmte Lasten wie die Versicherung des Objektes übernimmt, die am Markt die günstigeren Konditionen aushandeln kann. Ähnlich *Meilicke* (Leasing, 1964): S. 691.

153 Vgl. *Mellwig / Weinstock* (Zurechnung, 1996): S. 2347.

154 Diese Notwendigkeit entfällt lediglich bei Ratenkaufverträgen sowie bei Leasingverträgen ohne Optionen.

sichert wird. Die Entscheidung über die Objektzurechnung folgt damit der Entscheidungsbefugnis über Ertrag und Substanz.[155] Wenn beispielsweise dem Leasingnehmer, der bereits während der unkündbaren Grundmietzeit die Entscheidungsbefugnis über den Ertrag innehat, eine Kaufoption eingeräumt wird, deren Ausübung unter wirtschaftlichen Gesichtspunkten allerdings nicht sinnvoll erscheint, kann man nicht davon ausgehen, daß der Leasingnehmer auch über die Substanz verfügen wird. Im umgekehrten Fall führt auch die Vereinbarung einer Verkaufsoption (Andienungsrecht) nicht zwingend dazu, daß die Entscheidungsbefugnis über die Substanz beim Leasinggeber verbleibt: Besteht unter den Vertragsparteien Einigkeit darüber, daß der Leasingnehmer nach Ablauf der Grundmietzeit das Objekt als Eigentümer übernehmen soll, wäre die Vereinbarung besonders niedriger Raten denkbar, die durch einen entsprechend höheren Andienungspreis ausgeglichen werden könnten. Dieser überhöhte Preis wäre nach Ablauf der Mietzeit durch den Verkauf am Markt nicht zu erzielen, so daß der Leasinggeber faktisch zum Verkauf an den Leasingnehmer gezwungen wäre, um seine Kosten zu decken. In diesem speziellen Fall erweist sich die Entscheidungsbefugnis des Leasinggebers über die Substanzverwertung des Objektes als Leerformel.

Daher sind auch nach dieser Konzeption Entscheidungen über die Wahrscheinlichkeit von Optionsausübungen unumgänglich. Nur dann, wenn die Ausübung einer Option wahrscheinlich ist, kann diese als werthaltig bezeichnet werden und ist in die Beurteilung einzubeziehen, ob die Entscheidungsbefugnis über Ertrag und Substanz auf den Leasingnehmer übertragen wird. Die verschiedenen nationalen Regelungen zur Bilanzierung von Leasingvereinbarungen orientieren sich in diesem Zusammenhang zumeist am voraussichtlichen Vertragsablauf; in der deutschen Literatur hat sich dafür der Begriff vom "typischen Geschehensablauf"[156] etabliert. Nichts anderes als dieser typische Geschehensablauf ist gemeint, wenn IAS 17 und SFAS 13 die Ausübung einer Kaufoption dann unterstellen, wenn der Optionspreis deutlich unter dem künftigen Verkehrswert des Objektes liegt.

Diese hier entwickelte Konzeption zur Vertragsklassifikation kann nun in zwei Abschnitten allgemein formuliert werden:

---

155 Vgl. *Mellwig / Weinstock* (Zurechnung, 1996): S. 2347.

156 *Bordewin* (Leasing, 1989): S. 44.

(1) Grundsätzlich folgt die Zurechnung von Vermögensgegenständen der (widerlegbaren) Vermutung, daß der Gegenstand beim rechtlichen Eigentümer bilanziert wird, da das rechtliche Eigentum im Regelfall das wirtschaftliche Eigentum beinhaltet.

(2) Sofern nachgewiesen werden kann, daß ein anderer als der rechtliche Eigentümer die wesentlichen Erträge aus der Produktivnutzung und aus der Substanzverwertung kontrollieren kann, also die Entscheidungsbefugnis über Ertrag und Substanz ausübt, hat dieser andere die Sache in seiner Bilanz zu aktivieren.[157]

Diese Klassifikationsregel, die auf die Möglichkeit der Nutzung von Ertrag und Substanz zurückgreift, bietet den Vorteil, unmittelbar aus den *asset*-Kriterien abgeleitet zu werden: Die Entscheidungsbefugnis[158] über Ertrag und Substanz bedeutet inhaltlich nichts anderes als eines der zentralen *asset*-Merkmale, nach dem der künftige Nutzenzufluß der Kontrolle der betrachteten Unternehmung zu unterliegen hat;[159] folglich entspricht die Zurechnung von Vermögensgegenständen nach der hier vertretenen Auffassung ebenfalls den Grundgedanken des *Framework*.

Somit basieren sowohl IAS 17 (und SFAS 13) als auch die deutschen Leasingerlasse auf (weitgehend identischen) gedanklichen Grundlagen, die sich lediglich in der inhaltlichen Ausgestaltung unterscheiden: Während IAS 17 versucht, in die Prognose über den künftigen Ablauf des Vertrages so viele individuelle Gegebenheiten der Vertragsparteien einzubeziehen wie nur möglich, wird in den deutschen Leasingerlassen hinsichtlich der Beurteilung von Optionen in stärkerem Ausmaß typisiert. Beide Regelungen bieten Vor- und Nachteile: Da IAS 17 weniger einen (allgemein)typischen als vielmehr einen betriebsindividuellen Ablauf hinterfragt, ist die Regelung zwar insgesamt als flexibler als die Leasingerlasse anzusehen; allerdings wird IAS 17 damit auch anfälliger gegen rein subjektive Auslegungen des Vertrages. Dagegen kommen die Leasingerlasse zu objektiv überprüfbaren Ergebnissen, die jedoch aufgrund der stärkeren Typisierung mitunter an den tatsächlichen Gegebenheiten des konkreten Einzelfalls vorbeigehen können.

Die jahrelange Erfahrung mit beiden Bilanzierungsregeln hat jedoch gezeigt, welcher Konzeption der Vorrang einzuräumen ist: Während die

157 Vgl. *Mellwig / Weinstock* (Zurechnung, 1996): S. 2347.

158 Vgl. *Mellwig / Weinstock* (Zurechnung, 1996): S. 2347.

159 Vgl. *IASC* (Framework, 1989): para. 57.

wenig präzisen Regeln des IAS 17 dazu geführt haben, daß den Vertragsparteien beim Leasing faktisch ein Wahlrecht hinsichtlich der Zuordnung des Objektes eingeräumt wird und somit die Regelungen für Außenstehende kaum noch nachvollziehbar erscheinen, haben die deutschen Leasingerlasse, "auch wenn sie im Detail gelegentlich willkürlich und daher unbefriedigend erscheinen"[160], klare Grundlagen und damit die Voraussetzung geschaffen, "nicht nur Standard-Verträge zu entwickeln, sondern auch für besondere Leasing-Objekte Spielräume bei der Vertragsgestaltung zu finden und auszuschöpfen."[161] Aus diesem Grund soll bei der Umsetzung der hier entwickelten Zurechnungskonzeption auf Typisierungen zurückgegriffen werden, um ein möglichst hohes Maß an Rechtssicherheit zu gewährleisten.

Dagegen kann auch nicht der Einwand angeführt werden, daß die Festlegung klarer Grenzen deren Unterlaufen vereinfache.[162] Entsprechende Erfahrungen aus den USA hatten seinerzeit dazu geführt, bei der Formulierung des IAS 17 keine quantitativen Schranken zu verwenden, um zu vermeiden, daß Verträge beispielsweise den Barwerttest geringfügig unterliefen und deshalb als *operating leases* bilanziert werden konnten, obwohl sie dem Empfinden der Beobachter nach *finance leases* darstellten. Diese Argumentation ist freilich abwegig: Wenn klare Grenzen formuliert werden, deren Über- bzw. Unterschreiten festgelegte Konsequenzen nach sich zieht, kann dies im Nachhinein nicht mehr kritisiert werden. Die (auch von *McGregor* vertretene) Kritik erinnert an einen Fußgänger, der sich über einen Autofahrer beschwert, der innerorts mit einer Geschwindigkeit von 49 Stundenkilometern knapp unter dem Tempolimit liegt: Vielleicht ist dessen Geschwindigkeit tatsächlich unangemessen hoch, dann liegt aber kein Verschulden des Fahrers vor (und

160 *Schirduan* (Finanzierungs-Leasing, 1994): S. 112.

161 *Dietz* (Motor für Investitionen, 1981): S. 4.

162 Vgl. *Conklin* (IASC Comparison Project, 1996): S. 237. *Conklin* zitiert ohne namentliche Nennung folgende Kommentierung zu den Leasingstandards: "Statement 13 is the classic example of an accounting standard that, by setting 'bright lines' results in transactions that achieve a desired accounting result by 'gaming' the standard." Man darf freilich nicht verkennen, daß auch die Gestaltung von erlaßkonformen Leasingverträgen in Deutschland auf die Zurechnung des Objektes beim Leasinggeber abstellt. Vgl. beispielsweise *Bossert* (Immobilienleasing - Mobilienleasing, 1981): S. 11: "Leasingverträge über bewegliche und unbewegliche Wirtschaftsgüter werden i[n]. a[ller]. R[egel]. so abgeschlossen, daß das Leasingobjekt dem Leasinggeber zugerechnet wird.

erst recht kann dies kein Grund sein, exakte Geschwindigkeitsvorgaben abzuschaffen), vielmehr wurde die Grenze falsch gesetzt.

Gleiches muß auch für die Zurechnungskriterien des Leasingstandards gelten: Wenn ein Vertrag, dessen abgezinste Leasingraten 99% des Verkehrswertes des Leasingobjektes ausmachen, nicht dem *operate lease treatment* unterworfen werden soll, dann muß die Grenze anderes gesetzt werden (beispielsweise wie im SFAS 13 bei 90%).

2. Die Zurechnungskriterien im einzelnen

2.1 Die Entscheidungsbefugnis über den Ertrag

Die zuvor entwickelte Zurechnungskonzeption soll nun in anwendbare und überprüfbare Kriterien umgesetzt werden, die - anders als nach IAS 17 in seiner aktuellen Fassung - eine automatische Klassifikation des Vertrages nach sich ziehen.

Die Entscheidungsbefugnis über den Ertrag wird dem Leasingnehmer durch die Festschreibung einer unkündbaren Grundmietzeit übertragen. Während der gesamten wirtschaftlichen Nutzungsdauer ist die Ertragserzielung aus dem Objekt möglich; damit festgestellt werden kann, ob der Leasingnehmer die Kontrolle über die Erträge wie ein Eigentümer ausüben kann, ist die festgeschriebene Grundmietzeit mit der Nutzungsdauer des Objektes zu vergleichen. Hinsichtlich der Kontrolle über die Erträge wird der Leasingnehmer faktisch dann dem Eigentümer gleichgestellt, wenn sich die Grundmietzeit und die Nutzungsdauer entsprechen. Da ein *finance lease* nach der Formulierung des IASC jedoch schon dann vorliegen soll, wenn der Leasingnehmer über die wesentlichen Chancen und Risiken verfügt, Grundmietzeit und Nutzungsdauer also annähernd deckungsgleich sind, ist ein Verhältnis in Form einer präzisen Schranke festzulegen, bei deren Überschreiten ein *finance lease* vorliegen soll. Pragmatische Gründe legen die Übernahme der US-amerikanischen 75%-Grenze aus dem SFAS 13 nahe, die auch heute schon implizit beim IAS 17 ihre Anwendung findet.[163] Danach wäre ein *finance lease* dann anzunehmen, wenn die Grundmietzeit mehr als 75% der Nutzungsdauer beträgt. Da sich die Bestimmung der Nutzungsdauer nach anderen, ähnlichen Vermögensgegenständen richten soll, die das Unternehmen nutzt, ist eine generelle Festlegung der Nutzungsdauern in

163 Vgl. *Coopers & Lybrand* (IAS, 1996): No. 17.21; *KPMG* (Gutachtliche Stellungnahme, 1992): S. 71; *McGregor* (New Approach, 1996): S. 10.

Form einer widerlegbaren Vermutung (ähnlich wie in den deutschen AfA-Tabellen) nach den IAS nicht möglich.[164]

Darüber hinaus spricht noch ein weiterer Grund für die Annahme eines *finance lease* auch in den Fällen, in denen die vereinbarte Mietzeit unter der wirtschaftlichen Nutzungsdauer liegt: Da bei vielen Objekten der Substanzwert nach Ablauf der Nutzungsdauer vernachlässigbar ist, stellt eine so gewählte Grenze sicher, daß der Leasinggeber nicht nur über einen eventuell zu vernachlässigenden Restwert, sondern auch über einen Teil der produktiven Nutzungsdauer verfügt.

In die Grundmietzeit sind (wie bisher) alle Zeiträume einzubeziehen, für die der Leasingnehmer werthaltige Verlängerungsoptionen besitzt, da der Leasingnehmer auch für diese Zeiträume die Kontrollbefugnis über die Erträge innehat. Da zu Beginn der Grundmietzeit verläßliche Prognosen über die Ausübung einer Verlängerungsoption nahezu unmöglich sind, soll typisierend auf den Werteverzehr des Objektes im Verlängerungszeitraum abgestellt werden: Danach sind alle Verlängerungsoptionen in die Grundmietzeit einzubeziehen, falls die Verlängerungsmiete nicht den Wertverzehr des Objektes im Verlängerungszeitraum abdeckt, der sich bei linearer Abschreibung ergibt.

Damit sind die ersten Zurechnungsmerkmale festgelegt, nach denen sich jene Leasingverträge qualifizieren lassen, die ausschließlich die Entscheidungsbefugnis über den Ertrag auf den Leasingnehmer übertragen:

(1) **Vertrag ohne Option**: Bei einem Vertrag ohne Option verbleibt das wirtschaftliche Eigentum beim Leasinggeber, wenn nicht die Grundmietzeit mehr als 75% der Nutzungsdauer beträgt.

(2) **Vertrag mit Verlängerungsoption**: Bei einem Vertrag mit Verlängerungsoption ist in einem ersten Schritt zu prüfen, ob die gewährte Option werthaltig ist. Als werthaltig ist die Option dann anzusehen, wenn mit ihrer Ausübung zu rechnen ist; dies ist zu unterstellen, wenn die Anschlußmiete im Verlängerungszeitraum unter dem auf linearer Abschreibungsbasis errechneten Wertverzehr liegt. Nach der Entscheidung über die Werthaltigkeit der Option ist der Vertrag gem. der unter (1) festgelegten Zurechnungsregel zu qualifizieren.

Diese beiden Zurechnungsregeln entsprechen - abgesehen von den quantitativen Grenzen - den Regelungen des bisherigen IAS 17 und stellen gleichzeitig auch die Grundlage der Vertragsklassifikation dar:

---

164 Vgl. *IASC* (IAS 16, 1993): para. 7.

Nur solche Verträge, deren - ggf. um Optionszeiträume verlängerte - Grundmietzeit nicht 75% der Objektnutzungsdauer überschreitet, können dem *operating lease treatment* unterworfen werden. Für die meisten Vertragsformen wird dieses Merkmal jedoch lediglich notwendig, aber nicht hinreichend sein, da weiterhin festzustellen bleibt, welche Vertragspartei die Substanz des Objektes kontrolliert.

Für die Prüfung, ob und inwieweit der Leasinggeber die Entscheidungsbefugnis über die Substanz des Objektes abgibt, werden neue Zurechnungskriterien erforderlich: IAS 17 hatte eine Beurteilung der Substanz bislang nach dem Barwertkriterium vorgenommen. Da dies verworfen wurde, muß die Würdigung, wer die Chancen und Risiken an der Substanz innehat, in den meisten Fällen nach anderen Kriterien vorgenommen werden, die den möglichen Vertragsstrukturen Rechnung tragen sollen.

2.2 Die Entscheidungsbefugnis über die Substanz

Nachfolgend soll die Klassifikation verschiedener möglicher Vertragsgestaltungen, die neben den vorstehenden Formen (1) und (2) existieren, gezeigt werden. Es wird unterstellt, daß die Kontrolle über den Ertrag beim Leasinggeber verbleibt und die Objektzurechnung somit der Entscheidungsbefugnis über die Substanz folgt. Der einfachste Fall, der eine problemlose Beurteilung des Übergangs der Substanz ermöglicht, liegt bei einem Vertrag mit automatischem Eigentumsübergang vor:

(3) **Vertrag mit automatischem Eigentumsübergang**: Ein automatischer Eigentumsübergang am Objekt führt in jedem Fall dazu, daß der Leasingnehmer die Kontrolle über Ertrag und Substanz ausübt, da unabhängig von der Länge der Grundmietzeit mit dem Eigentumsübergang alle zu diesem Zeitpunkt noch ausstehenden Erträge sowie die Substanz unter der Kontrolle des Leasingnehmers stehen. Daher gibt der Leasinggeber bereits zu Vertragsbeginn die Entscheidungsbefugnis über Ertrag und Substanz vollständig aus der Hand.

(4) **Vertrag mit Kaufoption**: Gleiches gilt prinzipiell auch dann, wenn nicht der automatische Eigentumsübergang feststeht, sondern dem Leasingnehmer eine Kaufoption eingeräumt wird. Auch durch die Vereinbarung einer Kaufoption verliert der Leasinggeber als recht-

licher Eigentümer die Kontrolle über Ertrag und Substanz,[165] da nach Ablauf der festgeschriebenen Mietdauer allein der Leasingnehmer darüber entscheidet, ob ihm weiterhin die Erträge aus der Nutzung des Objektes bzw. aus dessen Substanzverwertung zufließen. Die Zurechnung des Objektes nach wirtschaftlichen Gesichtspunkten erfordert aber eine Beurteilung der Werthaltigkeit der Option,[166] denn anders als beim Vertrag mit automatischem Eigentumsübergang besteht bei dieser Vertragsform kein rechtlicher Zwang zum Erwerb des Objektes. Folglich muß beurteilt werden, ob der Optionspreis so günstig ist, daß ein wirtschaftlicher Zwang zum Erwerb unterstellt werden kann. Aus Gründen der Objektivierung sollte - ähnlich wie bei der Mietverlängerungsoption - auf die typisierte Wertentwicklung des Objektes abgestellt werden; so wäre eine denkbare und praktikable Möglichkeit, den Optionspreis zum linearen Restbuchwert des Objektes ins Verhältnis zu setzen: Übersteigt der Optionspreis den linearen Restbuchwert, kann die Optionsausübung nicht zwingend unterstellt werden, und es fehlt der Nachweis, daß ein anderer als der rechtliche Eigentümer die Entscheidungsbefugnis über Ertrag und Substanz des Objektes ausübt. In diesem Fall verbleibt das wirtschaftliche Eigentum beim Leasinggeber.

(5) **Vertrag mit Verkaufsoption des Leasinggebers (Andienungsrecht)**: Die Vereinbarung eines Andienungsrechtes führt zu einem Verbleib der Kontrolle über die Substanz am Objekt beim Leasinggeber. Zwar verlagert dieser das Risiko der Wertminderung auf den Vertragspartner, kann jedoch das Objekt auch am Markt frei verkaufen und behält so die Chance der Wertsteigerung. Allerdings ist darauf zu achten, daß die Möglichkeit tatsächlich besteht, einen höheren Preis am Markt zu erzielen, da ansonsten die Alternative zur Andienung nicht werthaltig ist. So könnte die sachlich gebotene Zurechnung zum Leasingnehmer dadurch vermieden werden, daß

165 Vgl. *Schaefer* (Leasing-Geschäft, 1971): S. 19, der es für "beachtenswert" hält, daß "die Zurechnung des wirtschaftlichen Eigentums beim Leasing-Nehmer selbst bei Kaufoptions-Verträgen vermieden wird."

166 Vgl. *Stobbe* (Zurechnung, 1990): S. 521, der für alle Leasingverträge mit einer Kauf- oder Mietverlängerungsoption "für deren Ausübung aufgrund einer geringen Gebühr ein wirtschaftlicher Sachzwang besteht" ein dauerhaftes Verfügungs- und Verwertungsrecht beim Leasingnehmer sieht. Zustimmend (allerdings nur für Verträge mit Kaufoption) *Baetge / Ballwieser* (Ansatz und Ausweis, 1978): S. 18.

sich die Vertragsparteien auf niedrige Leasingraten verständigen, die später durch einen entsprechend höheren Andienungspreis ausgeglichen werden. Da dieser - im Vergleich zum tatsächlichen Wert - überhöhte kalkulierte Restwert des Leasingobjektes nach Ablauf der Mietzeit durch den Verkauf am Markt nicht zu erzielen wäre, wird der Leasinggeber zur Kostendeckung faktisch zum Verkauf an den Leasingnehmer gezwungen. Durch diese Vertragsgestaltung kann beispielsweise die Vereinbarung des späteren Eigentumsübergangs ebenso vermieden werden wie eine günstige Kaufoption. In diesem speziellen Fall erweist sich die Chance des Leasinggebers auf die Substanzverwertung des Objektes als Leerformel. Um diese Gestaltung zu vermeiden - und um gleichzeitig sicherzustellen, daß das Andienungsrecht werthaltig ist - muß deshalb eine Obergrenze für den Andienungspreis festgelegt werden. Da die Verkaufsoption des Leasinggebers nicht nach anderen Maßstäben beurteilt werden kann als die Kaufoption des Leasingnehmers, sollte die Höhe des Andienungspreises auf den linearen Restbuchwert beschränkt bleiben. Liegt der Preis hingegen über dieser Schranke, kann eine anderweitige Veräußerungsmöglichkeit nicht mehr als werthaltig eingestuft werden. Der Leasinggeber gibt damit die Entscheidung über die Substanz vollständig aus der Hand.

(6) **Vertrag mit Restwertgarantie durch den Leasingnehmer (Mindererlösausgleich)**: Ähnlich wie beim Vertrag mit Andienungsrecht decken auch bei dieser Vertragsform die Leasingraten nur einen Teil der dem Leasinggeber entstehenden Kosten; die Amortisation der Kosten wird erst durch die Anschlußverwertung sichergestellt. Während der Vertrag mit Andienungsrecht dem Grundgedanken folgt, daß das Objekt dem Leasingnehmer angedient wird und dieser die Nutzung nach Ablauf der Mietdauer fortsetzt, geht der Vertrag mit Restwertgarantie vom Leitbild der Veräußerung im Markt aus. Der Mindererlösausgleich durch den Leasingnehmer läßt sich wie folgt rechtfertigen: Sofern der zu Vertragsbeginn kalkulierte Restwert realistisch bemessen wurde, aber bei der Veräußerung nicht erzielt werden kann, ist dies auf eine übermäßig starke Inanspruchnahme durch den Leasingnehmer zurückzuführen, die nicht durch die Leasingraten abgegolten ist. Jedoch ist auch der Fall denkbar, daß der Restwert bewußt zu hoch kalkuliert wurde, um die Leasingraten während der Grundmietzeit zu mindern. In diesem Fall ist jedoch die Chance der Substanzverwertung beim Leasinggeber nur theoretischer Natur; sie ist - wie ein überhöht festgesetzter Andienungs-

preis - ebenfalls nicht werthaltig. Um eine tatsächliche Substanzchance beim Leasinggeber zu erhalten, muß der kalkulierte Restwert nach oben begrenzt werden; dabei ist den Grundsätzen zu folgen, die für Verträge mit Kaufoption und Andienungsrecht gelten. Verträge, die den Leasingnehmer zum Ausgleich eines Mindererlöses verpflichten, enthalten häufig auch Vereinbarungen über die Aufteilung eines eventuell erzielbaren Mehrerlöses. Da der Leasingnehmer durch seine Zahlungen bereits die Differenz zwischen den Anschaffungskosten und dem kalkulierten Restwert bezahlt hat, fordert er einen Anteil am Mehrerlös. Dies führt zu einer Minderung der Objektchancen des Leasinggebers, folglich muß dieser - um die Zurechnung des Objektes nicht zu gefährden - einen bestimmten Anteil am Mehrerlös behalten, damit seine Objektchance wirtschaftlich werthaltig bleibt. Notwendig wird also die Bestimmung, wie hoch der Anteil des Leasinggebers am Resterlös (mindestens) zu sein hat, um eine vollständige Übertragung der Substanzchancen auf den Leasingnehmer zu verneinen. Möglich wäre beispielsweise eine Orientierung an den deutschen Leasingerlassen, die bei einem Anteil von 25% am Resterlös die Restwertchancen des Leasinggebers als gewahrt ansehen. Eine solche Regelung über die Aufteilung eines Mehrerlöses wäre sinngemäß auch für die Beurteilung kündbarer Verträge anzuwenden: Sofern der Leasingnehmer das Recht auf vorzeitige Kündigung eingeräumt bekommt und an der Veräußerung des Objektes im Markt partizipieren würde, darf sein Anteil 75% des Mehrerlöses nicht überschreiten.

(7) **Kündbare Verträge**: Für kündbare Verträge finden insbesondere die Regelungen zu Verträgen mit Andienungsrecht und Mindererlösausgleich Anwendung. Führen diese Regelungen an irgendeinem potentiellen Kündigungszeitpunkt zu einer Einstufung des Vertrages als *finance lease*, so ist das Objekt dem Leasingnehmer zuzurechnen. Andernfalls ist der Vertrag wie ein unkündbarer Vertrag zu behandeln, bei dem die Nichtausübung der Kündigungsmöglichkeiten der Ausübung von Verlängerungsoptionen gleichgesetzt werden kann.

(8) **Vertrag mit Doppeloption**: Wird ein Vertrag mit einer Doppeloption ausgestattet, ist das Objekt stets beim Leasingnehmer zu bilanzieren. Die gesonderte Aufnahme des Vertrages mit Doppeloption wird deshalb notwendig, weil nach den genannten Kriterien die Vereinbarung einer Doppeloption zum linearen Restbuchwert anson-

sten zur Objektzurechnung zum Leasinggeber führte. Dies erscheint allerdings nicht sachgerecht; denn eine solche Vertragsgestaltung räumt dem Leasingnehmer eine Kauf- und dem Leasinggeber eine Verkaufsoption ein. Durch das Andienungsrecht sichert sich der Leasinggeber gegen das Risiko der Wertminderung ab, obwohl dem Leasingnehmer durch die Kaufoption ohnehin die Chance der Wertsteigerung zusteht. Damit geht die Kontrolle über die Substanz vollständig dem Leasingnehmer zu.

(9) **Spezial-Leasing**: Die gesonderte Erwähnung des Spezial-Leasing ist an dieser Stelle eigentlich überflüssig, da derartige Verträge bereits durch die anderen Kriterien als *finance leases* einzustufen sind; insofern kommt diesem Merkmal lediglich ergänzender Charakter zu.

Die vorstehend formulierten Kriterien sollen gleichermaßen der Klassifikation von Verträgen über Mobilien und Immobilien dienen. Allerdings weisen Immobilien eine Reihe von Besonderheiten auf, denen bei der Vertragsklassifikation Rechnung zu tragen ist. So führt die unbegrenzte Nutzungsdauer bei Grund und Boden dazu, daß für bebaute Grundstücke die Zurechnung des Gebäudes separat von der Zurechnung des Grundstücks zu prüfen ist, wenn die Anschlußverwertung nicht ausdrücklich auf das bebaute Grundstück als Einheit abzielt. Dies trägt dem Umstand Rechnung, daß wirtschaftliches Eigentum an Grundstücken stets an das rechtliche Eigentum gebunden ist und nicht separat übertragen werden kann.

Darüber hinaus unterliegen Grundstücke keiner Wertminderung durch Abnutzung.[167] Damit entsprechen die Restbuchwerte von Grundstücken - von außerplanmäßigen Abwertungen abgesehen - jeweils den Anschaffungskosten des Grundstücks. Dies ist zu beachten, wenn beispielsweise die Werthaltigkeit von Optionspreisen nach ihrem Verhältnis zum linearen Restbuchwert des Objektes beurteilt werden. In solchen Fällen ist also auf den linearen Restbuchwert des Gebäudes zuzüglich den Anschaffungskosten von Grund und Boden abzustellen.

Ein weiteres Problem rufen die häufig langen Grundmietzeiten bei Immobilien-Leasingverträgen hervor, die die unterstellten Annahmen über

167 Eine Ausnahme stellen Grundstücke dar, die dem Abbau von Bodenschätzen oder natürlicher Ressourcen dienen. Solche Leasingverträge fallen allerdings nicht unter den Anwendungsbereich des IAS 17. Vgl. *IASC* (IAS 17, 1997): para. 1 (b).

lineare Wertentwicklungen fragwürdig erscheinen lassen. Liegt beispielsweise ein Kaufoptionspreis für ein Verwaltungsgebäude mit einer geschätzten wirtschaftlichen Nutzungsdauer von 40 Jahren nach 30 Jahren bei knapp 25% der Herstellungskosten, wird die Ausübung der Kaufoption kaum zwingend zu unterstellen sein. Wie im dritten Kapitel gezeigt werden konnte, sind angesichts der vereinbarten Nutzungsdauern weder verläßliche Prognosen über die künftige Wertentwicklung[168] noch über die künftigen Ansprüche des Mieters hinsichtlich Größe, Lage, Beschaffenheit, Gestaltung und Ausstattung der Immobilie möglich.[169] Diese Unsicherheiten können dadurch vermindert werden, daß der Zeitraum beschränkt wird, für den man eine lineare Wertentwicklung des Objektes unterstellt, beispielsweise auf 25 Jahre.

Damit tritt für Zwecke der Klassifikation dieser Zeitraum von 25 Jahren anstelle der Nutzungsdauer des Gebäudes. Die bilanzielle Behandlung von Leasingverträgen über Immobilien kann unter Beachtung der genannten Besonderheiten uneingeschränkt den hier formulierten allgemeinen Zurechnungsmerkmalen folgen.

3. Ergebnis der Zurechnung nach Maßgabe der Entscheidungsbefugnis über Ertrag und Substanz

Ein *finance lease* liegt nach der hier vertretenen Konzeption dann vor, wenn der Leasingnehmer die Entscheidungsbefugnis über Ertrag <u>und</u> Substanz des Leasingobjektes ausübt. Die Zuordnung gemäß den hier vertretenen Kriterien folgt unmittelbar aus der *asset*-Definition und steht somit in Übereinstimmung mit den Rechnungslegungsgrundsätzen des IASC.

Neben der vergleichsweise einfachen Anwendung dieser Regelungen liegt der große Vorteil dieser Zurechnungskonzeption darin, daß sie für die wesentlichen, marktgängigen Vertragsvarianten Lösungen bietet, die von Dritten nachvollziehbar sind und von den Vertragsparteien nicht interessengesteuert unterlaufen werden können.

Darüber hinaus bleibt diese Zurechnungskonzeption auf die Nutzungsüberlassung von Sachen beschränkt und entfaltet keine Ausweitung auf andere Dauerschuldverhältnisse, die im Ergebnis zu einer massiven Zu-

---

168 Vgl. *Bordewin* (Leasing, 1989): S. 72.

169 Vgl. 3. Kapitel, Abschnitt V. der vorliegenden Arbeit.

rückdrängung des Grundsatzes der Nichtbilanzierung schwebender Geschäfte führen würde.

Thesenförmige Zusammenfassung

- Der Druck der US-amerikanischer Kapitalmärkte, die Verbreitung von neuen Managementkonzepten wie dem *Shareholder Value*-Ansatz oder der wertorientierten Unternehmensführung sowie die gestiegene Bedeutung von *Investor Relations* hat internationalen Rechnungslegungsstandards, insbesondere den US-GAAP und den IAS, zu einer Bedeutung verholfen, der sich auch deutsche Unternehmen heute nicht mehr verschließen können.

- Als internationales Referenzsystem für eine einheitliche Rechnungslegung kommen heute nur die US-GAAP oder die IAS in Frage. Die US-GAAP sind derzeit (noch) anwenderfreundlicher als die IAS: Die US-amerikanischen Standards sind detaillierter, darüber hinaus existiert eine Vielzahl von Kommentierungen. Aus europäischer Sicht lassen jedoch insbesondere die fehlenden Mitwirkungsmöglichkeiten bei der Erstellung US-amerikanischer Standards eine Präferierung der IAS als angebracht erscheinen.

- Die IAS-Rechnungslegung verfolgt das Ziel der Vermittlung entscheidungsrelevanter Informationen und ist primär an den Bedürfnissen von Investoren und Finanzanalysten ausgerichtet.

- Die Bilanzierung von Leasingverträgen wird im Rechnungslegungssystem des IASC in IAS 17 geregelt. Danach wird in *finance leases* und *operating leases* unterschieden; das Vorliegen eines *finance lease* führt zur Zurechnung des Leasingobjektes beim Leasingnehmer, der Leasinggeber aktiviert eine Forderung an den Leasingnehmer.

- Ein *operating lease* wird hingegen wie ein Mietvertrag behandelt: Das Leasingobjekt wird in der Bilanz des Leasinggebers aktiviert, beim Leasingnehmer werden lediglich die fälligen Leasingraten als Aufwand verrechnet. Die unterschiedlichen Behandlungen von Leasingverträgen entfalten gravierende Auswirkungen auf die Bilanzstrukturen.

- Die Unterscheidung in *finance leases* und *operating leases* bleibt nach dem qualitativen Ansatz des IAS 17 in vielen Fällen offen. Damit gewährt IAS 17 den Vertragsparteien aufgrund vieler unklarer Definitionen faktisch ein Wahlrecht, wie eine Vereinbarung zu klassifizieren ist.

- Weitgehende Spielräume in der Auslegung des IAS 17 sowie fehlende verbindliche Anwendungsvorschriften lassen derzeit eine Einstufung erlaßkonformer deutscher Leasingverträge als *operating leases* zu, obwohl insbesondere bei Teilamortisationsverträgen der Barwerttest regelmäßig auf einen *finance lease* hindeutet.

- Die im Ermessen der Vertragsparteien stehenden unterschiedlichen Behandlungen von Leasingverträgen im Jahresabschluß führen zu einer erheblichen Beeinträchtigung der Vergleichbarkeit von Jahresabschlüssen; dies widerspricht dem Primärziel der IAS-Rechnungslegung, der Vermittlung entscheidungsrelevanter Informationen an Investoren.
- Die Unsicherheiten der Vertragsklassifikation nach IAS 17 sind auch nach dessen Überarbeitung nicht geringer geworden. Das IASC hat bereits angekündigt, daß die Bilanzierung von Leasingverträgen nach der Fertigstellung der *core-standards* erneut aufzugreifen; dann wird voraussichtlich mit einer grundlegenden Neukonzeption des IAS 17 zu rechnen sein.
- Derzeit wird unter dem Namen *McGregor*-Papier ein Vorschlag diskutiert, demzufolge eine Zurechnung des Objektes von der Laufzeit der Nutzungsüberlassung abhängen soll. Nach diesem Vorschlag wäre bei nahezu allen deutschen Finanzierungs-Leasingverträgen das Leasingobjekt dem Leasingnehmer zuzurechnen.
- Die Umsetzung des *McGregor*-Papiers kann nur gelingen, wenn einheitlich alle Formen der Nutzungsüberlassung gleich behandelt werden; dies hätte im Ergebnis zur Folge, daß bei allen Nutzungsüberlassungen mit einer Laufzeit von mehr als einem Jahr das Objekt beim Nutzungsberechtigten zu aktivieren wäre. Die Folge wäre eine massive Zurückdrängung des Grundsatzes der Nichtbilanzierung schwebender Geschäfte.
- Es ist grundsätzlich zu überlegen, ob die Nichtbilanzierung schwebender Geschäfte mit dem Ziel der IAS-Rechnungslegung, der Vermittlung entscheidungsrelevanter Informationen, vereinbar ist. Nach dem heutigen Entwicklungsstand der IAS muß die Nichtbilanzierung schwebender Geschäfte als bewußte Beschränkung der *asset*-Definition aufgefaßt werden; daher ist der Vorschlag der *McGregor*-Arbeitsgruppe zumindest derzeit mit den Rechnungslegungsgrundsätzen des IASC nicht kompatibel.
- Die hier vorgestellte Zurechnungskonzeption nach Maßgabe der Entscheidungsbefugnis über Ertrag und Substanz führt zu eindeutigen, nachvollziehbaren und nicht manipulierbaren Ergebnissen. Sie wird

darüber hinaus unmittelbar aus den Rechnungslegungsgrundsätzen des IASC abgeleitet und greift auf bekannte Elemente des IAS 17 zurück.

Useful Decision

(True and Fair View)

⇑

Primärgrundsätze

Understandability	Relevance	Reliability	Comparability
	Materiality	Faithful Representation Substance Over Form Neutrality Prudence Completeness	Consistency

Sekundärgrundsätze (the second row of the table above)

Grundannahmen (Underlying Assumptions)

Accrual Basis	True and Fair View	Going Concern
matching principle realisation principle deferrals		

Nebenbedingungen (Constraints)

timeliness	balance between benefit and cost	balance between qualitative characteristics

Abb. 1:

Hierachie der inhaltlichen Grundlagen der IAS-Rechnungslegung

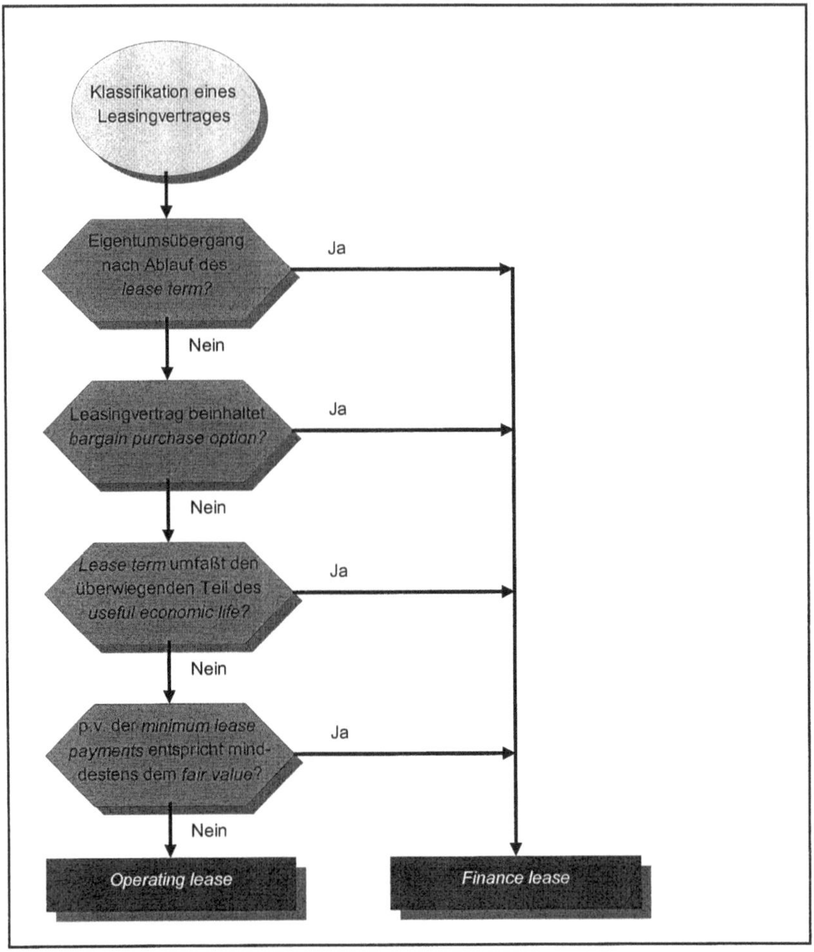

Abb. 2:

Schema zur Klassifikation von Leasingverträgen nach IAS 17 a.F.

Literaturverzeichnis

Accounting Advisory Forum (Leasingverträge, 1994): Die Behandlung Leasingverträgen in der Rechnungslegung, Arbeitsunterlage, D XV/315/91-DE rev. 5, 1994.

Accounting Advisory Forum (Umrechnung, 1993): Umrechnung von Fremdwährungsposten, Arbeitsunterlage, Doc. XV/304/91-DE rev. 5, 1993.

Accounting Advisory Forum (Zuschüsse, 1992): Ausweis staatlicher Zuschüsse, Arbeitsunterlage, Doc. XV/346/91-DE rev. 1, 1992.

Accounting Standards Committee (ASC-Foreword, 1989): ASC-Foreword to the IASC Framework for the Preparation and Presentation of Financial Statements, in: Accountancy, September 1989, S. 141.

Accounting Standards Committee (IASC-Framework, 1989): ASC-Report: ASC Recognises IASC Framework, in: Accountancy, August 1989, S. 179-189.

Achleitner, Ann-Kristin / Behr, Giorgio (Lehrbuch, 1998): International Accounting Standards - Ein Lehrbuch zur Internationalen Rechnungslegung, München 1998.

Achleitner, Ann-Kristin / Kleekämper, Heinz (Presentation, 1997): "Presentation of Financial Statements" - Das Reformprojekt des IASC und seine Auswirkungen, in: WPg, 50. Jg. (1997), S. 117-126.

Achleitner, Ann-Kristin / Wollmert, Peter / van Hulle, Karel (IAS-Kommentar, 1997): Grundlagen der Bilanzierung, der Bewertung und des Ausweises, in: Baetge, Jörg / Dörner, Dietrich / Kleekämper, Heinz / Wollmert, Peter (Hrsg.), Rechnungslegung nach den International Accounting Standards (IAS) - Kommentar auf der Grundlage des deutschen Bilanzrechts, Stuttgart 1997.

Achleitner, Ann-Kristin / Pejic, Philip (Neue Kleider, 1996): Des Abschlusses neue Kleider - Standardentwurf des International Accounting Standards Committee (IASC) zur "Presentation of Financial Statements" -, in: DB, 49. Jg. (1996), S. 2037-2043.

Adler, Hans / Düring, Walther / Schmaltz, Kurt (Rechnungslegung,

1995): Die Rechnungslegung und Prüfung der Unternehmen, Kommentar zm HGB, AktG, GmbHG, PublG nach den Vorschriften des Bilanzrichtlinien-Gesetzes, neu bearbeitet von Forster, Karl-Heinz u.a., 6. Aufl., Stuttgart 1995.

Albach, Horst / Klein, Günter (Harmonisierung, 1988): Harmonisierung der Rechnungslegung in Europa - Die Umsetzung der 4. EG-Richtlinie (Bilanzrichtlinie) in das nationale Recht der Mitgliedstaaten der EG - Ein Überblick, Wiesbaden 1988.

Alexander, David / Nobes, Christopher W. (Financial Reporting, 1994): A European Introduction to Financial Reporting, Londen 1994.

Archer, Simon / McLeay, Stuart (Classification, 1992): Europan Financial Reporting: Issues of Definition and Classification of National Systems of Financial Accounting, Paper presented at the Annual Congress of the European Accounting Association, Madrid 1992.

Arthur Andersen & Co. (Hrsg.) (Leases, 1990): Accounting for Leases, 3. Aufl., o.O. 1990.

Backhaus, Klaus (Gewinnrealsiation, 1980): Die Gewinnrealisation bei mehrperiodigen Lieferungen und Leistungen in der Aktienbilanz, in: ZfbF, 32. Jg. (1980); S. 347-360.

Baetge, Jörg / Kirsch, Hans-Jürgen / Wollmert, Peter (IAS-Kommentar, 1997): Erstmalige Aufstellung eines IAS-Abschlusses, in: Baetge, Jörg / Dörner, Dietrich / Kleekämper, Heinz / Wollmert, Peter (Hrsg.), Rechnungslegung nach den International Accounting Standards (IAS) - Kommentar auf der Grundlage des deutschen Bilanzrechts, Stuttgart 1997.

Baetge, Jörg (Bilanzen, 1994): Bilanzen, 3. Aufl., Düsseldorf 1994.

Baetge, Jörg (Harmonisierung, 1992): Harmonisierung der Rechnungslegung - haben die deutschen Rechnungslegungsvorschriften noch eine Chance? in: Schmalenbach-Gesellschaft (Hrsg.), Internationalisierung der Wirtschaft, Stuttgart 1992, S. 109-123.

Baetge, Jörg / Ballwieser, Wolfgang (Ansatz und Ausweis, 1978): Ansatz und Ausweis von Leasingobjekten in Handels- und Steuerbilanz in: DBW, 38. Jg. (1978), S. 3-19.

Baetge, Jörg / Roß, Heinz-Peter (Fair Presentation, 1995): Was bedeutet "fair presentation"?, in: Ballwieser, Wolfgang (Hrsg.), US-amerikanische Rechnungslegung, Stuttgart 1995, S. 27-43.

Ballwieser, Wolfgang (IAS-Kommentar, 1997): Kommentierung zu IAS 16, in: Baetge, Jörg / Dörner, Dietrich / Kleekämper, Heinz / Wollmert, Peter (Hrsg.), Rechnungslegung nach den International Accounting Standards (IAS) - Kommentar auf der Grundlage des deutschen Bilanzrechts, Stuttgart 1997.

Ballwieser, Wolfgang (Theorie der Rechnungslegung, 1993): Die Entwicklung der Theorie der Rechnungslegung in den USA, in: Wagner, Franz (Hrsg.), Ökonomische Analyse des Bilanzrechts - Entwicklungslinien und Perspektiven -, Sonderheft 32 der zfbf, 45. Jg. (1993), S. 107-138.

Ballwieser, Wolfgang (Vorwort, 1996): Vorwort, in: Ballwieser, Wolfgang (Hrsg.), US-amerikanische Rechnungslegung, S. V, 2. Aufl., Stuttgart 1996.

Barrett, Gene R. (New Chief Accountant, 1992): The SEC's New Chief Accountant Sets Some Clear-Cut Goals, in: Journal of Accountancy, June 1992, Vol. 173, No. 6, S. 102-103.

Bassenge, Peter (in: Palandt, 1998): Kommentierung zu § 903 BGB, in: Palandt, 57., neubearbeitete Aufl., München 1998.

Baumgartner, Beat (Einführung, 1995): Integrationsschritte bei der Einführung einer IASC-Rechnungslegung am Beispiel der Oerlikon-Bührle Holding AG, in: Dörner, Dietrich / Wollmert, Peter (Hrsg.), IASC-Rechnungslegung - Beiträge zu aktuellen Problemen, S. 27-40, Düsseldorf 1995.

Beaver, William H. (Financial Reporting, 1981): Financial Reporting: An Accounting Revolution, Englewood Cliffs 1981.

Behr, Giorgio (Geleitwort, 1996): Geleitwort, in: Risse, Axel, International Accounting Standards für den deutschen Konzernabschluß, Wiesbaden 1996, S. V.

Beisse, Heinrich (Bilanzrechtsystem, 1994): Zum neuen Bild des Bilanzrechtssystems, in: Ballwieser, Wolfgang / Böcking, Hans-Joachim / Drukarczyk, Jochen / Schmidt, Reinhard H. (Hrsg.), Bilanzrecht und Kapitalmarkt, Festschrift zum 65. Geburtstag von Prof. Dr. Dr. h.c. Dr. h.c. Adolf Moxter, Düsseldorf 1994, S. 391-406.

Biener, Herbert (Bilanzsteuerrecht, 1997): Internationalisierung des Bilanzsteuerrechts - Was wird auf uns zukommen?, in: DStZ, 85. Jg. (1997), S. 345-356.

Biener, Herbert (Fortentwicklung, 1996): Fortentwicklung des Bilanzrechts aus deutscher Sicht, in: Schruff, Lothar (Hrsg.), Bilanzrecht unter dem Einfluß internationaler Reformzwänge, Düsseldorf 1996, S. 61-83.

Biener, Herbert (Harmonisierung, 1993): Die negativen Aspekte der Harmonisierung, in: Baetge, Jörg (Hrsg), Rechnungslegung und Prüfung - Perspektiven für die neunziger Jahre, Düsseldorf 1993, S. 171-189.

Biener, Herbert (IAS als GOB?, 1996): Können die IAS als GoB in das deutsche Recht eingeführt werden?, in: Baetge, Jörg / Börner, Dietrich / Forster, Karl-Heinz / Schruff, Lothar (Hrsg.), Rechnungslegung, Prüfung und Beratung - Herausforderungen für den Wirtschaftsprüfer - Düsseldorf 1996, S. 85-115.

Biener, Herbert (IASC-Vorschriften, 1995): Bedeutung und Chancen der IASC-Vorschriften als internationale Rechnungslegungsnorm, in: Dörner, Dietrich / Wollmert, Peter (Hrsg.), IASC-Rechnungslegung - Beiträge zu aktuellen Problemen, Düsseldorf 1995, S. 9-25.

Biener, Herbert (OECD, 1988): Der Beitrag der OECD zur Entwicklung und Harmonisierung der Rechnungslegung, in: Eisenführer, Frank u. a. (Hrsg.), Unternehmenserfolg: Planung - Ermittlung - Kontrolle, Walter Busse von Colbe zum 60. Geburtstag, Wiesbaden 1988, S. 19-42.

Biener, Herbert (Rechnungslegungsempfehlungen, 1993): Die Rechnungslegungsempfehlungen des IASC und deren Auswirkungen auf die Rechnungslegung in Deutschland, in: BFuP, 45. Jg. (1993), S. 345-356.

Biener, Herbert (US-GAAP, 1994): Wäre die Übernahme der US-GAAP nachteilig?, in: Baetge, Jörg (Hrsg.), Die deutsche Rechnungslegung vor dem Hintergrund internationaler Entwicklungen, Düsseldorf 1994, S. 125-134.

Bierich, Marcus. (Substanzerhaltung, 1973): Substanzerhaltungsrechnungen in der Praxis, in: BFuP, 25. Jg. (1973), S. 521-529.

Blake, John (Accounting Standards, 1994): Accounting Standards, Fourth Ed., London 1994.

Böckem, Hanne / d'Arcy, Anne (Critical Assessment, 1999): Evolution of (International) Accounting Systems - Critical Assessment of the Environmental Determinism Theory with an Application to Tax Influences, in: ZfbF, 51. Jg. (1999), S. 60-76.

Bolin, Manfred (IASC, 1990): Das International Accounting Standards Committee - Aufgaben, Organisation und Perspektiven, in: WPg, 43. Jg. (1990), S. 482-486.

Bongers, Bernd / Jamin, Wolfgang (Leasing-Handbuch, 1992): Leasing in Frankreich, in: Hagenmüller, K. F. / Eckstein, Wolfram (Hrsg.), Leasing-Handbuch für die betriebliche Praxis, 6. Aufl., Frankfurt am Main 1992, S. 267-294.

Bordewin, Arno (Leasing, 1989): Leasing im Steuerrecht, 3. Aufl., Stuttgart u. a. 1989.

Bormann, Michael (Harmonisierung, 1996): Internationale Harmonisierung der Rechnungslegung, in: RIW, 42. Jg. (1996), S. 35-44.

Bormann, Michael / Odenthal, Stefan (Value Management, 1997): Rechnungslegung nach internationalen Standards als Strategische Bedingung im Value Management, in: DStZ, 85. Jg. (1997), S. 361-366.

Bossert, Rainer (Immobilienleasing - Mobilienleasing, 1981): Immobilienleasing - Mobilienleasing, in: DB, Beilage 11 / 81, 34. Jg. (1981), S. 8-14.

Brox, Hans (Schuldrecht, 1995): Besonderes Schuldrecht, 20. Aufl., München 1995.

Buchloh, Hans-Jürgen (Leasing-Erlaß, 1971): Der Leasing-Erlaß im Spiegel des Leasing-Urteils, in: BB, 26. Jg. (1971), S. 776-779.

Budde, Wolfgang Dieter (Überlegungen zur Umsetzung, 1980): Überlegungen zur Umsetzung des "True and Fair View" in das deutsche Recht, in: Wirtschaftsprüfung und Wirtschaftsrecht, Beiträge zum 75-jährigen Bestehen der Treuhand-Vereinigung Aktiengesellschaft, Stuttgart 1980, S. 109-135.

Budde, Wolfgang Dieter / Förschle, Gerhart (True and Fair View, 1988): Das Verhältnis des "True and Fair View" zu den Grundsätzen ordnungsmäßiger Buchführung und zu den Einzelrechnungslegungsvorschriften, in: Mellwig, Winfried / Moxter, Adolf / Ordelheide, Dieter (Hrsg.), Beiträge zum neuen Bilanzrecht, Band 1: Einzelabschluß und Konzernabschluß, Wiesbaden 1988, S. 27-45.

Budde, Wolfgang Dieter / Karig, Klaus Peter (Beck, 1995): Kommentierung zu § 246, in: Beck' scher Bilanz-Kommentar, 3. Aufl., Müchen 1995.

Buhleier, Claus / Helmschrott, Harald (Strategie, 1996): Die neue Strategie der Europäischen Union zur Harmonisierung der Rechnungslegung und ihre möglichen Auswirkungen auf Deutschland, in: DStR, 34. Jg. (1996), S. 354-360.

Buhleier, Claus / Helmschrott, Harald (Weltstandards, 1997): Auf dem Weg zu Weltstandards bei der Konzernrechnungslegung? Zur Anwendbarkeit der IAS und US-GAAP, in: BB, 52. Jg. (1997), S. 775-779.

Burggraaf, J. A. (IASC Developments, 1982): IASC Developments: An Update, in: Journal of Accountancy, Vol. 154, No. 3 (1982), S. 104-110-

Busse von Colbe, Walter / Seeberg, Thomas (Hrsg.) (zfbf-Sonderheft, 1997): Vereinbarkeit internationaler Konzernrechnungslegung mit handelsrechtlichen Grundsätzen - Empfehlungen des Arbeitskreises "Externe Unternehmensrechnung" der Schmalenbach-Gesellschaft - Deutsche Gesellschaft für Betriebswirtschaftslehre e.V., zfbf-Sonderheft 39, 49. Jg. (1997).

Busse von Colbe, Walter (Accounting Traditions, 1996): Accounting and business economics traditions in Germany, in: The European Accounting Review, Vol. 5, No. 3 (1996), S. 413-434.

Busse von Colbe, Walter (Informationsinstrument, 1993): Die Entwicklung des Jahresabschlusses als Informationsinstrument, in: Wagner, Franz (Hrsg.), Ökonomische Analyse des Bilanzrechts - Entwicklungslinien und Perspektiven -, Sonderheft 32 der zfbf, 45. Jg. (1993), S. 11-29.

Busse von Colbe, Walther (Anpassung der Rechnungslegung, 1995): Zur Anpassung der Rechnungslegung von Kapitalgesellschaften an internationale Normen, in: BFuP, 47. Jg. (1995), S. 373-391.

Busse von Colbe, Walther (Harmonisierung, 1995): Rechnungslegungsziele und Ansätze zur internationalen Harmonisierung der Rechnungslegung deutscher Unternehmen, in: Ballwieser, Wolfgang (Hrsg.), US-amerikanische Rechnungslegung, Stuttgart 1995, S. 221-238.

Busse von Colbe, Walther (Kapitalmarktorientierte Unternehmensführung, 1995): Das Rechnungswesen im Dienste einer kapitalmarktorientierten Unternehmensführung, in: WPg, 48. Jg. (1995), S. 713-720.

Cairns, David (Useful Statement, 1988): Providing the User With a Useful Statement, in: Accountancy, July 1988, S. 26-27.

Cairns, Davis (Guide, 1995): A Guide to Applying International Accounting Standards, Central Milton-Keynes 1995.

Cairns, Davis (Individual Accounts, 1995): IASC - Individual Accounts, in: Ordelheide, Dieter / KPMG (Hrsg.), Transnational Accounting, Volume II, London u.a. 1995, S. 1661-1767.

Carr, James (Inconsistent, 1985): Why Accounting for Leases is Inconsistent, in: Accountancy, Vol 96, No. 1103 (July 1985), S. 119-120.

Carsberg, Sir Bryan (Role of the IASC, 1996): The Role and Future Plans of the International Accounting Standards Committee, in: Schruff, Lothar (Hrsg.), Bilanzrecht unter dem Einfluß internationaler Reformzwänge, Düsseldorf 1996, S. 41-58.

Chandler, Roy A. (Harmonization, 1992): The International Harmonization of Accounting, in: International Journal of Accounting, 1992,

S. 222-233.

Choi, Frederick D. S. / Mueller, G. G. (Multinational Accounting, 1992): An Introduction to Multinational Accounting, Second Edition, Englewood Cliffs, 1992.

Clark, Tom (Leasing, 1978): Leasing, London u.a. 1978.

Clay Jr., Raymond J. / Holder, William W. (Guide, 1977): A practitioner´s guide to accounting for leases, in: JoA, Vol. 144, No. 2 (1977), S. 61-68.

Clemm, Hermann (Meinungsspiegel, 1993): Beitrag im Meinungsspiegel, in: BFuP, 45. Jg. (1993), S. 427-443.

Clemm, Hermann (True and fair view, 1989): Bilanzpolitik und Ehrlichkeits- ("true and fair view"-) Gebot, in: WPg, 42. Jg. (1989), S. 357-366.

Conklin, Robert W. (IASC Comparison Project, 1996): Comparative Analysis of IAS 17 Accounting for Leases and U.S. GAAP including FASB Statement No. 13, Accounting for Leases, in: FASB (Hrsg.), The IASC - U.S. Comparison Project, Norwalk 1996.

Cook, Terence E. / Wallace, R. S. Olusegun (Financial Disclosure Regulation and Its Environment: A Review and Further Analysis, in: Journal of Accounting and Public Policy, Vol. 9, No. 2 (1990), S. 79-110.

Coopers & Lybrand (IAS, 1996): Understanding IAS - Analysis and Interpretation, o.O. 1996.

Davison, Ian Hay (Forword, 1984): Foreword to SSAP 21, in: The Institute of Chartered Accountants in England and Wales (Hrsg.), Statement of Standard Accounting Practice No. 21, S. 1, London 1984.

Demberg, Gisela (Kilometervertrag, 1996): Der Kilometervertrag fällt unter keinen der steuerlichen Leasingerlasse, in: Blick durch die Wirtschaft vom 22. August 1996, S. 11.

Demming, Claudia (Grundlagen, 1997): Grundlagen der internationalen Rechnungslegung, München 1997.

Demming, Claudia (US-amerikanische Rechnungslegung, 1994): US-amerikanische Rechnungslegung, in: Gräfer, Horst / Demming, Claudia (Hrsg.), Internationales Rechnungswesen, Stuttgart 1994, S. 229-306.

Deutsche Bank AG: Geschäftsbericht 1995.

Deutsche Börse AG (Jahresbericht, 1993): Jahresbericht, Frankfurt 1993.

Dieter, Richard (Lessee Accounting, 1979): Is Lessee Accounting Working?, in: CPA Journal, August 1979, S. 13-15 und 17-19.

Dietz, Albrecht (Betriebswirtschaftliche Grundlagen, 1990): Die betriebswirtschaftlichen Grundlagen des Leasing, in: Grunsky, Wolfgang / Lieb, Manfred / Medicus, Dieter (Hrsg.), Grundfragen des Finanzierungsleasing, Tübingen 1990, S. 235-259.

Dietz, Albrecht (Motor für Investitionen, 1981): Leasing, Motor für Investitionen, in: DB, Beilage 11 / 81, 34. Jg. (1981), S. 3-4.

Dietz, Horst (Normierung, 1971): Die Normierung der Abschreibung in der Handels- und Steuerbilanz, Opladen 1971.

Döllerer, Georg (Leasing, 1971): Leasing - Wirtschaftliches Eigentum oder Nutzungsrecht?, in: DB, 24. Jg. (1971), S. 535-540.

Döllerer, Georg (Ordnungswidrige Bilanzierung, 1982): Grundsätze ordnungswidriger Bilanzierung, Systematische Fehler in Bilanzen, in: BB, 37. Jg. (1982), S. 777-781.

Dörner, Dietrich (IASC, 1995): Gegenstand und Zielsetzung des IASC, in: Dörner, Dietrich / Wollmert, Peter (Hrsg.), IASC-Rechnungslegung - Beiträge zu aktuellen Problemen, S. 3-7, Düsseldorf 1995.

Downes, John / Goodman, Jordan Elliot (Finance and Investment, 1991): Dictionary of Finance and Investment Terms, New York 1991.

Dunn, John (Framework, 1988): A Framework for a Framework, in: Accountancy, December 1988, S. 24-25.

Ebenroth, Carsten Thomas (Leasing, 1992): Leasing im grenzüberschreitenden Verkehr, in: Kramer, Ernst A. (Hrsg.), Neue Vertragsformen der Wirtschaft: Leasing, Factoring, Franchising, 2.

Aufl., Bern u. a. 1992, S. 117-238.

Eckstein, Wolfram (Leasing-Handbuch, 1992): Wirtschaftsorganisationen des Leasing, in: Hagenmüller, K. F. / Eckstein, Wolfram (Hrsg.), Leasing-Handbuch für die betriebliche Praxis, 6. Aufl., Frankfurt am Main 1992, S. 213-263.

Eisolt, Dirk (Konzernrechnungslegung, 1992): US-amerikanische und deutsche Konzernrechnungslegung, Hamburg 1992.

Elliot, Robert K. / Jacobsen, Peter D. (National Emergency, 1991): U.S. Accounting: A National Emergency, in: JoA, November 1991, Vol. 172, No. 5, S. 54-58.

EU-Kommission (Neue Strategie, 1995): Mitteilung der EU-Kommission, Harmonisierung auf dem Gebiet der Rechnungslegung: Neue Strategie im Hinblick auf die internationale Harmonisierung, in: Schruff, Lothar (Hrsg.), Bilanzrecht unter dem Einfluß internationaler Reformzwänge, Düsseldorf 1996, S. 27-40.

Evans, Martin (Closer, 1989): Closer To a Conceptual Framework..., in: Accountancy, September 1989, S. 28.

Feinen, Klaus (Europäische Identität, 1999): Mehr Mut zur europäischen Indentität, in: Beilage 6 zum BB, 54. Jg. (1999), S. 1-4.

Feinen, Klaus (Leasing in der EU, 1997): Leasing in der EU: Harmonisierungsbedarf bei den Rahmenbedingungen, in: Kreditwesen, Heft 12 / 1997, S. 16-19.

Feinen, Klaus (Harmonisierung, 1996): Die Behandlung von Leasingverträgen im Rahmen einer internationalen Harmonisierung der Rechnungslegung, in: Leasing-Berater, Beilage 8 zum BB, 51. Jg (1996), S. 1-4.

Feinen, Klaus (Gegenseitige Anerkennung, 1995): Auch bei der Leasingbilanzierung ist Europa auf das Prinzip der gegenseitigen Anerkennung angewiesen, in: DB Spezial, Beilage zu DB, 48. Jg. (1995), S. 18-20.

Feinen, Klaus (Leasinggeschäft, 1990): Das Leasinggeschäft, 3. Aufl., Frankfurt am Main 1990.

Felix, Günther (Immobilien, 1968): Bilanzierung von Leasingverträgen über Immobilien beim Mieter, in: BB, 23. Jg. (1968), S. 66-99.

Fey, Gerd (Europäischer Einfluß, 1997): Europäischer Einfluß auf die internationale Rechnungslegung?, in: Blick durch die Wirtschaft vom 2. April 1997, S. 9.

Fey, Gerd / Gelhausen, Wolf (Internes Bereichtswesen, 1996): Internes Bereichtswesen als Maß für externe Berichterstattung, in: Blick durch die Wirtschaft vom 8. August 1996, S. 9.

Financial Accounting Standards Board (Concept No. 6, 1986): Statement of Financial Accounting Concepts No. 6, Stamford/Conneticut 1986.

Financial Accounting Standards Board (IASC Comparison Project, 1996): The IASC - U.S. Comparison Project, Norwalk 1996.

Financial Accounting Standards Board (SFAS 13, 1976): Statement of Financial Accounting Standard No. 13, Stamford 1977.

Financial Accounting Standards Board: Accounting Standards - Original Pronouncements, Stamford / Conneticut 1995.

Findeisen, Klaus-Dieter (Bilanzierung von Leasingverträgen, 1997): Die Bilanzierung von Leasingverträgen nach den Vorschriften des International Accounting Standards Committee, in: RIW, 43. Jg. (1997), S. 838-847.

Findeisen, Klaus D(ieter) / Hübner, Georg (Leasing-Handbuch, 1992): Leasing in Großbritannien, in: Hagenmüller, K. F. / Eckstein, Wolfram (Hrsg.), Leasing-Handbuch für die betriebliche Praxis, 6. Aufl., Frankfurt am Main 1992, S. 295-314.

Fink, Alfred W. (Leasingverträge in Europa, o. J.): Darstellung der bilanziellen Behandlung von Leasingverträgen in Europa, internes Arbeitspapier von Leaseurope / Coopers & Lybrand, o.O., o.J.

Flume, Werner (Leasing-Verhältnisse, 1973): Die Frage der bilanziellen Behandlung von Leasing-Verhältnissen, in: WPg, 26. Jg. (1973), S. 1661-1667.

Fohlmeister, Klaus J. (Leasing-Handbuch, 1992): Immobilien-Leasing, in: Hagenmüller, K. F. / Eckstein, Wolfram (Hrsg.), Leasing-Handbuch für die betriebliche Praxis, 6. Aufl., Frankfurt am Main 1992,

S. 177-212.

Förschle, Gerhart / Glaum, Martin / Mandler, Udo (Umfrage, 1995): US-GAAP, IAS und HGB: Ergebnisse einer Umfrage unter deutschen Rechnungslegungsexperten, in: BFuP, 47. Jg. (1995), S. 392-413.

Förschle, Gerhart / Kroner, Matthias / Mandler, Udo (Rechnungslegung, 1994): Internationale Rechnungslegung: US-GAAP, HGB und IAS, Bonn 1994.

Forster, Karl-Heinz (Meinungsspiegel, 1993): Beitrag im Meinungsspiegel, in: BFuP, 45. Jg. (1993), S. 427-443.

Forster, Karl-Heinz (Stellungnahme, 1973): Zur Leasing-Stellungnahme des HFA, in: WPg, 26. Jg. (1973), S. 81-83.

Franz, Klaus-Peter (Hochinflationsländer, 1991): Probleme der kurzfristigen Erfolgsrechnung von Unternehmen in Hochinflationsländern, in: BFuP, 43. Jg. (1991), S. 263-274.

Fuchs, Markus (Leasingverhältnisse, 1996): Leasingverhältnisse nach den International Accounting Standards, in: DB, 49. Jg. (1996), S. 1833-1836.

Fuchs, Markus (Jahresabschlußpolitik, 1997): Jahresabschlußpolitik und International Accounting Standards, Wiesbaden 1997.

Funk, Joachim (Meinungsspiegel, 1993): Beitrag im Meinungsspiegel, in: BFuP, 45. Jg. (1993), S. 427-443.

Gebhardt, Günther (Meinungsspiegel, 1991): Beitrag im Meinungsspiegel, in: BFuP, 43. Jg. (1991), S. 336-348.

GEFIU (Arbeitskreis "Leasing" der Gesellschaft für Finanzwirtschaft in der Unternehmensführung e. V. (Leasingverträge, 1995): Die Behandlung von Leasingverträgen in der Rechnungslegung, in: DB, 48. Jg. (1995), S. 333-337.

GEFIU (Arbeitskreis "Rechnungslegungsvorschriften der EG-Kommission" der Gesellschaft für Finanzwirtschaft in der Unternehmensführung e.V. (Grenzen der Anpassung, 1995): Möglichkeiten und Grenzen der Anpassung deutscher Konzernabschlüsse an die Rechnungslegungsgrundsätze des International Accounting Standards Committee (IASC), in: DB, 48. Jg. (1995), S. 1137-

1143 und 1185-1191.

Gelhausen, Hans Friedrich / Gelhausen, Wolf (Leasingverhältnisse, 1995): Leasingverhältnisse, in: Handbuch des Jahresabschlusses in Einzeldarstellungen, Abt. I/5, hrsg. von Klaus v. Wysocki und Joachim Schulze-Osterloh, Köln 1995.

Gelhausen, Hans Friedrich (Realisiationsprinzip, 1985): Das Realisationsprinzip im Handels- und Steuerbilanzrecht, Frankfurt am Main u.a. 1985.

Gelhausen, Wolf / Fey, Gerd (Accounting Standards, 1996): Schwierige Auslegung der Accounting Standards, in: Blick durch die Wirtschaft vom 17. April 1996, S. 10.

Gifis, Steven H. (Law Dictionary, 1991): Law Dictionary, 3. Aufl., New York 1991.

Glaum, Martin / Mandler, Udo (Globale Kapitalmärkte, 1996): Rechnungslegung auf globalen Kapitalmärkten, Wiesbaden 1996.

Goebel, Andrea (Anwendung der IAS, 1995): Möglichkeiten und Probleme einer Anwendung der International Accounting Standards - Anpassungsstrategien für deutsche Konzerne - in: DStR, 33. Jg. (1995), S. 1037-1039.

Goebel, Andrea (Immaterielle Vermögenswerte, 1995): Die bilanzielle Behandlung immaterieller Vermögenswerte nach den IAS, in: DStR 1995 (33. Jg.), S. 1484-1488.

Goebel, Andrea (Konzernrechnungslegung, 1995): Die Konzernrechnungslegung nach HGB, IAS und US-GAAP - Eine Synopse wesentlicher Unterschiede und Gemeinsamkeiten -, in: DB, 48. Jg. (1995), S. 2489-2492.

Goebel, Andrea (Konzernstruktur, 1996): Wichtig sind Konzernstruktur und Branche, in: Handelsblatt vom 2. Dezember 1996, S. 30.

Goebel, Andrea / Fuchs, Markus (Anwendung der IAS, 1995): Die Anwendung der International Accounting Standards in den Konzernabschlüssen deutscher Kapitalgesellschaften - Ergebnisse einer empirischen Untersuchung, in: DB, 48. Jg. (1995), S. 1521-1527.

Goebel, Andrea / Fuchs, Markus (IAS in Konzernabschlüssen, 1995): Die Anwendung der International Accounting Standards in den Konzernabschlüssen deutscher Kapitalgesellschaften - Auswirkungen auf die Auswahl der Prüfungsgrundsätze und die Formulierung des Bestätigungsvermerkes, in: BB, 50. Jg. (1995), S. 2363-2365.

Goebel, Andrea / Fuchs, Markus (Rechnungslegung nach den IAS, 1994): Rechnungslegung nach den International Accounting Standards vor dem Hintergrund des deutschen Rechnungslegungsrechts für Kapitalgesellschaften, in: DStR, 32. Jg. (1994), S. 874-880.

Goebel, Andrea / Heinrich, Christoph (Immaterielle Vermögenswerte, 1995): Die bilanzielle Behandlung immaterieller Vermögenswerte nach den IAS - Die Inhalte des Exposure Draft E 50 "Intangible Assets" vor dem Hintergrund des deutschen Rechnungslegungsrechts -, in: DStR, 33. Jg. (1995); S. 1484-1488.

Gräfer, Horst (Annual Report, 1992): Annual Report - Der US-amerikanische Jahresabschluß, Stuttgart 1992.

Gräfer, Horst / Demming, Claudia (US-amerikanische Rechnungslegung, 1994): US-amerikanische Rechnungslegung, in: Gräfer, Horst / Demming, Claudia (Hrsg.), Internationales Rechnungswesen, Stuttgart 1994, S. 1-22.

Grass, Adolf (Leasing, 1967): Leasing, in: FR, 22. Jg. (1967), S. 448-454.

Grass, Adolf / Bremser, Horst (Leasing, 1971): Leasing, in: BB, 26. Jg. (1971), S. 1424-1429.

Greene, Chris / Maddalena, Christina (Tax Briefing, 1991): Tax Briefing, in: Accountancy, June 1991, S. 48-52.

Grewe, Wolfgang (Grundfragen, 1990): Grundfragen der Bilanzierung beim Leasinggeber - Zur Stellungnahme HFA 1 / 1989 -, in: WPg, 43. Jg. (1990), S. 161-168.

Großfeld, Bernhard (Bilanzziele, 1994): Bilanzziele und kulturelles Umfeld, in: WPg, 47. Jg. (1994), S. 795-803.

Grund, Matthias (Entwicklung, 1996): Internationale Entwicklung und Bilanzrecht - Reform oder Resignation?, in: DB, 49. Jg. (1996), S. 1293-1296.

Gzuk, Roland (Investitionsform, 1990): Finanzierungsleasing als alternative Investitionsform, in: Grunsky, Wolfgang / Lieb, Manfred / Medicus, Dieter (Hrsg.), Grundfragen des Finanzierungsleasing, Tübingen 1990, S. 208-218.

Hahn, Jürgen (Gegenseitige Anerkennung, 1992): Die Hauptaufgabe ist die gegenseitige Anerkennung mit den USA, in: Handelsblatt vom 23. April 1992, S. 6.

Hahn, Jürgen (Strafaktion, 1993): Brüssel will Bonn zur Strafaktion gegen ungehorsame Mittelständler zwingen, in: Handelsblatt vom 8. Juni 1993, S. 10.

Hahn, Jürgen / Menn, Bernd Joachim (Jahr 2000, 1995) Vom Jahr 2000 an werden Jahresabschlüsse nach den International Accounting Standards aufgestellt, in: Blick durch die Wirtschaft vom 19. Oktober 1995, S. 7.

Haller, Axel (FASB, 1990): Financial Accounting Standards Board, in: DBW, 50. Jg. (1990), S. 265-268.

Haller, Axel (Grundlagen, 1994): Die Grundlagen der externen Rechnungslegung in den USA, 4. Aufl., Stuttgart 1994.

Haller, Axel (Rolle des IASC, 1993): Die Rolle des International Accounting Standards Committee bei der weltweiten Harmonisierung der externen Rechnungslegung, in: DB, 46. Jg. (1993), S. 1297-1305.

Haller, Axel (Verhältnis, 1988): Das Verhältnis von steuerrechtlicher und "handelsrechtlicher" Rechnungslegung in den USA, in: DBW, 48. Jg. (1988), S. 723-731.

Haller, Axel (Ziele, 1996): Wesentliche Ziele und Merkmale US-amerikanischer Rechnungslegung, in: Ballwieser, Wolfgang (Hrsg.), US-amerikanische Rechnungslegung, S. 3 - 27, Stuttgart 1996.

Harris, Steve (Loneliness of the long distance runner, 1986): The Loneliness of the long distance runner, in: Iron Maiden (Hrsg.), Somewhere in Time.

Harris, Trevor S. / Lang, Mark / Möller, Hans Peter (Relevanz der Jahresabschlußgrößen, 1995): Zur Relevanz der Jahresabschlußgrößen Erfolg und Eigenkapital für die Aktienbewertung in Deutschland und den USA, in: ZfbF, 47. Jg. (1995), S. 996-1020.

Hastedt, Uwe (Gewinnrealisation, 1992): Gewinnrealisation beim Finanzierungs-Leasing, Wiesbaden 1992.

Hauschildt, Jürgen (Bilanzanaylse, 1996): Erfolgs-, Finanz- und Bilanzanalyse, Analyse der Vermögens-, Finanz- und Ertragslage von Kapital- und Personengesellschaften, 3. Aufl., Köln 1996.

Havermann, Hans (IASC-Statements, 1978): IASC-Statements und EG-Richtlinien, in: WPg, 31. Jg. (1978), S. 365-372.

Havermann, Hans (Internationale Enwicklungen, 1994): Internationale Entwicklungen in der Rechnungslegung, in: Ballwieser, Wolfgang / Böcking, Hans-Joachim / Drukarczyk, Jochen / Schmidt, Reinhard H. (Hrsg.), Bilanzrecht und Kapitalmarkt, Festschrift zum 65. Geburtstag von Prof. Dr. Dr. h.c. Dr. h.c. Adolf Moxter, Düsseldorf 1994, S. 655-677.

Havermann, Hans (Internationale Facharbeit, 1975): Organisation und Thematik der internationalen Facharbeit und ihre Auswirkung auf die tägliche Berufsausübung, in: WPg, 28. Jg. (1975), S. 6-17.

Havermann, Hans (Leasing, 1965): Leasing. Eine betriebswirtschaftliche, handels- und steuerrechtliche Untersuchung, Düsseldorf 1965.

Hayn, Sven (Internationale Rechnungslegung, 1998): Internationale Rechnungslegung - Ursachen, Wirkungen und Lösungsansätze zur Überwindung internationaler Rechnungslegungsdivergenzen, Stuttgart 1998.

Hayn, Sven (IAS, 1994): Die International Accounting Standards in: WPg 1994 (47. Jg.), S. 713-721 (Teil I) sowie 749-755 (Teil II).

Heintges, Sebastian (Transparenz, 1996): Der Kapitalmarkt verlangt Transparenz, in: Handelsblatt vom 30. Juli 1996, S. 15.

Hepp, Gerald W. / McRae, Thomas W. (Overload, 1982): Accounting Standards overload: Relief is needed, in: JoA, Vol. 153, No. 5 (1982), S. 52-62.

Hoffmann, Manfred Karsten (Jahresabschlußpolitik, 1995): Jahresabschlußpolitik und die Generalnorm des § 264 Abs. 2 HGB, in: DB, 48. Jg. (1995), S. 1821-1827.

Hommel, Michael (Dauerschuldverhältnisse, 1992) Grundsätze ordnungsmäßiger Bilanzierung für Dauerschuldverhältnisse, Wiesbaden 1992.

Hommel, Michael (Internationale Bilanzrechtskonzeption, 1997): Internationale Bilanzrechtskonzeption und immaterielle Vermögensgegenstände, in: ZfbF, 49. Jg. (1997), S. 345-369.

Hostettler, Stephan (Economic Value Added, 1997): Das Konzept des Economic Value Added (EVA): Darstellung und Anwendung auf Schweizer Aktiengesellschaften, St. Gallen 1997.

Husemann, Walter /Jungen, Dirk (Jahresabschluß in Italien, 1989): Der handelsrechtliche Jahresabschluß in Italien, in: WPg, 42 Jg. (1989), S. 264-274.

Hüttche, Tobias (Aufbruchstimmung, 1996): International Accounting Standards in Deutschland - Aufbruchstimmung oder Abschiedsschmerz, in: RIW, 42. Jg. (1996), S. 1018-1025.

Hutzler, Adolf (Wirtschaftliches Eigentum, 1970): Zum Ausweis des wirtschaftlichen Eigentums in der Handelsbilanz, in: WPg, 23. Jg. (1970), S. 14-17.

Imhoff, Eugene A. / Lipe, Robert C. / Wright, David W. (Constructive Capitalization, 1991): Operating Leases: Impact of Constructive Capitalization, in: Accounting Horizons, Vol. 5 (1991), No. 1, S. 51-61.

Imhoff, Eugene A. / Thomas, Jacob T. (Economic Consequences, 1988): Economic Consequences of Accounting Standards - The Lease Disclosure Rule Change, in: Journal of Accounting and Economics, No. 10, 1988, S. 277-310.

Institut der Wirtschaftsprüfer (Hrsg.) (HFA 3/1997): Hauptfachausschuß (HFA) Stellungnahme HFA 3/1997: Zum Grundsatz der Bewertungsstetigkeit, in: FN-IDW, Nr. 8/1997, S. 417-421.

Institut der Wirtschaftsprüfer (Hrsg.) (WP-Handbuch, 1996): WP-Handbuch Teil 1, 12. Aufl., Düsseldorf 1996.

Institut der Wirtschaftsprüfer (Hrsg.) (IAS, 1995): Rechnungslegung nach International Accounting Standards, Düsseldorf 1995.

Institut der Wirtschaftsprüfer (Hrsg.) (HFA 1/1989): Hauptfachausschuß (HFA) Stellungnahme HFA 1/1989: Zur Bilanzierung beim Leasinggeber, in: WPg, 42. Jg. (1989), S. 625-627.

Institut der Wirtschaftsprüfer (Hrsg.) (HFA 2/75): Stellungnahme 2/1975, Zur Berücksichtigung der Substanzerhaltung bei der Ermittlung des Jahresergebnisses, in: Die Fachgutachten und Stellungnahmen des Instituts der Wirtschaftsprüfer auf dem Gebiete der Rechnungslegung und Prüfung, Loseblatt, Düsseldorf.

Institut der Wirtschaftsprüfer (Hrsg.) (HFA 1/73): Stellungnahme HFA 1/73, Zur Berücksichtigung von Finanzierungs-Leasing-Verträgen im Jahresabschluß des Leasing-Nehmers, in: WPg, 27. Jg. (1973), S. 101-102.

Institut der Wirtschaftsprüfer (Hrsg.) (Zur HFA-Stellungnahme 1/73): Zur Leasingstellungnahme des HFA, in: WPg, 27. Jg. (1973), S. 562.

Institute of Chartered Accountants in England and Wales (SSAP 21, 1984): Statement of Standard Accounting Practice No 21 - Accounting for leases and hire purchase contracts, London 1984.

International Accounting Standards Committee (Agreement, 1995): IASC and IOSCO Agreement, in: Schruff, Lothar (Hrsg.), Bilanzrecht unter dem Einfluß internationaler Reformzwänge, Düsseldorf 1996, S. 59.

International Accounting Standards Committee (Introduction, 1995): Introduction to Statements of International Accounting Standards, in: IdW (Hrsg.) IAS, Düsseldorf 1995, S. 7-15.

International Accounting Standards Committee (Preface, 1995): Preface to Statements of International Accounting Standards, in: IdW (Hrsg.) IAS, Düsseldorf 1995, S. 29-33.

International Accounting Standards Committee (History, 1995): The History of International Accounting Standards and Exposure Drafts, in: IdW (Hrsg.) IAS, Düsseldorf 1995, S. 23-27.

International Accounting Standards Committee (Work Programme, 1995): Draft IASC Work Programme 1995-1999 (Stand: Juni 1995), in: Schruff, Lothar (Hrsg.), Bilanzrecht unter dem Einfluß internationaler Reformzwänge, Düsseldorf 1996, S. 60.

International Accounting Standards Committee (Framework, 1989): Framework for the Preparation and Presentation of Financial Statements, London 1989.

International Accounting Standards Committee (Survey of IAS, 1988): Survey of the Use and the Application of IAS, London 1988.

International Accounting Standards Committee (E 32, 1989): Comparibility of Financial Statements, London 1989.

International Accounting Standards Committee (E 53, 1996): Proposed International Accounting Standard: Presentation of Financial Statements, Exposure Draft E 53, London 1996.

International Accounting Standards Committee (IAS 1, 1994): International Accounting Standard IAS 1, revised 1994, London 1994.

International Accounting Standards Committee (IAS 2, 1993): International Accounting Standard IAS 2, revised 1993, London 1993.

International Accounting Standards Committee (IAS 4, 1994): International Accounting Standard IAS 4, reformatted 1994, London 1994.

International Accounting Standards Committee (IAS 5, 1994): International Accounting Standard IAS 5, reformatted 1994, London 1994.

International Accounting Standards Committee (IAS 7, 1992): International Accounting Standard IAS 7, revised 1992, London 1992.

International Accounting Standards Committee (IAS 10, 1994): International Accounting Standard IAS 10, reformatted 1994, London 1994.

International Accounting Standards Committee (IAS 11, 1993): International Accounting Standard IAS 11, revised 1993, London 1993.

International Accounting Standards Committee (IAS 13, 1994): International Accounting Standard IAS 13, reformatted 1994, London

1994.

International Accounting Standards Committee (IAS 16, 1998): International Accounting Standard IAS 16, revised 1998, London 1998.

International Accounting Standards Committee (IAS 17): International Accounting Standard IAS 17, reformatted 1997, London 1997.

International Accounting Standards Committee (IAS 17): International Accounting Standard IAS 17, reformatted 1994, London 1994.

International Accounting Standards Committee (IAS 20, 1994): International Accounting Standard IAS 20, reformatted 1994, London 1994.

International Accounting Standards Committee (IAS 23, 1993): International Accounting Standard IAS 13, revised 1993, London 1993.

International Accounting Standards Committee (IAS 24, 1994): International Accounting Standard IAS 24, reformatted 1994, London 1994.

International Accounting Standards Committee (IAS 28, 1994): International Accounting Standard IAS 28, reformatted 1994, London 1994.

International Accounting Standards Committee (IAS 29, 1994): International Accounting Standard IAS 29, reformatted 1994, London 1994.

International Accounting Standards Committee (IAS 30, 1994): International Accounting Standard IAS 30, reformatted 1994, London 1994.

International Accounting Standards Committee (IAS 36, 1998): International Accounting Standard IAS 36, London 1998.

International Accounting Standards Committee (Update, April 1997): IASC Update, April 1997, London 1997.

International Accounting Standards Committee (Insight March, 1997): IASC Insight, March 1997, London 1997.

International Accounting Standards Committee (Insight July, 1996): IASC

Insight, July 1996, London 1996.

Jacobi, Michael (IASC-Rechnungslegung, 1995): Technische Aspekte bei der Umstellung auf eine IASC-Rechnungslegung am Beispiel der Ciba, in: Dörner, Dietrich / Wollmert, Peter (Hrsg.), IASC-Rechnungslegung - Beiträge zu aktuellen Problemen, Düsseldorf 1995, S. 41-56.

Johannsen, Hano / G. Terry Page (Dictionary of Management, 1995): International Dictionary of Management, 5. Aufl., London 1995.

Johnson, L. Todd (Future Events, 1994): Future Events: A conceptual Study of Their Significance for Recognition and Measurement, hrsg. vom Australian Accounting Standards Board, Canadian Accounting Standards Board, International Accounting Standards Committee, United Kingdom Accounting Standards Board, United States Financial Accounting Standards Board, London 1994.

Jung, Willi (Rechnungslegung, 1979): US-amerikanische und deutsche Rechnungslegung, Düsseldorf u.a. 1979.

Jürgens, Ursula (Finanzierung-Leasing, 1988): Die Entwicklung des Finanzierungs-Leasing, Köln 1988.

Kalabuch, Jutta (Stetigkeitsgrundsatz, 1994): Der Stetigkeitsgrundsatz in der Einzelbilanz nach Handels- und Ertragssteuerrecht, Düsseldorf 1994.

Kayser, Uwe (Ausblick auf Europa, 1997): Zur aktuellen Situation des Leasing in Deutschland mit einem Ausblick auf Europa, in: Supplement Leasing- und Finanzberater, Beilage 6 zum BB, 52. Jg. (1997), S. 3-9.

Kelly, Jim (Amend Accountancy Law, 1997): Brussels to amend accountancy law, in: Financial Times vom 22. April 1997, S. 2.

Kieso, Donald / Weygandt, Jerry. J. (Intermediate Accounting, 1995): Intermediate Accounting, 8. Aufl., New York u.a. 1995.

Kirsch, Hans-Jürgen (IAS-Kommentar, 1997): Kommentierung zu IAS 17, in: Baetge, Jörg / Dörner, Dietrich / Kleekämper, Heinz / Wollmert, Peter (Hrsg.), Rechnungslegung nach den International Accounting Standards (IAS) - Kommentar auf der

Grundlage des deutschen Bilanzrechts, Stuttgart 1997.

Kirsch, Hans-Jürgen (Anwendung von IAS, 1995): Die "Anwendung" von International Accounting Standards in Konzernabschlüssen deutscher Mutterunternehmen, in: DB, 48. Jg. (1995), S. 1773-1778.

Kleber, Herbert (Unterschiede, 1994): Unterschiede und Annährungsmöglichkeiten deutscher und amerikanischer /internationaler Rechnungslegung, in: Baetge, Jörg (Hrsg.), Die deutsche Rechnungslegung vor dem Hintergrund internationaler Entwicklungen, Düsseldorf 1994, S. 67-90.

Kleekämper, Heinz / Kuhlewind, Andreas-Markus (IAS-Kommentar, 1997): Organisation, Entwicklung und Bedeutung des IASC, in: Baetge, Jörg / Dörner, Dietrich / Kleekämper, Heinz / Wollmert, Peter (Hrsg.), Rechnungslegung nach den International Accounting Standards (IAS) - Kommentar auf der Grundlage des deutschen Bilanzrechts, Stuttgart 1997.

Kleekämper, Heinz (Aktivitäten, 1995): Aktivitäten und Tendenzen im IASC, in: Dörner, Dietrich / Wollmert, Peter (Hrsg.), IASC-Rechnungslegung - Beiträge zu aktuellen Problemen, Düsseldorf 1995, S. 99 - 128.

Kleekämper, Heinz (Aktuelle Entwicklungen, 1995): Aktuelle Entwicklungen beim IASC, in: BFuP, 47. Jg. (1995), S. 414-431.

Kleekämper, Heinz (Rechnungslegung, 1994): Rechnungslegung aus der Sicht des IASC, in: Baetge, Jörg (Hrsg.), Die deutsche Rechnungslegung vor dem Hintergrund internationaler Entwicklungen, Düsseldorf 1994, S. 41-66.

Kleekämper, Heinz (Trojanisches Pferd, 1995): IASC - Das trojanische Pferd der SEC?, in: Ballwieser, Wolfgang (Hrsg.), US-amerikanische Rechnungslegung, Stuttgart 1995, S. 207-220.

Kleekämper, Heinz (WP im internationalen Umfeld, 1993): Der Berufsstand der Wirtschaftsprüfer im internationalen Umfeld, in: WPK-Mitteilungen, 32. Jg. (1993), S. 85-93.

Kloos, Gerhard (Transformation, 1993): Die Transformation der 4. EG-Richtlinie (Bilanzrichtlinie) in die Mitgliedstaaten der Europäischen

Gemeinschaft, Berlin 1993.

Knapp, Lotte (Leasing, 1972): Leasing in der Handelsbilanz, in: DB, 25. Jg. (1972), S. 542-549.

Knapp, Lotte (Leasing-Erlaß, 1971): Problematischer Leasing-Erlaß, in: DB, 24. Jg. (1971), S. 685-691.

Knapp, Lotte (Vermögensgegenstände, 1971): Was darf der Kaufmann als seine Vermögensgegenstände bilanzieren?, in: DB, 24. Jg. (1971), S. 1121-1129.

Knobbe-Keuk, Brigitte (Bilanzsteuerrecht, 1994): Bilanz- und Unternehmenssteuerrecht, 9. Aufl., Köln 1994.

Knutson, Peter H. (Financial Reporting, 1993): Financial Reporting in the 1990s an beyond, Charlotteville 1993.

Koch, Ernst-Gerald (Finanzierungs-Leasing, 1981): Störungen beim Finanzierungs-Leasing, Berlin 1981.

Koch, Rainer (Immobilien-Leasing, 1988): Immobilien-Leasing: Ein Beitrag zur Zivilrechtsdogmatik des Leasing, München 1988.

Köhler, Andreas / Rotter, Norbert (Britische Rechnungslegung, 1994): Britische Rechnungslegung, in: Gräfer, Horst / Demming, Claudia (Hrsg.) Internationale Rechnungslegung, Stuttgart 1994, S. 371-444.

Köhlertz, Klaus (Leasingbilanzierung, 1989): Die Bilanzierung von Leasing - die deutschen Bilanzierungskonventionen für Leasing im Vergleich zu den US-amerikanischen Vorschriften, München 1989.

KPMG Deutsche Treuhand-Gesellschaft (Gutachtliche Stellungnahme, 1992): Leasing im handelsrechtlichen Jahresabschluß - Eine gutachtliche Stellungnahme vor dem Hintergrund der Harmonisierung der Europäischen Rechnungslegung, Frankfurt 1992.

KPMG Deutsche Treuhand-Gesellschaft (IAS, 1995): International Accounting Standards. Eine Einführung in die Rechnungslegung nach den Grundsätzen des IASC, Düsseldorf 1995.

KPMG Deutsche Treuhand-Gesellschaft (Leasing Taxation, 1993):

Leasing Taxation, Amsterdam 1993.

Krumnow, Jürgen (Weg ins Abseits, 1994): Die deutsche Rechnungslegung auf dem Weg ins Abseits? Ein Ausblick nach der vorläufig abgeschlossenen EG-Harmonisierung, in: Ballwieser, Wolfgang / Böcking, Hans-Joachim / Drukarczyk, Jochen / Schmidt, Reinhard H. (Hrsg.), Bilanzrecht und Kapitalmarkt, Festschrift zum 65. Geburtstag von Prof. Dr. Dr. h.c. Dr. h.c. Adolf Moxter, Düsseldorf 1994, S. 679-697.

Krumnow, Jürgen (Weltweite Vergleichbarkeit, 1996): Weltweite Vergleichbarkeit durch eine international anerkannte Sprache, in: Handelsblatt vom 21. Mai 1996, S. B6 und B14.

Kübler, Friedrich (Kapitalmarktinformation, 1995): Vorsichtsprinzip versus Kapitalmarktinformation - Bilanzprobleme aus der Perspektive der Gesellschaftsrechtvergleichung, in: Förschle, Gerhart / Kaiser, Klaus / Moxter, Adolf (Hrsg.), Rechenschaftslegung im Wandel, Festschrift für Wolfgang Dieter Budde, München 1995, S. 361-375.

Küting, Karlheinz / Hellen, Heinz-Hermann / Brakensiek, Sonja (Leasing, 1998): Leasing in der nationalen und internationalen Bilanzierung, in: BB, 53. Jg. (1998), S. 1465-1473.

Küting, Karlheinz (Angleichung der Bilanzen, 1992): Die Angleichung der Bilanzen in der EG ist nicht gelungen, in: FAZ vom 23.1.1992, S. 19.

Küting, Karlheinz (Bilanzierung im Vergleich, 1993): US-amerikanische und deutsche Bilanzierung im Vergleich - unter besonderer Berücksichtigung der Konzernrechnungslegung und des Daimler-Benz-Listing in New York, in: BFuP, 45. Jg. (1993), S. 357-379.

Küting, Karlheinz (Europäisches Bilanzrecht, 1993): Europäisches Bilanzrecht und Internationalisierung der Rechnungslegung, in: BB, 48. Jg. (1993), S. 30-38.

Küting, Karlheinz (Immaterielle Vermögensgegenstände, 1995): Gegenwärtige und künftige Behandlung immaterieller Vermögensgegenstände im IASC-Abschluß im Vergleich zum deutschen Recht, in: Dörner, Dietrich / Wollmert, Peter (Hrsg.), IASC-Rechnungslegung - Beiträge zu aktuellen Problemen, Düsseldorf 1995, S. 57-

82.

Küting, Karlheinz (Rechtsangleichung von Bilanzierungsvorschriften, 1994): Zur Problematik internationaler Rechtsangleichung von Bilanzierungsvorschriften, in: WPK-Mitteilungen, 33. Jg. (1994): S. 69-76.

Küting, Karlheinz (Stille Rücklagen, 1995): Stille Rücklagen - ein betriebswirtschaftliches Phänomen, in: BB, Beilage zu Heft 38, 50. Jg. (1995), S. 1-15.

Küting, Karlheinz / Eidel, Ulrike (Internationale Bilanzanalyse, 1996): Problematik der internationalen Bilanzanalyse. Dargestellt am Beispiel eines US-GAAP und HGB-Abschlusses, in: RIW, 42. Jg. (1996), S. 836-854.

Küting, Karlheinz / Hayn, Sven (Aussagewert, 1996): Der Aussagewert eines angelsächsischen Konzernabschlusses im Vergleich zum HGB-Abschluß, in: AG, 41. Jg. (1996), S. 49-71.

Küting, Karlheinz / Hayn, Sven (Börseneinführungsmodalitäten, 1993): Börseneinführungsmodalitäten in den USA, in: WPg, 46. Jg. (1993), S. 401-411.

Küting, Karlheinz / Hayn, Sven (Der internationale Konzernabschluß, 1995): Der internationale Konzernabschluß als Eintrittskarte zum weltweiten Kapitalmarkt, in: BB, 50. Jg. (1995), S. 662-672.

Küting, Karlheinz / Hayn, Sven (Unterschiede, 1995): Unterschiede zwischen den Rechnungslegungsvorschriften von IASC und SEC / FASB vor dem Hintergrund einer internationalisierten Rechnungslegung in Deutschland, in: DStR, 33. Jg. (1995), S. 1601-1604 und 1642-1648.

Küting, Karlheinz / Weber, Claus-Peter (Internationale Bilanzierung, 1994): Internationale Bilanzierung: Rechnungslegung in in den USA, Japan und Europa, Herne u.a. 1994.

Lange, Christoph (Jahresabschlußinformation, 1989): Jahresabschlußinformation und Unternehmensbeurteilung, Stuttgart 1989.

Law Society (Window Dressing, 1986): Off-Balance Sheet Finance and Window Dressing, Technical Release by the Technical Committee of the Institute of Chartered Accountants in England ans Wales, London 1986.

Leaseurope (Accounting for Leases, o.J.): Accounting for Leases, 4. Aufl., Brüssel o.J.

Leaseurope (Comments, 1991): Comments to the Working Paper Accounting for Lease Contracts, Brüssel 1991.

Leaseurope (Contribution, 1995): Contribution by Leaseurope to the Accounting Advisory Forum Document Concerning Accounting of Lease Contracts, Brüssel 1995.

Leffson, Ulrich (Generalnormen, 1987): Die beiden Generalnormen, in: Havermann, Hans (Hrsg.), Bilanz- und Konzernrecht, Festschrift für Reinhard Goerdeler, Düsseldorf 1987, S. 315-325.

Leffson, Ulrich (Leasingverträge, 1976): Die Darstellung von Leasingverträgen im Jahresabschluß, in: DB, 29. Jg. (1976), S. 637-641 und S. 685-690.

Leffson, Ulrich (Tatsächliche Verhältnisse, 1986): Bild der tatsächlichen Verhältnisse in: Leffson, Ulrich u.a. (Hrsg.), Handwörterbuch unbestimmter Rechtsbegriffe im Bilanzrecht des HGB, S. 94-105.

Leffson, Ulrich (GoB, 1987): Die Grundsätze ordnungsmäßiger Buchführung, 7. Aufl., Düsseldorf 1987.

Liener, Gerhard (Globalisierte Rechnungslegung, 1992): Internationale Unernehmen brauchen eine globalisierte Rechnungslegung, in: ZfB, 62. Jg. (1992), S. 269-292.

Lochner, Philip R. Jr. (Worth Repeating, 1991): Worth Repeating, in: JoA, September 1991, Volume 172, No. 3, S. 108-109.

Lorchheim, Ulrich (Zuverlässigkeit, 1997): Die Zuverlässigkeit als grundlegende qualitative Eigenschaft von Jahresabschlüssen nach den International Accounting Standards, in: RIW, 43. Jg. (1997), S. 124-133.

Loveday, Guy (SSAP 21, 1991): A pe 2 Guide to creative Accounting and SSAP 21, in: Accountancy, Vol. 108, No. 1177 (1991), S. 71-72.

Lück, Wolfgang / Jung, Udo (Konzernrechnungslegung und Inflation, 1991): Konzernrechnungslegung und Inflation, in: BFuP, 43. Jg. (1991), S. 275-293.

Ludwig, Rolf (Leasingbilanzierung, 1991): Die Leasingbilanzierung in Deutschland im Vergleich mit den angelsächsischen Ländern, in: FLF, 38. Jg. (1991), S. 58-63.

Lüem, Walter (Leverage Leasing, 1980): Leverage Leasing, in: Leasing-raxis, 1. Jg. (1980), Heft 5, S. 17-19.

Macharzina, Klaus (Vereinheitlichung der Rechnungslegung, 1981): Grenzen einer internationalen Vereinheitlichung der Rechnungs-egung, in: Rühli, Edwin / Thommen, Jean-Paul (Hrsg.), Unterneh-mensührung aus finanz- und bankwirtschaftlicher Sicht, Stuttgart 1981, S. 365-385.

Mandler, Udo (Bridging the US-GAAP?, 1996): Harmonisierung der Rechnungslegung: Bridging the US-GAAP?, in: ZfB, 66. Jg. (1996), S. 715-734.

Mashru, Paresh / Barnes, David (Operating Lease Paper, 1996): Operating Lease Paper - the Implications, in: Leasinglife, Vol. 4, Issue 37, October 1996, S. 32-33.

McGregor, Warren (New Framework, 1992): Accounting for Leases - A new Framework, in: Australian Accountant, No. 2 1992, S. 17-20.

McGregor, Warren (New Approach, 1996): Accounting for Leases: A new Approach. Recognition by Lessees of Assets and Liabilities Arising under Lease Contracts, hrsg. vom Australian Accounting Standards Board, Canadian Accounting Standards Board, International Accounting Standards Committee, New Zealand Accounting Standards Review Board, New Zealand Financial Reporting Standards Board, United Kingdom Accounting Standards Board, United States Financial Accounting Standards Board, London 1996.

Meilicke, Heinz (Leasing, 1964): Leasing, Zivilrecht - Bilanzrecht - Steuerrecht, in: DB, 19. Jg. (1964), S. 691-694.

Mellwig, Winfried (Leasingverträge, 1998): Die bilanzielle Darstellung von Leasingverträgen nach den Grundsätzen des IASC -

Derzeitige Regelungen und Reformvorschläge, in: DB, Beilage Nr. 12/98, 51. Jg. (1998).

Mellwig, Winfried (Investion, 1985): Investition und Besteuerung, Wiesbaden 1985.

Mellwig, Winfried (Kauf / Leasing-Entscheidung, 1983): Besteuerung und Kauf / Leasing-Entscheidung, in: ZfbF, 35. Jg. (1983), S. 782-800.

Mellwig, Winfried (Leasing 1993): Leasing, in: Chmielewicz, Klaus / Schweitzer, Marcell (Hrsg.), Handwörterbuch des Rechnungswesens, 3. Aufl., Stuttgart 1993.

Mellwig, Winfried (Vorteilhafte Leasingverträge, 1983): Vorteilhafte Leasingverträge - ein Rechenfehler, in: DB, 36. Jg. (1983), S. 2261-2266.

Mellwig, Winfried / Weinstock, Marc (Zurechnung, 1996): Die Zurechnung von mobilen Leasingobjekten nach deutschem Handelsrecht und den Vorschriften des IASC, in: DB, 49. Jg. (1996), S. 2345-2352.

Mertin, Dietz / Fey, Gerd (IAS oder US-GAAP, 1996): IAS oder US-GAAP, in: Blick durch die Wirtschaft vom 2. August 1996, S. 11.

Mogg, John F. (More Competetive, 1994): Making Europe More Competetive: The Role of the Accounting Profession, Manuskript einer Rede vor der FEE vom 14. Dezember 1994.

Moxter, Adolf (DRSC, 1998): Deutsches Rechnungslegungs Standards Committee: Aufgaben und Bedeutung, in: DB, 51. Jg. (1998), S. 1425-1428.

Moxter, Adolf (Bilanzlehre II, 1986): Bilanzlehre Band II, Wiesbaden 1986.

Moxter, Adolf (Bilanzrechtsprechung, 1996): Bilanzrechtsprechung, 4., vollständig umgearbeitete Aufl., Tübingen 1996.

Moxter, Adolf (Handels- und Steuerbilanz, 1997): Zum Verhältnis von Handelsbilanz und Steuerbilanz, in: BB, 52. Jg. (1997); S. 195-199.

Moxter, Adolf (Matching Principle, 1995): Das "matching principle": Zur

Integration eines internationalen Rechnungslegungs-Grundsatzes in das deutsche Recht, in: Lanfermann, J. (Hrsg.), Internationale Wirtschaftsprüfung, Festschrift für Hans Havermann, Düsseldorf 1995, S. 489-504.

Moxter, Adolf (Sinn und Zweck, 1987): Zum Sinn und Zweck des handelsrechtlichen Jahresabschlusses nach neuem Recht, in: Havermann, Hans (Hrsg.), Bilanz- und Konzernrecht, Festschrift für Reinhard Goerdeler, Düsseldorf 1987, S. 315-325.

Moxter, Adolf (Überlegenheit, 1995): Zur Überlegenheit der deutschen Rechnungslegungsstandards, in: Peemöller, Volker H. / Uecker, Peter (Hrsg.), Standort Deutschland, Festschrift für Anton Heigl, Berlin u.a. 1995, S. 31-41.

Mutze, Otto (Wirtschaftliches Eigentum, 1963): Rechtliches oder wirtschaftliches Eigentum?, in: NJW, 16. Jg. (1963), S. 513 -517.

Niehus, Rudolf (Neue Internationalität, 1995): Die "neue Internationalität" deutscher Konzernabschlüsse, in: DB, 48. Jg. (1995), S. 1341-1345.

Niehus, Rudolf J. (Befreiender Konzernabschluß, 1995): "Befreiender" Konzernabschluß - Wer "befreit" eigentlich wen? in: DB, 48. Jg. (1995), S. 1.

Niehus, Rudolf J. (Neuere Entwicklung, 1974): Neuere Entwicklung in der Bilanzierung von Leasing in den USA, in: DB, 27. Jg. (1974), S. 489-493.

Niehus, Rudolf J. (Neuregelung, 1977): Neuregelung der Bilanzierung von Leasing in den USA, in: DB, 30. Jg. (1977), S. 1862-1865.

Niehus, Rudolf J. (True and Fair View, 1979): "True and Fair View" - in Zukunft auch ein Bestandteil der deutschen Rechnungslegung? in: DB, 34. Jg. (1979), S. 221-225.

Nobes, Christopher W. (International classification, 1992): International classification of financial reporting, 2nd ed., London u.a. 1984.

Nobes, Christopher / Parker, Robert (International Accounting, 1983): Comparative International Accounting, 2nd. ed., Oxford 1983.

o.V. (Internationale Bilanz, 1997): Jedes dritte Unternehmen will eine internationale Bilanz, in: Blick durch die Wirtschaft vom 21. Mai 1997, S. 1.

o.V. (Recognize Framework, 1989): U.K. and Ireland Recognize IASC Framework, in: JoA, September 1989, S. 107.

Oesterle, Berthold (IAS-Kommentar, 1997): Kommentierung zu IAS 4, in: Baetge, Jörg / Dörner, Dietrich / Kleekämper, Heinz / Wollmert, Peter (Hrsg.), Rechnungslegung nach den International Accounting Standards (IAS) - Kommentar auf der Grundlage des deutschen Bilanzrechts, Stuttgart 1997.

Oestreicher, Andreas / Spengel, Christoph (Internationale Bilanzierung, 1997): Internationale Bilanzierung bei nationaler Besteuerung, in: Blick durch die Wirtschaft vom 22. Mai 1997, S. 11.

Ordelheide, Dieter (Entwicklung und Bedeutung, 1993): Entwicklung internationaler Rechnungslegungsnormen und ihre Bedeutung für die deutsche Wirtschaft, überarbeiteter Vortrag vom 4. Juni 1993, Frankfurt 1993.

Ordelheide, Dieter (Internationalisierung der Rechnungslegung, 1996): Internationalisierung der Rechnungslegung deutscher Unternehmen, Anmerkungen zum Entwurf eines Kapitalaufnahmeerleichterungsgesetzes, in: WPg, 49. Jg. (1996), S. 545-552.

Ordelheide, Dieter (Meinungungsspiegel, 1993): Beitrag im Meinungsspiegel, in: BFuP, 45. Jg. (1993), S. 427-443.

Ordelheide, Dieter (Not for Germany, 1993): Anglo-U.S. Accounting Rules Are Not For Germany, in: The EC-Times vom 10.5.1993, S. 7

Ordelheide, Dieter (Regulierung der Rechnungslegung, 1997): Regulierung der Rechnungslegung - Ökonomische `Zwänge´ und kulturelle Unterschiede, in: Engelhard, Johann (Hrsg.), Interkulturelles Management - Theoretische Fundierung und funktionsbereichspezifische Konzepte, Wiesbaden 1997, S. 235-259.

Ordelheide, Dieter (True and fair view, 1996): True and fair view - A European and a German perspective II, in: The European Accounting Review, Vol. 5, No. 3 (1996), S. 495-506.

Ordelheide, Dieter (Weiterentwicklung, 1994): Notwendigkeiten und Probleme der Weiterentwicklung der EG-Bilanzrichtlinien und des deutschen Konzernabschlußrechts, in: Baetge, Jörg (Hrsg.), Die deutsche Rechnungslegung vor dem Hintergrund internationaler Entwicklungen, Düsseldorf 1994, S. 11-39.

Ordelheide, Dieter / KPMG (Hrsg.) (Transnational Accounting, 1995): Transnational Accounting, London 1995.

Pabst, Heribert / Schmidt, Andreas / Bacher, Albrecht (Leasingbilanzierung, 1990): Die Bilanzierung von Mobilien-Leasingverträgen nach internationalen und US-amerikanischen Grundsätzen, in: DB, 43. Jg. (1990), S. 1197-1202.

Pacioli, Luca (Buchhaltung, 1494): Abhandlung über die Buchhaltung, hrsg. von Rudolf Seyffert, Stuttgart 1933.

Pakebusch, Ernst (Wirtschaftliche Zugehörigkeit, 1970): Zur wirtschaftlichen Zugehörigkeit von Leasing-Gegenständen, in: WPg, 23. Jg. (1970), S. 247-250.

Papapostolou, Nikolaos (Risikoverteilung, 1987): Die Risikoverteilung beim Finanzierungsleasingvertrag über bewegliche Sachen, München 1987.

Paterson, Ron (Right Framework, 1988): Building the Right Framework, in: Accountancy, October 1988, S. 26-27.

Pellens, Bernhard (Internationale Rechnungslegung, 1998): Internationale Rechnungslegung, 2. Aufl., Stuttgart 1998.

Pellens, Bernhard / Fülbier, Rolf Uwe / Ackermann, Ulrich (Deutscher Einfluß, 1996): International Accounting Standards Committee: Deutscher Einfluß auf Arbeit und Regelungen, in: DB, 49. Jg. (1996), S. 285-291.

Piltz, Klaus (Internationale Harmonisierung, 1990): Zur internationalen Harmonisierung der Rechnungslegung, in: Schweizer Treuhänder, 35. Jg. (1990), S. 288-293

Plattner, Friedrich / Weber, Michael (Betriebsergebnisermittlung, 1991): Betriebsergebnisermittlung in Hochinflationsländern, in: BFuP, 43. Jg. (1991), S. 294-309.

Pohle, Klaus / Schwitters, Jürgen (Meinungsspiegel, 1995): Beitrag in: Meinungen zum Thema: IASC-Standards - ein Weg zur Harmonisierung der Rechnungslegung in Europa, in: BFuP, 47. Jg. (1995), S. 432 - 446.

Probst, Herbert (Angloamerikanische Rechnungslegung, 1992): Mehr angloamerikanische Rechnungslegung in der EG durch veränderte Verfahren?, in: BFuP, 44. Jg. (1992), S. 426-440.

Rau, Hans-Gerd (Leasing, 1971): Steuerliche Behandlung des Leasing, in: DB, Beilage 10 / 71, 24. Jg. (1971), S. 3-14.

Rayney, Peter (SSAP 21, 1992): Finance Lease Rentals: SSAP 21 Rules OK?, in: Accountancy, Vol. 110, No. 1187 (1992), S. 79-80.

Reichertz, Ruth / Frey, Dieter (Leasingverträge, 1997): Bilanzierung von Leasingverträgen nach US-GAAP, in: WPg, 50. Jg. (1997), S. 662-675.

Reinholz, Stefan (Leasingbilanzierung, 1995): Stand und internationale Entwicklung in der Leasingbilanzierung, in: Der Schweizer Treuhänder, Nr. 3 1995, S. 125-134.

Reinking, Kurt (Auto-Leasing, 1994): Auto-Leasing, München 1994.

Risse, Axel (IAS, 1996): International Accounting Standards für den deutschen Konzernabschluß, Wiesbaden 1996.

Risse, Axel (Mitwirkungsmöglichkeiten, 1995): Standard-Setting beim IASC: Mitwirkungsmöglichkeiten aus deutscher Sicht, in: RIW, 41. Jg. (1995), S. 830-834.

Rost, Peter (Harmonisierungsprozeß, 1991): Der internationale Harmonisierungsprozeß der Rechnungslegung, Frankfurt u.a. 1991.

Rudden, John T. / Woywode, Uwe (Leasing-Handbuch, 1992): Leasing in den USA, in: Hagenmüller, K. F. / Eckstein, Wolfram (Hrsg.), Leasing-Handbuch für die betriebliche Praxis, 6. Aufl., Frankfurt am Main 1992, S. 381-406.

Ruhnke, Klaus (IFAC, 1995): Die International Federation of Accountants (IFAC), in: DB, 48. Jg. (1995), S. 940-945.

Runge, Berndt / Bremser, Horst / Zöller, Günter (Leasing, 1978):

Leasing. Betriebswirtschaftliche, handels- und steuerrechtliche Grundlagen, Heidelberg 1978.

Rutteman Paul, (Different Environment, 1987): Demands of an Different Environment, in: Accountancy, October 1987, Vol. 100, No. 1130, S. 17-18.

Schaefer, Armin (Leasing-Geschäft, 1971): Möglichkeiten und Grenzen des Leasing-Geschäfts, in: DB, Beilage 10 / 71, 24. Jg. (1971), S. 15-22.

Schiereck, Dirk (Notierung an ausländischen Börsenplätzen, 1993): Zur Notierung deutscher Aktiengesellschaften an an ausländischen Börsenplätzen, in: AG, 38. Jg. (1993), S. 319-323.

Schiffbauer, Siegfried (Wirtschaftliches Eigentum, 1956): Das wirtschaftliche Eigentum im Steuerrecht, in: StuW, 33. Jg. (1956), Sp. 457-484.

Schildbach, Thomas (Immaterielle Vermögensgegenstände): Ansatz und Bewertung immaterieller Vermögensgegenstände, in: Ballwieser, Wolfgang (Hrsg.), US-amerikanische Rechnungslegung, Stuttgart 1996, S. 93-106.

Schildbach, Thomas (Insolvenzgefahr, 1975): Insolvenzgefahr durch Geldentwertung, in: BFuP, 27. Jg. (1975), S. 179-188.

Schildbach, Thomas (Internationale Rechnungslegungsstandards, 1994): Internationale Rechnungslegungsstandards auch für deutsche Einzelabschlüsse?, in: Ballwieser, Wolfgang / Böcking, Hans-Joachim / Drukarczyk, Jochen / Schmidt, Reinhard H. (Hrsg.), Bilanzrecht und Kapitalmarkt, Festschrift zum 65. Geburtstag von Prof. Dr. Dr. h.c. Dr. h.c. Adolf Moxter, Düsseldorf 1994, S. 699-721.

Schildbach, Thomas (Neue Generalklausel, 1987): Die neue Generalklausel für den Jahresabschluß von Kapitalgesellschaften - Zur Interpretation des Paragraphen 264 Abs. 2 HGB, in: BFuP, 39. Jg. (1987), S. 1-15.

Schildbach, Thomas (Rechnungslegungsideale, 1995): Rechnungslegungsideale, Bilanzkulturen, Harmonisierung und internationaler

Wettbewerb, in: BB, 50. Jg. (1995), S. 2635-2644.

Schirduan, Heinz-Jürgen (Finanzierungs-Leasing): Finanzierungs-Leasing in der Bilanz des Leasinggebers, Wiesbaden 1995.

Schmidt, Reinhard H. (Informationsproduktion, 1982): Rechnungslegung als Informationsproduktion auf nahezu effizienten Kapitalmärkten, in ZfbF, 34. Jg. (1982), S. 728-748.

Schneider, Dieter (Ausschüttungsfähiger Gewinn, 1968): Ausschüttungsfähiger Gewinn und das Minimum an Selbstfinanzierung, in: ZfbF, 20. Jg. (1968), S. 1-29.

Schneider, Dieter (Kapitalmarkteffizienz, 1981): Kapitalmarkteffizienz durch Jahresabschlußreformen, Göttingen 1981.

Schneider, Dieter (Scheingewinnabhängige Ausgaben, 1993): Scheingewinnabhängige Ausgaben, Substanzerhaltung und inflationsbereinigte Rechnungslegung: Ende eines wissenschafts=mitbegründeten Problems?, in: Wagner, Franz (Hrsg.), Ökonomische Analyse des Bilanzrechts - Entwicklungslinien und Perspektiven -, Sonderheft 32 der zfbf, 45. Jg. (1993), S. 31-60.

Schruff, Wienand (Vereinheitlichung, 1993): Die internationale Vereinheitlichung der Rechnungslegung nach den Vorschlägen des IASC - Gefahr oder Chance für die deutsche Bilanzierung?, in: BFuP, 45. Jg. (1993), S. 400-413.

Schuetze, Walter P. (Asset, 1993): What is an Asset?, in: Accounting Horizons, Vol. 7, No. 3, September 1993, S. 66-70.

Schuetze, Walter P. (Information, 1993): Wie sieht die Zukunft der gegenseitigen Anerkennung von Jahresabschlüssen aus, und ist die Vergleichbarkeit wirklich erforderlich? Die Information ist König. Manuskript eines Vortrages, gehalten am 10. September 1993 vor der FEE in Kopenhagen / Dänemark.

Schulz, Horst-Günter (Wirtschaftliches Eigentum, 1986): Wirtschaftliches Eigentum beim Immobilien-Leasing, in: BB, 41. Jg. (1986), S. 2173-2176.

Seeberg, Thomas (Diskussion, 1994): Diskussion zu den Vorträgen, Baetge, Jörg (Hrsg.), Die deutsche Rechnungslegung vor dem

Hintergrund internationaler Entwicklungen, Düsseldorf 1994, S. 151-170.

Seeberg, Thomas (Meinungsspiegel, 1995): Beitrag in: Meinungen zum Thema: IASC-Standards - ein Weg zur Harmonisierung der Rechnungslegung in Europa, in: BFuP, 47. Jg. (1995), S. 432 - 446.

Seeberg, Thomas (Probleme, 1994): Probleme der Harmonisierung der Rechnungslegung aus der Sicht eines international tätigen Unternehmens, in: Baetge, Jörg (Hrsg.), Die deutsche Rechnungslegung vor dem Hintergrund internationaler Entwicklungen, Düsseldorf 1994, S. 135-150.

Seeliger, Gerhard (Wirtschaftliches Eigentum, 1962): Der Begriff des wirtschaftlichen Eigentums im Steuerrecht, Stuttgart 1962.

Seifert, Peter (Leasing-Handbuch, 1992): Leasing von beweglichen Wirtschaftsgütern aus rechtlicher Sicht, in: Hagenmüller, K. F. / Eckstein, Wolfram (Hrsg.), Leasing-Handbuch für die betriebliche Praxis, 6. Aufl., Frankfurt am Main 1992, S. 51-75.

Selchert, Friedrich W. (Generalnorm, 1993): Zur Generalnorm für offenlegungspflichtige Unternehmen, in: BB, 48. Jg. (1993), S. 753-760.

Semler, Anne (Anglo-American Accounting, 1996): Does an Anglo-American Accounting System Exist? An empirical investigation of national accounting clusters, paper presented at the Ernst & Young Doctoral Colloquium, 29.4.-1.5.1996, Bergen / Norwegen.

Shim, Jae K. / Siegel, Joel G. (Accounting and Finance, 1989): Encyclopedic Dictionary of Accounting and Finance, Englewood Cliffs 1989.

Sieben, Günther (Kritische Würdigung, 1974): Kritische Würdigung der externen Rechnungslegung unter besonderer Berücksichtigung von Scheingewinnen, in: ZfbF, 26. Jg. (1974), S. 153-183.

Siegel, Joel G. / Shim, Jae K. (Accounting Terms, 1995): Dictionary of Accounting Terms, 2nd ed., New York 1995.

Siegel, Stanley (Accounting Principles, 1996): Harmonization and Change in Accounting Principles: A Comment on Some Important

Changes in United States Accounting, in: Schruff, Lothar (Hrsg.), Bilanzrecht unter dem Einfluß internationaler Reformzwänge, Düsseldorf 1996, S. 97-119.

Stobbe, Thomas (Zurechnung, 1990): Ist der Maßgeblichkeitsgrundsatz bei der Zurechnung des wirtschaftlichen Eigentums anwendbar? Eine Analyse am Beispiel des Leasings und der Pensionsgeschäfte, in: BB, 45. Jg. (1990), S. 518-525.

Streim, Hannes (Generalnorm, 1994): Die Generalnorm des § 264 Abs. 2 HGB -Eine kritische Analyse, in: Ballwieser, Wolfgang / Böcking, Hans-Joachim / Drukarczyk, Jochen / Schmidt, Reinhard H. (Hrsg.), Bilanzrecht und Kapitalmarkt, Festschrift zum 65. Geburtstag von Prof. Dr. Dr. h.c. Dr. h.c. Adolf Moxter, Düsseldorf 1994, S. 391-406.

Strobel, Wilhelm (Provinzielles HGB, 1996): Provinzielles HGB-Bilanzrecht, in: Blick durch die Wirtschaft vom 26.7.1996, S. 11.

Strobl, Elisabeth (Matching Principle, 1994): Matching Principle und deutsches Bilanzrecht, in: Ballwieser, Wolfgang / Böcking, Hans-Joachim / Drukarczyk, Jochen / Schmidt, Reinhard H. (Hrsg.), Bilanzrecht und Kapitalmarkt, Festschrift zum 65. Geburtstag von Prof. Dr. Dr. h.c. Dr. h.c. Adolf Moxter, Düsseldorf 1994, S. 407-432.

Ullrich, Erhard (Leasing, 1992): Leasing im Handels- und Steuerrecht, in: Hagenmüller, K. F. / Eckstein, Wolfram (Hrsg.), Leasing-Handbuch für die betriebliche Praxis, 6. Aufl., Frankfurt am Main 1992.

van Hulle, Karel (Angleichung oder Anerkennung, 1993): Angleichung und / oder gegenseitige Anerkennung, in: Baetge, Jörg (Hrsg), Rechnungslegung und Prüfung - Perspektiven für die neunziger Jahre, Düsseldorf 1993, S. 191-205.

van Hulle, Karel (Fortentwicklung aus Sicht der EU, 1996): Fortentwicklung des Europäischen Bilanzrechts aus Sicht der EU, in: Schruff, Lothar (Hrsg.), Bilanzrecht unter dem Einfluß internationaler Reformzwänge, Düsseldorf 1996, S. 7-25.

von Rosen, Rüdiger (Weiter Weg, 1995): Harmonisierung internationaler Bilanzierungsstandards - Ein weiter Weg, in: Förschle, Gerhart / Kaiser, Klaus / Moxter, Adolf (Hrsg.), Rechnungslegung im Wandel, Festschrift für Wolfgang Dieter Budde, München 1995, S. 505-530.

von Westphalen, Graf Friedrich (Leasingvertrag, 1992): Der Leasingvertrag, 4. Aufl., Köln 1992.

Wagenhofer, Alfred (IAS 1996): International Accounting Standards, Wien 1996.

Wagner, Franz (Theorie und Praxis, 1993): Theorie und Praxis der Rechnungslegung: Lehren aus drei Jahrzehnten, in: Wagner, Franz (Hrsg.), Ökonomische Analyse des Bilanzrechts - Entwicklungslinien und Perspektiven -, Sonderheft 32 der zfbf, 45. Jg. (1993), S. 1-10.

Walz, Rainer (Regulierungstheorien, 1993): Ökonomische Regulierungstheorien vor den Toren des Bilanzrechts, in: Wagner, Franz (Hrsg.), Ökonomische Analyse des Bilanzrechts - Entwicklungslinien und Perspektiven -, Sonderheft 32 der zfbf, 45. Jg. (1993), S. 85-106.

Watts, Ross L. / Zimmerman, Jerold L. (Positive Accounting Theory, 1986): Positive Accounting Theory, Englewood Cliffs 1986.

Watts, Ross L. / Zimmerman, Jerold L. (Ten Year Perspective, 1990): Positive Accounting Theory: A Ten Year Perspective, in: The Accounting Review, Vol. 65, No. 1 (1990), S. 131-156.

Weinstock, Marc (Leasing unter Druck, 1997): Leasing unter Druck, in: Blick durch die Wirtschaft vom 11. April 1997, S. 9.

Weinstock, Marc (Neuer Vorschlag, 1996): Accounting for Leases: Neuer Vorschlag des IASC zur Bilanzierung von Leasingverträgen, in: WPg, 49. Jg. (1996), S. 794-800.

Werndl, Josef (Wirtschaftliches Eigentum, 1983): Wirtschaftliches Eigentum, Köln 1983.

Wesner, Peter (Bilanzierungsgrundsätze, 1984): Bilanzierungsgrundsätze im Wertpapierrecht der USA, Wiesbaden 1984.

Wiedmann, Harald (Harmonisierung, 1994): Harmonisierung internationaler Rechnungslegungsvorschriften, in: Pfeiffer, Gerd / Wiese, Günther / Zimmermann, Klaus (Hrsg.), Festschrift für Heinz Rowedder zum 75. Geburtstag, München 1994, S. 549-571.

Wiedmann, Harald (IASC-Standards, 1995): Beitrag in: Meinungen zum Thema: IASC-Standards - ein Weg zur Harmonisierung der Rechnungslegung in Europa, in: BFuP, 47. Jg. (1995), S. 432 - 446.

Wiedmann, Harald (Matching Principle, 1994): Vergleich der deutschen Rechnungslegungsvorschriften mit den internationalen Rechnungslegungsgrundsätzen unter besonderer Berücksichtigung des Vorsichtsprinzips sowie des Matching Principle, in: Baetge, Jörg (Hrsg.), Die deutsche Rechnungslegung vor dem Hintergrund internationaler Entwicklungen, Düsseldorf 1994, S. 99-122.

Wiedmann, Harald / Euler, Gerd (Inflation Accounting, 1991): Internationale Entwicklungen im Inflation Accounting: Eine vergleichende Darstellung, in: BFuP, 43. Jg. (1991), S. 310-334.

Williams, Jan R. (GAAP Guide, 1994): Miller GAAP Guide 1994 - A comprehensive restatement of all current promulgated generally accepted accounting principles, Orlando 1994.

Wöhe, Günter (Leasing-Verträge, 1983): Prüfung der Leasing-Verträge, in: Coenenberg, Adolf G / von Wysocki, Klaus (Hrsg.), Sp. 923-940, Stuttgart 1983.

Wolf, Eckhard / Eckert, Hans-Georg (Handbuch, 1991): Handbuch des gewerblichen Miet- Pacht- und Leasingrechts, 6. Aufl., Köln 1991.

Wollmert, Peter: IASC-Rechnungslegung - Synopse zu den handelsrechtlichen Vorschriften, Stuttgart 1995.

Wollmert, Peter / Achleitner, Ann-Kristin (IAS-Kommentar, 1997): Konzeption der IAS-Rechnungslegung, in: Baetge, Jörg / Dörner, Dietrich / Kleekämper, Heinz / Wollmert, Peter (Hrsg.), Rechnungslegung nach den International Accounting Standards (IAS) - Kommentar auf der Grundlage des deutschen Bilanzrechts, Stuttgart 1997.

Wollmert, Peter / Achleitner, Ann-Kristin (Konzeptionelle Grundlagen, 1997): Konzeptionelle Grundlagen der IAS-Rechnungslegung, in: WPg, 50. Jg. (1997), S. 209-222 und 245-256.

Rechtsquellenverzeichnis

I. Gesetze und Gesetzgebungsmaterialien

Vierte Richtlinie des Rates der Europäischen Gemeinschaften vom 25. Juli 1978 (EG-Richtlinie) aufgrund Artikel 54 Abs. 3 Buchstabe g) des Vertrages zur Gründung der Europäischen Wirtschaftsgemeinschaft über den Jahresabschluß von Gesellschaften bestimmter Rechtsformen, in: Amtsblatt der Europäischen Gemeinschaften 1978, Nr. L 222, S. 11-

Handelsgesetzbuch vom 10. Mai 1897, RGBl., S. 219, zuletzt geändert durch das Gesetz vom 30. November 1990, BGBl. I, S. 2570.

Deutscher Bundestag (Drucksache 137/98, 1998): Gesetzesbeschluß des Deutschen Bundestages, Gesetz zur Verbesserung der Wettbewerbsfähigkeit deutscher Konzerne an Kapitalmärkten und zur Erleichterung der Aufnahme von Gesellschafterdarlehen (Kapitalaufnahmeerleichterungsgesetz - KapAEG), Bonn 1998.

II. Verwaltungserlasse

BMF (VA-Erlaß für Mobilien, 1971): BMF-Schreiben vom 19.04.1971, IV B/2 - S 2170 - 31/71, in: BStBl. I 1971, S. 264-266.

BMWF (VA-Erlaß für Immobilien, 1972): BMWF-Schreiben vom 21.03.1972, F IV B 2 - S 2170 - 11/72, in: BStBl. I 1972, S. 188.

BMF (Sprinkler-Anlagen, 1973):BMF-Schreiben vom 3. Dezember 1973, IV B 2 - S 2170 - 89/73, in: *Bordewin, Arno* (Leasing, 1989): S. 163-164.

BMF (TA-Erlaß für Mobilien, 1975): BMF-Schreiben vom 22.12.1975, IV B 2 - S 2170 - 161/75, in: DB 29. Jg. (1976), S. 172-173.

BMF (TA-Erlaß für Immobilien, 1991): BMF-Schreiben vom 23.12.1991, IV B 2 - S 2170 - 115/91, in: BStBl. I 1992, S. 13.

FSC
www.fsc.org
MIX
Papier | Fördert
gute Waldnutzung
FSC® C083411

Kolibri 360 GmbH
Ferdinand-Jühlke-Straße 7
99095 Erfurt, Deutschland
produktsicherheit@kolibri360.de

Druck:
CPI Druckdienstleistungen GmbH
im Auftrag der
Kolibri 360 GmbH
Ferdinand-Jühlke-Str. 7
99095 Erfurt